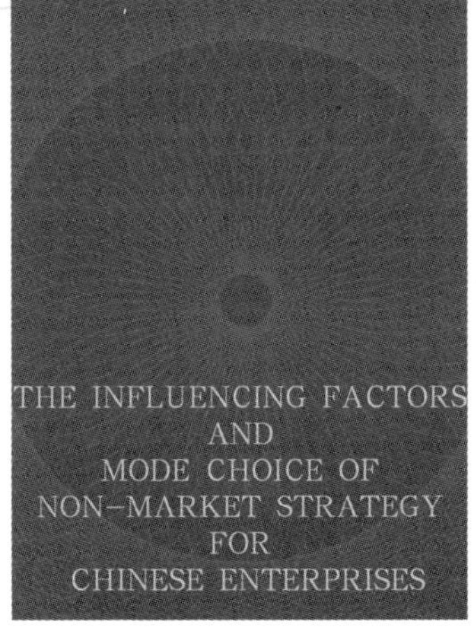

中国企业非市场战略的影响因素与模式选择

刘力钢　刘杨　著

图书在版编目（CIP）数据

中国企业非市场战略的影响因素与模式选择/刘力钢，刘杨著. —北京：经济管理出版社，2015.6
ISBN 978-7-5096-3793-7

Ⅰ.①中… Ⅱ.①刘… ②刘… Ⅲ.①企业发展战略—研究—中国 Ⅳ.①F279.2

中国版本图书馆 CIP 数据核字（2015）第 107199 号

组稿编辑：张永美
责任编辑：张永美　高　娅
责任印制：司东翔
责任校对：张　青

出版发行：经济管理出版社
（北京市海淀区北蜂窝 8 号中雅大厦 A 座 11 层　100038）
网　址：www. E-mp. com. cn
电　话：(010) 51915602
印　刷：三河市延风印装厂
经　销：新华书店
开　本：720mm×1000mm/16
印　张：15.25
字　数：232 千字
版　次：2015 年 6 月第 1 版　2015 年 6 月第 1 次印刷
书　号：ISBN 978-7-5096-3793-7
定　价：49.00 元

前　言

本书在中国特有的转轨经济背景下，对传统资源基础理论进行了重新架构，提出了扩充的资源基础理论。将传统的资源基础理论对资源的分类由市场资源范畴拓展到市场资源和非市场资源两个层面，以及市场资源、非市场资源和制度资源三个类别。利用扩充的资源基础理论，本书提出了中国转轨经济背景下的非市场战略制定与实施的资源影响因素模型，深度挖掘资源视角下的异质性企业与特定的非市场战略方式选择的匹配性问题。并通过对中国企业303位高层管理者的问卷调查，实证了中国企业在进行非市场战略制定与实施时，其影响因素主要来自于企业内部拥有和控制的市场资源、非市场资源以及企业外部拥有但是不能直接控制的制度资源。本书将企业的非市场战略划分为缓冲战略和搭桥战略两种战略方式；将影响企业非市场战略方式选择的资源影响因素划分为三种类型共18个影响因素，是对现有文献研究空白的一个补充。

首先，在中国特有的转轨经济背景下，中国企业所处的外部非市场环境存在复杂性和多变性，企业为了避免对正常经营造成的不利影响，就会充分利用手中的资源，对外部非市场环境施加影响。当企业拥有和控制的资源具有优势时，就采取缓冲战略，反之则采取搭桥战略。相对来说西方经济体制发展得成熟完善，因此其外部非市场环境比较稳定。所以，当企业拥有重要性资源时，则采取缓冲战略，对外部非市场环境施加影响，但是当企业不具有重要性资源时，则无需采取非市场战略。其次，西方研究成果对企业非市场战略制定与实施的影响因素的考察主要聚焦于企业的市场资源层面，而本书对影响因素的考察扩展到了非市场资源层面，从市场资源和非市场资源两个层面来考察企业非市场战略制定与实施的影响因素。最后，考虑到中国特有的转轨经济背景，在影响因素的考察上本书将企业拥有但是不能直接控制的外部制度资源作为企业非市场战略制定与实施的又一资源影响因素，从而得出了企业的制度资源与缓冲战略正相关，与搭桥战略负相关的实证研究结论。

关于非市场战略问题的研究，是近些年来战略研究领域的一个热点问题。传统的战略管理是从市场竞争的因素考虑企业如何构建竞争优势，实现可持续发展。非市场战略是从非市场竞争的因素考虑企业长期竞争优势的问题。计划经济时期企业考虑得更多的是非市场因素问题，市场经济条件下很多企业往往忽视非市场因素对企业战略的影响。在市场竞争中企业既要重视市场竞争因素，又要考虑非市场竞争因素，偏颇任何一方都会影响企业的发展。非市场竞争的问题在现代市场竞争和信息化时代的地位和作用越来越重要。企业和利益相关者关系的处理、企业和政府关系的政治战略选择、企业和媒体之间的关系战略都是企业发展中不可忽视的。特别是在大数据时代，信息数量和获取的渠道以及传播的速度已经是决定企业生存与发展的重要因素。企业如果对非市场战略的影响因素考虑缺失，就会造成战略选择的失误。企业如果不能将市场战略与非市场战略进行有机的整合，就难以适应未来发展的需要。

本书在写作过程中参考了国内外学者的文献和研究成果，并在已有研究的基础上进行了研究。全书采用了两种不同的实证研究方法，即规范性的数据分析实证研究和典型的案例实证分析。通过对企业深入的调查和大量的数据收集整理，对所提出的问题和假设进行了全面系统的论证和检验。实证的结论对企业进行非市场战略选择和实施具有一定的指导意义，对相关理论研究也提出了科学的依据。

全书共分为九章，第一章为文献综述，第二章为问题提出，第三章为问题研究的理论依据，第四章为企业非市场战略类型与特征，第五章为企业非市场战略影响因素分析，第六章为企业非市场战略实证研究设计，第七章为企业非市场战略实证数据分析，第八章为中国企业非市场战略的选择与实施，第九章为典型案例分析。

本书得到了国家社科基金项目“大数据背景下企业非市场战略影响因素研究”的支持。

作 者

2015 年 1 月

目　录

第一章 文献综述

一、市场战略文献综述

作为社会生态系统的有机组成部分，企业必然是一个开放系统，企业战略与其所处的环境之间的关系一直是战略管理领域研究的中心议题。但从战略管理作为一门学问产生至今，经典的战略管理理论都聚焦于通过对企业所处的外部宏观环境和产业环境，结合企业内部所拥有和控制的资源和能力，找出企业相对于竞争对手的优势和劣势，然后通过制定和实施适合的战略影响外部市场环境进而获取可持续性竞争优势，并获得超额利润。但是，从 2008 年美国金融危机以来，全球各国间的经济往来已经打破了地域的限制，世界已经成为一个相互影响的地球村。互联网的高速发展加深了各国之间金融与经济的相互影响。更为关键的是，随着大数据时代的到来，各国政府和各行各业都在为开发和利用大数据资源进行着战略上的准备，2014 年 3 月，英国财政大臣奥斯本宣布，2014 年预算将投资 4200 万英镑建立阿兰—图灵研究所用于大数据研究，研究所设立在大英图书馆，目前已选定五所大学[①]作为大数据研究机构的领导者。由于大数据将在未来的商业运营中扮演重要角色，经典战略管理理论难以适应新的外部环境变化，传统的信息收集方式已无法满足企业战略决策对信息的需要。企业要制定和实施非市场战略以及整合战略来适应这种新的变化。学术界对非市场战略的研究兴起也大约只有20年的时间，这方面的研究与传统的战略管理理论相比还属于兴起阶段。现有的关于非市场战略及整合战略的研究拓展了以市场为核心的经典战略理论，也使战略管理走向了一个新的历史阶段。在中国经济转型过程背景下，企业必须要思考一个问题：如何制定和实施非市场战略；如何整合非市场战略与市场战略的行为模式；如何实施非市场战略；制定和实施非市场战略的影响因素有哪些；市场战略和非市场战略如何整合；战略整合会给企业带来哪些好处；实施非市场战略在不同的制度环境中是否存在显著性差异等问题。

企业与环境之间的关系一直是战略管理领域进行研究的基本前提假设。“环境—战略—绩效”的研究范式一直是理论研究的主导框架。但在此期间，争论的焦点始终围绕着是以环境的选择性为主导，还是以战略的主动适应性为主导（唐震等，2008）。在这种争论的背后，是企业如何应对环境中的不确定性、动态复杂性和突发性等特点（唐震等，2008）。战略管理理论中的任何一个学派都无法否认环境对组织的影响力。环境所发出和传递的各种信号易于混淆，它过于复杂且很难完全理解（亨利·明茨伯格等，2006）。组织理论之父——马克斯·韦伯认为经理们所面对的环境是一个理性的“铁笼子”。组织在其所处的生存环境中，面临着制度压力，这些压力来自于其他组织或者是该组织本身。在中国转型经济的背景下，外部环境的这种不确定性和动态复杂性更加难以把握。因此，中国的管理者和企业家需要一个理论依据用来指导在这种转型经济中，如何面对制度的动态复杂性和不确定性对企业的挑战。但是，企业并不是消极地、无所作为地来面对这种不确定性。

---

① 资料来源：http://edu.sina.com.cn/bbc/abroad/educationintheuk/150129alanturinginstitutepartners.html，五所大学包括剑桥大学、爱丁堡大学、牛津大学、华威大学和伦敦大学学院。

制度理论把环境看成是两类资源的储藏地：经济性资源和象征性资源。经济性资源是指人们所熟悉的财务资源、土地、厂房、机械设备等；而象征性资源则包括企业做事的效率、声誉、有声望的领导人和与大企业合作的经历等（亨利·明茨伯格等，2006）。从制度理论的层面来区分，我们可以把环境看做是企业获取异质性战略资源的来源地。正因为如此，非市场战略理论根据企业所处的制度环境变量来进行战略制定和选择。企业根据外部环境的不同状态，来判断对外部制度环境的影响和控制程度，进而制定和实施不同类型的非市场战略。这种异质性资源包括有形资源和无形资源，也包括企业的内部资源和外部资源。有形资源指具有实物形态的资源，比如机器、厂房和设备、土地等。而无形资源则指不具有实物形态，但是其存在具有实物载体，比如说企业的声誉、企业的社会形象、企业的专利权等。当企业这个有形实体不存在时，企业的声誉、企业的社会责任等也就不复存在了。内部资源指由企业所拥有和控制的各种有形资源和无形资源。企业对内部资源具有完全的拥有权和控制权，比如仓库中的产成品、半成品和原材料等，企业的生产设备、生产线，企业的专利权等。外部资源是指企业可以拥有但是不能被企业所直接控制的资源，包括有形资源和无形资源，这些资源具有某种程度的公共物品属性，被行业内的所有企业所共享，是所有企业可以利用的公共资源，但是由于不同的企业所拥有的内部资源不同，导致对这种公共资源的使用和利用程度不同，进而使不同的企业会采取不同的非市场战略。

制度理论学者认为企业所处的外部环境是由相互影响并与企业有相互关系的各种要素组成，包括主要的供应商、消费者或潜在顾客、企业的竞争者和替代者、政策制定机构和规章制度的执行政府机构及相关利益集团、第三方组织等组成。事实上，我们可以将企业面临的环境划分为市场环境和非市场环境两部分。市场环境的变化主要是由市场机制、市场规制或私人协议进行协调的，在市场环境中企业采取的行为是自愿的，存在着经济交易和产权转移。发生交易的双方，其本质上是一种契约式关系，交易的最直接目的是为了获取经济利润，在任何一种经济制度和体制下，市场的最本质特征就是逐利。

（一）市场环境

企业的外部环境会影响到企业的持续成长性和获利性能力的大小。企业所处的外部环境可以划分为三个层次：宏观环境、产业环境和微观环境。宏观环境指在一个广泛的社会环境背景下，影响一个行业和一个企业存在和发展的一些要素，主要包括人口因素、经济因素、政治和法律因素、社会文化因素、技术因素。具体来说人口因素主要包括人口数量、性别比例、年龄结构、教育程度、地域分布、种族构成、收入水平等。经济因素包括国内生产总值、通货膨胀率、个人存款率等。政治和法律因素主要指国家对竞争和垄断的认可程度、贸易保护主义倾向、政府管制和反托拉斯法等。社会文化因素主要是针对跨国企业而言的，对当地文化习俗的掌握、对环境的关注、对产品和服务偏好等。技术因素包括技术创新速度、知识产权保护程度、知识的应用程度等。企业对于宏观环境因素只能尽力去收集相关的信息，对各种要素信息的收集尽可能的完整和全面，以便在进行战略决策时充分考虑到这些要素。也就是说我们对宏观环境因素无能为力，只能通过自身的战略来减少对企业的不利影响，而不能影响宏观环境因素。企业对宏观环境的分析应聚焦于未来的趋势和走向。

产业环境是指企业所处的行业环境，产业环境对一个企业的存在和发展产生最直接和最重要的影响。产业环境包括产业生命周期、产业竞争程度、产业进入和退出的难易程度、成本结构、技术创新和更新的速度、需求的性质、市场的发达和完善程度，以及市场竞争的规则等。企业对产业环境的分析应聚焦于产业内的盈利条件和能力等。市场分析主要关注产业结构和企业绩效、企业的异质性资源和能力、市场竞争力、市场分割等方面（高勇强，2007）。如果企业想要进入一个新的行业，首要任务就是对该行业所处的生命周期阶段进行分析，一个处于成长期和成熟期的行业是有进入价值和吸引力的，反之，当这个行业已经处于衰退期，那么任何一个理性的管理者也不会进入该行业。产业竞争程度和进入退出的难易程度同样对一个企业是否进入该行业至关重要。

微观环境是指企业所在的竞争市场的环境，具体来说这一环境的构成要素就是迈克尔·波特（1980）提出的五种竞争力，包括现存企业之间的竞争、潜在的进入者、替代者的风险、购买者讨价还价的能力和供应商讨价还价的能力。企业在市场领域的关注点是竞争定位和其独特性，即如何与竞争对手区别开来。本书对市场环境的理解更倾向于企业所面临的产业环境和竞争环境，也就是说我们更强调市场的竞争性和排他性特点。

（二）市场战略的类型

这里所阐述的市场战略类型主要是和非市场战略相对而言的，更强调其竞争性，所涉及的市场战略主要指迈克尔·波特（1980）的三种基本竞争战略。在阐述三种基本竞争战略之前，为了和非市场战略做一个比较，更好地突出非市场战略的特点，现将三种基本竞争战略的前提假设做以下概括：

1. 市场资源的稀缺性

稀缺性是资源有价值的充分必要条件。正是因为市场资源存在稀缺性，导致资源使用者之间为了争夺资源而展开激烈的竞争。这种稀缺资源既可以是企业在产品生产过程中的某种有形要素投入，也可以表现为特许经营许可等无形资源，还可以表现为竞争企业对相同目标顾客群的争夺等。总之，这种资源的占有由于稀缺而具有排他性和竞争性，谁拥有了这种稀缺资源，谁就具有了竞争优势，能够获取高额利润。

2. 市场机制的不完善性

资源的稀缺性根源于市场机制的不完善性。这种不完善性主要表现在某些资源的交易市场不完善或者是根本不存在资源交易市场。这就导致了市场机制中的完全竞争性很难体现出来。对某种资源的排他性拥有，使得企业具有竞争对手所无法比拟的优势。那么企业要想弥补这种市场机制的不完善性，必须通过在非市场环境中采取非市场战略。

3. 竞争性

正是因为资源的稀缺性，导致竞争者之间为争夺有限的资源而展开激烈的竞争。这种竞争贯穿于企业价值链的整个阶段，包括供应商的竞争、生产资料等物资资源的竞争，也包括对潜在顾客和现实顾客的竞争。在不完善的市场机制中，企业要想摆脱这种激烈的竞争，可以采取利用行业协会制定行业准入制度来设置进入障碍，从而减少现存企业之间的竞争激烈程度，而这种做法可以通过非市场战略来实现。政府能够限制甚至是封锁对某产业的进入。例如对关系到国计民生的行业，如煤、水、电都是由国家控制的，或者是对排污标准的制定，很可能将约束一部分潜在企业进入该行业或导致一部分现存企业退出竞争。

4. 财务绩效目标

市场战略的终极目的是获利最大化。企业在激烈的市场环境中竞争，其目的只有一个，或者说最主要的目的就是为了获取最大利润。在这种经济目标的驱使下，使得企业的存在具有竞争性、攻击性和排他性，这也恰恰是市场战略的本质体现。

在这四种前提假设下，最基本的市场战略类型包括：总成本领先战略、差异化战略和目标集聚战略。总成本领先战略是在 20 世纪 70 年代由于经验曲线概念的流行而日益得到普遍应用。它的思想精髓就是建立在规模化生产设备的基础上，凭借经验效应，使得从研发、产品生产和产品销售和售后服务等各个环节都最大限度地减少成本，从而使本企业的产品成本低于竞争对手，以达到成本上的竞争优势。成功实施总成本领先战略的企业，在与供应商、购买者、现有竞争对手、替代者的威胁的竞争中，会始终处于有利的地位，因为其低成本会使竞争对手无利可图，还能维持一定的利润比例。差异化战略是指企业提供的产品和服务在行业内，与其他企业相比，具有独特的卖点，能够为顾客提供与众不同的产品和服务，顾客愿意为这种产品的独特性提供额外的费用；同样因为这种产品或服务的独特性，能形成相较于竞争对手的竞争优势，从而为企业获取超额利润。差异化战略通常都伴随着较高的成本，同时也会使企业获得较高的利润。同样，由于企业提供的产品具有独特性，因而，能够轻而易举地避开激烈的同行业竞争。由于企业产品的差异性和独特性，也会使企业拥有一批忠诚的顾客群，这部分群体很难改变购买习惯，转向去购买其他企业的产品。例如苹果手机在任何一个国家的成果都是一个奇迹。目标集聚战略是指主攻某个特定的顾客群、某产业链上的一个细分环节或某一细分市场。从本质上讲，目标集聚战略也是一种差异化战略，只不过这种差异化战略聚焦于特定的顾客群。实施这一战略的前提是：与竞争对手相比，企业能够以更好的服务、更好的产品为特定的某一顾客群体服务。

总成本领先战略、差异化战略和目标集聚战略这三种战略不是相互排斥的关系，一个企业可以同时采取其中的两种战略甚至是三种战略。例如由于实现了技术上的创新，能够以更低的成本、更好的服务向某一特定目标顾客群提供具有独特性的产品或服务。

二、非市场战略文献综述

（一）非市场环境

Jean J. Boddewyn（1994）对各个学科“非市场”概念的研究发展进行了系统的梳理，总结了四种非市场观点：①非市场是指一套独特的高级宏观制度。②非市场是指外在或中立于市场的非经济因素。③非市场是指渗入经济交换中内生的社会因素。④非市场是指一种弥补所有组织自然衰落的政治机制。他认为非市场是指能够为市场、企业和其他类型的组织提供秩序的内外部因素，这些因素能够使它们有效地运转，并弥补它们失灵的缺陷。

Baron（1995）认为，非市场环境包括四个部分：事项、机构、利益集团和信息。事项是影响企业战略决策与行为的作用对象，它可能是政府的某项立法活动、公众的某项针对企业的行动、新闻媒体对企业的某种舆论导向。非市场事项是企业采取非市场战略所要解决的问题。机构是发动事项的组织，它可能是政府、新闻媒体、公共机构、激进主义分子和社会公众等。利益集团是与事项有直接或间接利害关系的组织或个人。信息是利益方对有关行为与结果以及利益集团的偏好和能力的了解（高勇强，2007）。非市场环境由构成企业与企业以及企业与社会之间的相互作用的社会的、政治的、法律的安排构成，它具有多数裁定原则、合法程序、广泛自治、集体行动和公众性等特征（Baron 和 Diermeier，2007）。在非市场环境中，企业采取的非市场行为可能是自愿的，例如企业与政府官员、行业协会建立良好的关系，也可能是非自愿的，如激进主义分子对企业的干预等。

非市场环境与市场环境不同，非市场环境具有其特殊性。企业所处的经济制度和经济体制不同，导致其所处的非市场环境也具有差异性。无论何种经济制度和体制下，非市场环境的构成要素主要包括社会公众、股东、政府权力机构、媒体和公共机构，这种环境有别于市场环境的最主要特征为：大多数原则、合法的程序、广泛的选举权、集体行动和公共属性等（Baron，1995）。市场环境范畴内所包含的要素主要有宏观经济因素、企业的竞争者、企业的供应商和顾客；非市场环境范畴内所包含的要素有社会文化因素、社会习俗、政治体制、法律与制度因素（卫武，2008）。Baron（1995）认为，政府部门、社区、社会公众、新闻媒体、利益集团、激进分子等因素构成了企业的非市场环境，这些利益团体对企业的成功有着至关重要的影响。这些因素既可以成为企业发展的动力，也可能成为企业发展的阻力，甚至会威胁到企业的存在。作为企业的发展动力，表现为非市场因素的存在最终会导致企业获得竞争对手难以模仿和替代的可持续的竞争优势。企业利用这些非市场因素可以采取的非市场行为包括：为企业开辟新的市场；为企业创新产品提供政策建议；形成新企业进入壁垒，进而阻止竞争性企业的进入，减少竞争激烈程度和未来的不确定性；降低政府和行业管制，甚至是影响政府的政策制定倾向和进程，使得相关政策法规向有利于企业的方向发展；企业可以利用新闻媒体的媒介作用来影响社会对企业的看法，为企业树立良好的社会形象和声誉；社会公众的舆论导向作用可以增强企业的声誉和信誉，为企业赢得知名度和增加企业的潜在顾客等。作为阻力，非市场因素会提高企业的产品生产价格，提高企业的竞争成本，阻止企业进入新市场，降低企业的社会声誉和企业形象，影响企业的市场占有率和潜在的顾客等。因此，非市场因素对企业的影响是一把双刃剑，企业必须小心谨慎，这也是为什么将非市场因素作为战略地位加以考虑的最主要原因。

（二）非市场战略分类

由于所使用的理论分析工具庞杂，目前学术界对非市场战略有关内容的研究呈现出多样化的趋势。对企业在制定与实施非市场战略时，所采取的类型的划分是该领域研究的一个重要方面。目前学术界主要有三种方法，第一种是依据企业采取非市场战略的方式进行划分的，分为两种：缓冲战略和搭桥战略。第二种是根据企业采取非市场战略的事项类型进行划分的，目前依据其处理的事项类型主要分为三种战略类型：政治战略、社会责任战略、公众与媒体战略。第三种是根据社会交换理论对企业非市场战略进行分析，将其分为交易式非市场战略和关系式非市场战略。

第一，根据企业采取非市场战略的方式，可以将非市场战略划分为两种：缓冲战略和搭桥战略。Meznar 和 Nigh（1995）、Blumentritt（2003）将企业采取的社会事务活动分为缓冲战略和搭桥战略。Meznar 和 Nigh（1995）根据企业所采取的缓冲与搭桥强调程度的不同，把企业所采取的非市场事项划分为四种类型：缓冲、活动较多、活动较少以及搭桥。这种对非市场事项的分类方法与 Wilson（1975）的研究相似，他认为企业对社会的响应方式可以划分为四种类型：反应、防御、适应以及提前行动。企业通过采取缓冲战略，试图积极改变甚至是操纵政府相关政策法规、立法的制定进程，并力求利用企业自身的资源优势和对外部环境的影响力对外部环境施加影响。企业通过搭桥战略，力求对外部环境中的非市场事项进行扫描、预测、监测，对政府政策、相关立法和法规、行业管制、社会趋势和社会文化趋势的未来发展进行预测，从而避免企业外部环境发生改变时，企业的经营运作受到影响。

与企业在市场竞争方面所追求的低成本战略、差异化战略或聚焦战略相类似，无论是采取缓冲战略还是搭桥战略，都有可能使企业获得明显的竞争优势，拓展企业的外部生存空间。Meznar 和 Nigh（1995）进一步指出了企业实施缓冲战略和搭桥战略的具体行为。其中缓冲战略是保护企业免受外部环境的影响，包括尽量保护企业内部的运作不受外部环境的干扰和尽量对外部环境施加影响。通过缓冲战略，企业可以抵制外部环境的改变或努力对其施加控制。企业所采取的缓冲行为根据所针对的对象包括两类：政治环境中所采取的行为，即主要针对政府政策和决策制定部门；以及针对社会环境所采取的行为，即主要针对社会公众、新闻媒体、第三方机构等。Meznar 和 Nigh（1995）认为社会行为包括：①从事公益性广告以维护公司的经济利益或社会利益。②从事公益性广告，以便和社会事项建立起事实的联系。③从事公共关系活动以提升企业在社会事项中的地位。政治行为包括：①警惕各级政府的各种立法可能对企业造成的影响。②努力减少各级政府部门对本企业所在行业的管制。③使用说客代表公司对各国政府进行游说。④为政治行动委员会进行捐赠。⑤努力游说其他利益集团以使其和企业相协调。⑥利用行业协会以便对立法或规则施加影响。搭桥战略则是企业采取适合的组织活动，以期同外部的期望相一致。搭桥战略意味着企业行为符合和超越行业中的管制要求，或者快速识别变化了的社会期望，以使企业与这些期望相一致（Meznar 和 Nigh，1995）。搭桥战略是促使企业内部适应外部环境的改变。企业采取搭桥战略的具体行为包括：①使企业适应社会压力。②关注政府立法或规则，以便企业能够快速做出响应并遵守。③不断审视社会环境，以确保企业的行为符合社会期望。④我们通常是对社会期望的变化作出最快反应的公司之一。⑤我们关注立法的发展，以便在立法颁布实施时有履约机制。⑥我们企业目前的行为实践超越现行法规的要求。⑦我们会采取在行业内达成共识的新政策。⑧作为好公民，我们只做法律允许的事情。⑨能够最先采取符合社会新期望所要求的政策。

第二，依据企业采取非市场战略的类型，谢佩洪等（2010）认为，目前学者研究中，最普遍的非市场战略主要包括三种类型：企业政治战略、企业社会责任战略、社会公众与媒体战略。邓新明、田志龙（2007）在对西方非市场策略与行为过程的研究述评中，认为非市场战略的研究切入点开始于学者们对企业与政府的关系研究，其中以企业针对政府所采取的政治战略与行为的研究为起点，这一时期开始于 20 世纪 60 年代。到了 20 世纪 70 年代，美国企业实践中的政治行为普遍存在，并有多样化的趋势，因此引起了战略管理研究学者对政治战略与行为的研究关注。由于政府以及相关政策制定部门是企业最重要的利益相关者，它们不仅通过政策和法规影响企业的战略和行为，还大量地在微观上干预企业行为（Child 和 Tse，2001）。

企业政治战略。研究学者对企业政治战略的研究来自于全球范围内的企业政治战略实践（Hillman 和 Keim，1995）。Epstein（1969）指出，政府可以被认为是能为企业创造最有利竞争环境的工具。初期的西方研究学者对企业政治战略的研究基本上是以 Hillman 和 Hitt（1999）的“参与方法—参与层次—参与类型”决策模型为主导框架模式。近些年来，有关企业政治战略的研究方向主要表现在两个方面：一是企业政治战略研究日益受到战略管理、政治科学、经济与金融学等学科的关注；二是企业政治战略的研究背景逐渐扩展至转型经济的情境（江诗松等，2011）。但是 Hillman（2003）认为政治活动领域的学术研究目前仍然是一个研究相对较少的领域。 现有的关于企业政治战略的研究成果主要是以西方发达国家为研究背景。这些文献并没有形成统一的概念定义，通常对政治战略、政治策略、政治行为、政治活动、企业与政府这些概念交替使用，但是 Baysinger（1984）认为政治战略是企业以有利于其自身的方式来影响政府政策环境所做出的努力。国内学者江诗松等（2011）在考虑中国经济转型的背景下，将符合中国情境的企业政治战略定义为企业以有利于自身的方式对政府政策环境做出的反应。谢佩洪等（2010）认为企业采取政治战略的效用是可以为企业建立良好的政企关系，从而可以得到政府的保护或免除麻烦。有关政治战略的研究其代表人物主要有 Hillman 和 Hitt（1999）、Meznar 和 Nigh（1995）、Blumentritt（2003）。政治战略研究主要集中于政府与企业之间，尤其是研究具体企业的政治战略与行为。Baron（1995）认为，关于企业政治战略的研究是主流战略管理研究的一个拓展，是战略管理理论研究的新方向。

Hillman 和 Hitt（1999）在对企业政治战略的研究中，将企业的政治战略定义为企业为了在市场竞争环境中寻求有利的竞争地位，而主动采取的参与政府政策的制定或者是对政府政策和法规的制定进程施加影响，同时将企业采取的上述具体战略行为称为企业政治行为。Hillman 和 Hitt（1999）认为企业在采取政治战略的过程中主要分为三个具体的阶段：政治战略的方式选择、企业参与政治战略的层次和企业实施的具体战略类型。Hillman 和 Hitt（1999）认为企业在进行政治战略决策时，首先是选择采取何种方式来进行政治战略决策（关系型政治战略与交易型政治战略）。关系型政治战略强调企业把其与政府之间的关系看做是一种长期的相互沟通和相互影响的关系。企业采取这种战略方式的目的是和相关政府政策制定与管理部门建立一种长期的信任关系。采取交易型政治战略的企业则把其与政府之间的关系看做是一种物质利益交换关系，把企业和政府的交易行为看做是一种成本—利润分析，把企业的政治投入看做是一种成本，而企业所获得的政治优势和政策支持则是企业的一种利润回报，这是一种短期的政治行为。其次企业还要决定是企业独自参与还是与其他企业采取联合行动。独自参与指企业自己单独采取行动，并不考虑行业内的其他企业；集体参与是指企业和本行业内的其他企业联合起来采取政治行动，这样做的好处是可以防止行业内的其他企业"搭便车"。政治战略在更大程度上是一种具有公共物品属性的战略与行为，例如行业内的企业联合起来利用行业协会对相关政策制定部门的政府官员进行游说的政治行为。最后是具体的政治战略类型的选择。主要有三种类型的政治战略：信息战略、财务刺激战略和选民培养战略，每种具体的战略同时还包括具体的战术。其中信息战略包含了直接对相关政策部门进行游说或委托第三方机构进行游说，向政府部门提交研究报告，为政策和决策制定者提供意见书或技术报告等政治行为。财务刺激战略包含了提供财务支持，例如对政治行动委员会的直接捐款、私人服务等具体政治行为。选民培养战略的主要方式是将选民的利益与企业利益相联系，向选民灌输企业对管制政策的需求信息，并向选民提供一定的利益好处，从而使选民不反对甚至支持对企业有利的政策和策略，从而提高企业对政府政策和策略制定与实施的影响力。

Oliver（1991）认为企业在其所处的外部制度环境的强大压力下，会选择从消极妥协到积极应对改变等一系列战略行为，包括默从、妥协、规避、抗拒到操纵。由于中西方社会在社会环境和政治体制等方面的差异性，使得中国企业采取的政治战略与行为与西方企业不同。中国正处在一个高度转型的经济环境下，外部制度环境对企业的影响力很大，Tian 等（2007）认为中国企业对外部制度环境的反应策略就是中国企业采取的政治战略与政治行为。因此，依据 Oliver（1991）的观点，Tian 等（2007）通过实证研究将中国企业的政治战略划分为八种类型，分别是顺从、融合、支持/隐谈判、质疑、寻求代理者/游说、塑造影响、挑战/变革与积极缓冲。

企业社会责任战略。Baron 和 Diermeier（2007）认为目前学术界对企业社会责任战略的研究主要集中在以下四个方面：一是应用价值理论来探讨企业社会责任战略产生的成本问题；二是应用博弈论探讨消费者的自我约束行为和作为外部公共管制之间的博弈；三是应用企业社会责任理论来支持股东，这些股东能够避免能力较低管理者被替代的风险；四是通过实证研究企业是否从事企业社会责任战略来提高他们的利润，也就是研究企业社会责任战略与企业绩效之间的相关性。更有学者实证检验了企业社会责任的动机，假定企业社会责任的动机是提高企业的利润，即企业社会责任战略提供了差别化的产品或向消费者传递了产品高质量的一个信号。大企业更愿意从事企业社会责任战略，但是企业获利能力的丰厚与企业承担社会责任之间的关系并没有得到验证。

对于非市场战略的研究，管理学者不仅仅只关注企业与政府的关系（企业政治战略）。谢佩洪等（2010）认为企业可以运用其社会责任战略来实现社会对企业行为的期待，从而使企业具有道德合法性，得到社会公众的支持与认可。例如企业可以参与公益活动、希望工程、赈灾等慈善事业，从而为企业赢得好的企业形象。谢佩洪等（2010）认为，企业社会责任战略包括公益活动和慈善行为策略、对消费者的权益进行保护的策略、对员工的权益进行保护的策略和对生态环境进行保护的策略。

企业承担的社会责任既包括企业必须履行的对股东、员工、客户、社区这些直接的利益相关者的责任，也包括更广范围、更高层次的对政府、公众、环境以及慈善事业的责任。企业为了获得存在的合法性必须积极履行社会责任来获得社会公众与政府的支持和认可。积极的企业社会责任战略与行为有助于企业树立良好的公众形象，提高企业在社会公众中的良好声誉，提高企业的整体绩效（经济绩效和社会绩效)，为企业获得可持续的竞争优势。

社会公众与媒体战略。企业可以通过社会公众和新闻媒体的正面的、积极的企业评价为企业赢得无形的资源和声誉。Baron 和 Diermeier（2007）认为，传统的非市场战略聚焦于公共政策，例如立法机关、管制部门和法院。近年来，该领域主要研究激进主义分子或非政府组织对行业或企业的非市场行为的影响，他们使用公众和新闻媒体作为竞争舞台，这就产生了社会公众与媒体战略。Baron 和 Diermeier（2007）认为，企业能够获得社会公众和新闻媒体的宣传和支持是其非市场战略的一个重要内容。

Baron（2006）认为企业的外部非市场环境中的新闻媒体是企业获取信息的重要来源，它可以帮助企业提醒社会公众、激进主义分子、政府政策制定部门、行业协会以及其他相关利益者关注企业在经营运作中，所要面对、处理和必须解决的非市场问题和事项，因此，企业务必要把新闻媒体看做是非市场力量的一部分考虑到战略制定中。依据利益相关者理论所建立的企业社会公众与媒体战略，也是企业针对社会力量的一种战略行为，是为了获得社会公众和新闻媒体的支持，这同样是为了塑造企业的经营合法性（Martin 和 Scott，1998）。企业通过向新闻媒体开展发布会，请社会公众参观企业来获得这些利益相关者对企业的正面评价，进而提升企业经营的合法性。谢佩洪等（2010）认为，社会公众与媒体战略的主要任务是引导媒体与公众的舆论导向，从而能够提升企业在社会和公众中的名誉和地位，进而有助于企业获取发展所需要的关键性战略资源和能力优势。

第三，Macneil（1974）以社会交换理论作为分析工具，将企业的非市场战略划分为交易式非市场战略和关系式非市场战略。交易式非市场战略强调企业和政府等利益团体之间一种短期的利益交换关系，它关注的重点是参与利益的各方之间在物质利益上的分配关系，是在成本—收益的框架下考虑交易双方关系的一种短期的行为方式。而关系式非市场战略强调企业和政府等利益相关者之间一种长期的互动沟通和相互影响的作用关系，企业通过关系式的战略与行为同外部利益相关者建立起一种长期的互信合作关系。如果企业追求短期利益，则采取交易式非市场战略，其目的在于对出现的政治事项、社会事务事项等事项因素进行管理；而关系式非市场战略则是企业最大限度地追求与利益相关者的长期合作关系。

三、整合战略文献综述

（一）整合战略产生的必然性

整合战略是指综合考虑市场环境和非市场环境对企业的影响，从而将市场战略和非市场战略整合起来运用的一种新的战略思维和战略类型。市场战略和非市场战略的整合效应会达到“1+1>2”的效果。一个企业的非市场战略不仅可以直接降低企业的生产成本，而且有助于改善企业的战略地位，从而要求企业的市场战略做动态的适时调整（谢佩洪等，2008），使得企业在最有利的市场环境和非市场环境中进行生产经营。

长久以来，企业在进行战略制定时，所关注的焦点是企业如何通过将外部环境因素与内部的资源和能力相结合，进而制定和实施市场战略（比如总成本领先战略、差异化战略和目标聚焦战略等）。企业通过内部所拥有和控制的资源和能力，包括有形资源和无形资源，能够影响外部市场环境中的各种因素，进而获取可持续竞争优势。但是，事实上，企业所处的经营环境不仅包括市场环境（例如企业所面临的竞争者、企业的顾客和供应商、企业所提供的产品或服务、构建的销售渠道、在价值链上的位置等），还包括非市场环境（例如法律和制度、企业与利益相关者打交道的方式、行业管制、新闻媒体、环境保护组织、动物保护协会等）（Baron，1995）。DiMaggio 和 Powell（1983）认为企业在进行战略选择时制度因素比竞争因素具有更重要的影响。因此，企业在进行战略制定与实施过程中要同时考虑企业所面临的市场环境和非市场环境。西方学者考察环境与企业的战略选择之间的关系时，不仅研究环境中的市场要素（经典的市场战略理论），同时还注意到了非市场要素对企业成败的影响同样具有决定性作用。因此，市场战略和非市场战略对企业来说，都具有重要作用。因现有的研究成果认为企业并不仅是被动地实施战略来应对外部环境变化，而且能在一定程度上通过积极主动的实施战略行为来抵御外界环境的变化甚至是影响环境，从而使环境向有利于企业的方向发展。

经典战略管理理论都是以市场环境为制定战略的核心要素进行研究的。随着外部环境的变化，在 20 世纪 70 年代，美国企业为了适应环境的变化，都自觉或不自觉地采取了政治战略和政治行为，这种战略和行为在数量上不断增加，在行为方式上呈现多样化的趋势，例如，对政府政策制定者和政府机构在政策制定和倾向上的游说，政治行动委员会对竞选者提供捐款和相关支持等，从而引起了管理学和战略管理等领域众多学者对企业政治行为的关注。战略管理领域对企业这种政治行为和政治策略的关注，使得传统意义上的处于企业外部环境中的制度因素创造性地引入到了企业的内部，将分析的视角由企业的外部转向了企业的内部，将一种被动的环境适应分析转化为一种企业主动采取的战略与行为。传统的研究结论认为外部制度环境，特别是政府的政策和法律法规是一个约束企业的“铁笼子”，企业必须在这个笼子的约束下进行市场行为，但是美国企业的这种政治策略和行为，使得战略管理学者意识到企业行为不仅仅只是被动地适应外部环境，事实上，企业不再被动地等待相关的法律法规、政策和行业规范的出台并被动地受其约束，而是通过实施各种政治手段在政府及相关机构的政策与法规形成的制定过程中施加影响，要么影响政策的制定进程，要么影响政策的制定倾向，使得相关的政策向有利于企业或行业的方向发展。例如，可以看做是企业政治策略行为成功典范的美国微波通信公司（MCI）。从 1974 年开始，MCI 就发起了对美国电话电报公司（AT&T）垄断通信行业的法律诉讼，这一政治战略最终导致 AT&T 解体。MCI 成功利用政治行为，以一种具有合法性的政治行为，利用美国的相关政策法规打破了美国电信行业中 AT&T 的垄断市场地位，推动了政府行业管制制度的变迁，创造了新的市场机会，拓展了企业的生存空间（邓新明，2008）。而中国的企业在获取关键性战略资源时，同样采取了政治策略和行为。

例如，中国房地产企业为了获得土地等资源，资助地方政府举办相关活动，或者是在政策制定时起到信息咨询的作用，或是帮助地方政府解决难题（如解决地方就业压力，建养老院、希望小学，修路等）。

目前，企业界已经将企业社会责任看做是企业竞争优势的一个重要来源。事实上，对企业社会责任的研究产生于20世纪80年代的美国，当时很多企业已经开始积极利用善因营销行为（Cause-related Marketing）来提高企业的经营业绩。在一个商业生态系统中，企业的可持续发展能力与其所处的环境必须相协调，因此企业必须承担社会责任才能有利于自身的可持续发展。如果企业不承担应当承担的社会责任，那么最终必将走向衰亡。从本质上讲，企业承担社会责任是将企业的市场战略和非市场战略进行整合的一种典型的表现形式。企业之所以承担社会责任，是因为社会责任里面具有道德责任，也有一定意义上的法律责任，而企业最终是为了实现其经济责任。比如说为希望工程捐款，这是企业的一笔营业外支出，从经济人假设出发来看企业的这种行为，显然企业是从长远角度来考虑，为了获得可持续的发展优势，牺牲一点眼前利益也是有利可图的。有相当一部分学者从利益相关者理论出认为企业从事社会责任只是一种营销策略，或者仅仅是为了满足企业的存在合法性，很少有学者从战略整合的视角来研究它。

Baron（1995）认为应当将企业的市场战略和非市场战略进行整合。Baron教授最先提出了非市场环境的分析框架，包括事项、机构、利益集团和信息，即4I（Issues，Institutions，Interests and Information）。随着非市场环境和非市场战略对企业竞争力与企业绩效的影响作用越来越大，企业非市场战略与策略、行为的相关研究成果不断增加，理论逐渐走向成熟与规范。虽然学者们已经意识到将市场战略与非市场战略进行整合是企业战略的必然选择，但是如何将非市场战略与市场战略进行有效整合的相关研究还比较少，显然已成为战略管理领域的一个重要研究论题（Baron，1995）。

（二）中国转型经济背景下融合的特殊性

中国经济改革开放已近40年，在获得巨大成功的同时，由于中国正处在一个经济转轨的特殊历史时期，一方面各种行政制度、体制不健全，另一方面市场机制和体制没有完善和发展成熟。因此，中国企业在面对大量的非市场环境所带来的制度问题和社会问题时，需要接受比西方企业更加严峻的考验。

制度理论认为政府的政策、法规、公共事项、企业与政府的关系在企业的生产经营中，对企业的成功与否至关重要。特别是目前中国处于转型经济体制中，中国的市场机制还没有完全发展成熟起来，在由计划经济向市场经济转轨过程中，企业所需要的某些关键性战略资源仍然由政府掌握或控制。因此，在中国经济的转轨过程中，虽然市场机制发挥了一定的作用，但是企业的发展在很大程度上仍然依赖非市场体系获取资源（Peng，2003）。因此，中国企业所面临的非市场环境对其经营成功的重要程度比西方企业更为重要。

中西方不同的经济体制导致在采取市场战略和非市场战略时存在着巨大的差异。整合战略的产生是市场战略和非市场战略走向融合的起点。市场战略的竞争性特征和非市场战略的合作性特征，使得企业在经营实践中能够取长补短为企业的总战略服务。

市场战略和非市场战略走向融合的前提条件，一是市场战略不能完全实现企业的利润目标。也就是企业在实施市场战略时，在市场机制作用下存在某种阻碍，那么企业为了实现其战略目标，必须寻求非市场战略，从合作而非竞争的角度来处理问题。在现实的企业实践中，这种非市场战略的实施，在大多数情况下是无意识实施的，也就是说，虽然在企业实践中存在非市场战略，作为企业市场战略的一种有益补充，但是企业和管理者并没有理论指导。这种无意识的行为更像西方人眼中的具有中国特色标志的“文化”和“关系”。二是虽然市场战略能够实现企业的战略目标，但是企业需要付出更多的资源和代价。如果企业通过实施非市场战略能够达到同样的战略目的，所需的成本要远远低于市场战略的成本，或其潜在收益要远远高于市场战略的收益，作为追求利润最大化的企业来说，实施非市场战略是合乎理性的经济学思维。例如，一流企业出标准（行业标准）或是行业内的几个实力强的领导者联合起来制定行业规范，从而在制度和政策层面对其竞争对手和潜在的竞争对手实施打击。

四、文献评述

(一) 市场战略的优势与劣势

1. 市场战略的优势

安索夫在 1970 年提出战略管理的概念后，学者们围绕着这一概念进行了一系列的相关研究。我们在世界上任何一所商学院所学习的有关战略管理理论的知识，实际上都是关于在市场环境中获取可持续的竞争力和超额利润的系统的战略和策略行为。学者们通过对战略管理理论的论述来讲述企业如何获取竞争力以及获取超额利润。具体来讲，企业要想在市场战略中获取竞争优势，首先要对企业所处的内外部环境进行系统的分析，然后通过环境分析企业所拥有的资源和能力，据此制定企业的战略，采取战略行动。

在市场战略领域，企业所采取的市场战略所依据的理论来源主要有：迈克尔·波特的行业环境与竞争对手分析所形成的企业战略聚焦，也就是我们常说的三种基本竞争战略。另一个理论来源认为企业的竞争力和竞争优势来源于企业内部所拥有和控制的资源和能力。这些经典战略理论经过长期的实践检验，被企业和研究学者奉为经典。

2. 市场战略的劣势

任何一种理论都有其存在的前提假设和研究范式。随着时代的变迁，我们视如经典的理论在某些情况下也有其局限性。经济全球化的进行，互联网已经成为各国军备竞赛的最后一块必争之地，也是商家大战的必争之地。大数据时代的到来，仅仅具有竞争意识而不具有合作意向的企业是很难获得可持续的竞争优势。在数字化、无线互联、云计算、大数据等一系列技术革新的环境下，越来越多的企业意识到仅仅制定完美的市场战略并不足以使企业获得成功。那么现实中的职业经理人面临着哪些困惑呢？传统用以形成企业竞争优势的行之有效的战略变得不堪一击；企业要面临竞争多变的市场环境，出现了众多的非传统的利益相关者（传统的利益相关者包括顾客、供应商、所在社区、工会、员工等），他们对企业的生存与发展存在着至关重要的影响，比如说中央政府出台的限购令对房地产行业来说，迎来了致命的冬天。导致一部分中小房地产企业纷纷倒闭，大企业也是举步维艰。全国很多知名的房地产企业已经涉足与房地产相关的行业。比如说恒大地产的中国首个五星级物业公司——金碧物业，被认为是应对房地产政策变化的新举措。

（二）非市场战略的优势与劣势

1. 非市场战略的优势

非市场战略的研究为传统经典的市场战略的研究注入了新的生机和活力。随着经济全球化的发展，传统经典的战略理论不足以指导企业继续获得可持续的竞争优势，现实需要一种新的理论思想和理论指导，来规范中国转型经济背景下，中国企业或外资企业如何与中国政府打交道。因为在中国转型经济的初期，政府手中控制着企业所需要的关键性战略资源，这种资源企业在市场环境和市场机制下，通过市场交易很难获得。此时，就可以通过非市场战略来设立专门的与政府人员打交道的职能部门，将与政府等政策制定者之间的关系管理“新常态化”，而不是我们传统意义上或西方人所讲述的“关系”就能达到的。

从更为普遍的意义上讲，非市场战略能够成为市场战略的有益补充，从而增强企业在市场战略上的可持续竞争优势（Baron，1995）。例如，当两个势均力敌的企业在所处的外部环境和内部拥有的资源和能力都很难进行有效的区分时，企业管理者就会存在战略困境，那么此时企业在市场战略上的决策从经典的市场竞争理论出发，很可能就会出现竞争战略趋同。此时唯一的办法是实施非市场战略。

2. 非市场战略的劣势

在理论上，非市场战略理论与传统战略理论相比，理论体系尚未成熟，也即尚未形成统一的完整框架，在研究范式上也没有形成统一。在研究方法上，更多的是探索式研究和案例归纳总结研究，因此其研究结论的普遍适用性比较差。更多的有关非市场战略的研究成果是在西方市场经济环境下产生并发展成熟起来的。因此其研究结论对中国特有的转型经济背景存在着情境适用性的问题。

非市场战略从本质上讲是三种战略的一个统称，即企业政治战略、企业社会责任战略和社会公众与新闻媒体战略。对于政治战略，Keim 和 Hillman（2008）认为政治环境因素因不同的国家而不同。这种政治因素的国别属性差异主要表现在：政府政策、政府政策制定过程和参与决策制定的利益集团。Mahon 和 McGowan（1996）更为细致地构建了从企业所处的产业环境的政治动态五力模型，五种政治力量包括：股东、公众、事项和事件、事项或事件的机构和特定行业（Stakeholders，the Audience，Issues and Events，Substitute Issues and Events，the Industry）。

在实践中，企业实践薄弱。我们在任何一所商学院所学习的都是如何在市场竞争环境中进行有效的战略制定。当传统的市场战略理论不足以达到企业的战略目标时，或者是传统的市场战略理论难以发挥作用时，将导致管理者的迷惑与彷徨。同样，当企业管理者意识到企业需要进行非市场战略的制定与实施时，现实的情况是缺乏有效的理论指导，这也是促使本书写作的最直接动机。

（三）市场战略与非市场战略的整合

目前，学术界对市场战略和非市场战略的整合研究成果相对来说比较少，但是不可否认，市场战略和非市场战略最终必将走向整合。我们所说的非市场战略是指企业在非市场环境中，在与社会公众、新闻媒体、政府机构、政策制度机构及其他利益相关者进行互动时所采取的行为模式。其存在的目的是为了拓展企业的生存空间，使得企业在市场战略中能够获得更多的竞争优势。市场战略和非市场战略的整合是企业战略理论走向新的历史高度的必然。现阶段，市场战略理论在学术界和企业实践中，都已经硕果累累。但是市场战略理论本身建立的前提假设是存在局限性的，这就为非市场战略的产生提供了理论契机。现实企业的战略困境也使得他们在不约而同地寻求其他路径。因此企业急需理论上的指导来告诉他们什么时候选择非市场战略以及如何实施非市场战略。如何有效地将非市场战略与市场战略整合，已经成为中国转型经济背景下亟待解决的一个重要的现实问题，具体包括：整合时间、整合方式、整合层次、整合深度以及整合的宽度；中国企业战略整合的具体行为模式是什么；企业战略整合会给企业带来哪些好处或优势；企业在进行战略整合时，最主要的影响因素有哪些；企业战略整合的行为模式是否依据行业的不同而有所差别。

国内学者邓新明（2008）以经典的资源基础理论作为研究切入点，通过实证研究证明中国企业在转型经济背景下的战略整合有三种行为模式：第一种是内部行为模式即战略协同；第二种是外部行为模式，即战略互动；第三种是外部行为模式即事项整合。研究结果表明战略协同是事项整合的核心，战略互动与事项整合均对其产生显著的正向影响；另外，对事项整合的绩效维度进行了划分，包括经济绩效和经营合法性两个维度。从企业的长期竞争优势出发，邓新明（2008）认为企业在追求市场绩效的过程中，不应以牺牲经营合法性为代价。卫武、胡铭（2009）建立了中国转轨经济背景下的跨国企业在中国市场上的市场战略与非市场战略、策略以及战术间的概念性理论模型。谢佩洪等（2009）以制度基础理论与战略互动作为分析工具，认为市场战略和非市场战略整合的核心是两者之间的正向外溢性。通过以上学者的相关研究，我们可以看出，在中国特有的转轨经济背景下，市场战略与非市场战略的整合研究，对于理论界和企业实践都具有重要意义。在理论方面，为国际上有关整合研究成果增加中国所特有的计划经济体制向市场经济体制的独特经济阶段的元素，丰富了研究成果。在企业实践中，为中国企业和在华的外资企业提供整合的理论依据和实证研究。

第二章　问题的提出

一、转轨经济市场环境对企业的挑战

（一）转轨经济的定义与特征

1. 转轨经济与转型经济

学术界认为影响非市场战略制定与实施的最主要因素是非市场环境中的政治事项、社会事项。政治事项主要是关于政府等权力机关政策制定部门在制定政策或政策运作过程中所出现或即将出现的突发事项，这种事项的出现对企业来说既可能是有利的，比如政府放松对某种产业环境的行业管制等；也可能是不利的，比如说，一项关于提高企业排放标准的政策出台。那么对于企业来说，不论出现的事项性质如何，企业都应加以重视。在应对政治环境中的事项时，企业所采取的政治战略（非市场战略中的一种类型），对于社会环境中出现的事项，例如社会公众某种认知上的变化，环境保护组织或动物保护协会等社会性团体的某项集会或运动，甚至是新闻媒体的某篇报道，都有可能成为企业发展的障碍。在非市场战略中，对社会事项的处理可以实施的非市场战略包括社会公众与新闻媒体战略和企业社会责任战略两种类型。政治战略更多地涉及体制、政策和法规的制定与实施，与政府等权力机构密不可分，因此，政府及其附属的行政机关是企业重要的利益相关者。社会事项则是在社会文化、社会习俗等宏观社会背景中出现的非市场事项，其呈现多样化、复杂化和动态性。但是最重要的利益相关者就是社会公众和新闻媒体的舆论导向。

研究非市场战略，必须考虑的一个因素就是制度因素。North（1990）将制度定义为构建人与人之间关系的约束，包括正式制度和非正式制度。正式制度如法律和规则等，如果不遵守这些规则，就会触犯法律。非正式制度指行为规范和标准，是一种社会上约定俗成的、被社会所普遍认可和接受的行为规范。不遵守非正式制度，虽然不会受到法律的制裁，但是却会被看做是不道德的或是不可接受的，对企业造成的负面影响甚至大于正式制度。这些法律、规范和规则构成了一个国家和社会的政治、经济和社会关系。制度的演变具有路径依赖性，因此不同的国家在制度上具有很大的差异（牧野成史，2009）。因此，在进行非市场战略研究时，正如前面的制度基础理论视角下的非市场战略研究，需要考虑不同国家经济体制和制度背景下的非市场战略。目前，由于中国作为一个经济大国的事实和作为一个经济强国的崛起，中国企业处于一个中国特有的转轨经济时期，这一特殊的制度背景引起了国内外学者的研究兴趣。因此，在这里首先有必要对转轨经济给一个明确的解释，以便读者能更好地了解本书的写作背景和写作意义。

自 1978 年中国改革开放至今，中国取得的经济成就举世瞩目，堪称经济体制改革的奇迹。我们的改革开放是在矛盾极其错综复杂的社会转型时期背景下进行的，没有现存的经验可以借鉴，在理论上也没有可供参考的答案。中国经济体制转轨的起点是最低的，而人口数量又是最大的。在实现两种不同经济体制（从计划经济体制向市场经济体制）有序转变的过程中，政府的各种宏观调控措施及各级地方对经济活动的积极干预，是必不可少的重要因素（熊志军，2014）。

中国 30 多年的改革开放实践证明了由计划经济体制向市场经济体制的这种转变是成功的。同时，也说明了中国的经济转轨是一个长期的过程，不可能一蹴而就。学术界认为经济转轨的方式有两种，一种是以俄罗斯为代表的经济转轨与政治体制改革同时进行。经济转轨必须与宪政规则改革相适应，经济转轨只是政治改革中的一部分。改革要求价格贸易自由化、宏观稳定化、产权私有化三位一体同时推进（吕炜，2003）。这是一种激进式的政治与经济同时变革。大多数前社会主义国家都采取了这种转轨模式。另一种是以中国为代表的温和式的转轨模式。在坚持社会主义制度的前提下，逐步建立市场经济体制，将计划经济体制逐步转变为市场经济体制，政府逐步放松管制，下放权力，经济建设与经济转轨同时进行，不涉及政治体制的改革。通过将价格逐步推向市场，逐步建立和完善社会主义市场经济体制，使得市场机制和体制不断完善和发展。在西方经济理论的研究中，俄罗斯激进式经济改革一直是研究的重点和热点，在现实中的应用也占有主流地位，并对"转轨"（Transition）、"改革"（Reform）和"转型"（Transformation）的概念进行了严格区别（吕炜，2003）。剧锦文（1997）对其进行了相关论述：转轨经济（Transition）是指用一种性质完全不同的全新的经济运行模式取代以前的传统模式的社会经济性质发生根本变化的过程。他认为改革（Reform）是指对传统模式的不当之处进行适当的改动，但是不改变其性质；转型（Transformation）是指对经济体制或制度在短期内做出迅速的转变。中国渐进式改革模式的成功标志着一种特殊的经济形态——转轨经济形态的成功运行与确立。中国经济体制改革的起点是计划经济体制，其最鲜明的特点是资源配置权由政府控制；而经济体制改革是将西方的市场经济机制引入，但中国的市场机制的产生、发展、完善和成熟是一个渐进的过程，如同一个新生儿一样，要在父母的扶持（中国政府的资源配置权力）下逐步成长起来。在经济转轨的初期以及在整个经济体制转轨过程中，中国经济实际上是计划经济体制和市场经济体制并行的，最初的阶段是，市场经济体制刚刚进入时，政府资源配置占主导地位，随着市场经济体制和机制的不断完善，政府的资源配置权力逐渐下放，市场的资源配置作用不断提高，到经济转轨的后期，市场对资源配置起基础性作用，而政府主要是宏观调控和起协调作用。从中我们可以看出，中国的转轨经济背景在整个转轨过程中都是政府和市场双轮驱动的，这为世界范围内的转轨模式增添了一种新的研究内容和方式，为世界上其他国家提供了一种可以借鉴的、传统理论上所没有的成功模式。

2. 对转轨经济进程的解读

中国经济转轨实践证明了经济转轨是一个过程，中国经历了 30 多年的改革开放，现在仍然处于经济转轨这一历史时期中。关于转轨经济的环境特征，很多学者都进行了定义，Luo（2001）引用了 Dess 和 Beard 的三种环境维度指出中国转轨期的市场特征，具有复杂、动态和宽松的特性。中国经济体制的转轨从本质上讲，属于生产关系的范畴。生产关系的发展与生产力的发展相符合是最基本的条件。经济所处的阶段则客观地反映着生产力发展水平的差异（吕炜，2003）。转轨国家在处于较低阶段的经济时期，应该与较低的市场化模式相协调。但是市场经济在西方已发展成熟，市场经济体制和机制比较完善。那么中国在引入市场经济体制时，必然存在着与当时的生产力的不协调、不适用，消除这种不协调必须由政府在改革过程中的创新。非市场特征也是转轨期中国市场的重要特征，政府的管制体制仍然被企业管理者认为是最有影响力、最复杂和最不可预测的环境因素。由于经济转轨并不是一蹴而就的，这个过程可能要花费一代甚至几代人的时间才可能达到目标。因此，将较长的转轨过程划分为若干时期，有助于更好地研究环境变化与战略选择之间的相关关系。Peng（2003）给出了一个“前期—后期”的两阶段经济转轨模型。经济转轨的早期以关系交易为主，关系交易的收益也呈现出递增的趋势。经济转轨的后期，交易规模和范围的扩大都要求正式制度的出现，关系交易的收益出现递减趋势，而规则交易开始占据主要地位，并表现出对关系交易的替代性。在经济转轨过程中企业不能简单地采用某种交易行为，而放弃另一种交易行为，因此大多数时间里多数企业都采取混合交易行为。

（二）转轨经济下的市场环境特征

中国转轨经济下的市场环境特征是具有中国特色的转轨经济。中国的经济转轨过程包括两个阶段：第一阶段是建立社会主义市场经济阶段；第二阶段是完善社会主义市场经济阶段（熊志军，2014）。第一阶段最主要的特点是由传统的计划经济体制向市场经济体制转变。但是这种转变是适应中国国情的渐进式转变过程，不是激进的、一蹴而就的。在这个转变过程中，一方面，政府不断将手中的资源配置权力向市场释放，逐步放松对某些关键战略性资源的控制权；另一方面，市场环境和市场机制不断发展。这一阶段的市场环境特征是市场机制的作用还没有完全发挥出来，政府在这一阶段仍然是企业所需要的关键战略资源的控制者和分配者。企业所需要的资源只能从政府手中获得，无法在市场中通过交易获得。第二阶段市场环境的最主要特征是市场机制已经基本建立，并逐步走向完善，企业所需要的资源基本上能通过市场交易获得。在这个阶段，一方面政府的资源配置作用逐渐被市场机制配置资源所取代，市场在资源配置中起基础性和决定性作用，政府的作用更多地转向为弥补市场机制的缺失；另一方面，市场机制和市场环境逐步走向成熟和完善。不同于第一阶段的市场环境，在这一阶段，企业所需要的关键性战略资源基本上能够通过市场交易所取得，政府的作用主要是弥补市场环境和市场机制与生俱来的弊端和缺失，比如说逐利性和竞争性。

（三）企业面临的挑战

总体来说，转轨经济下的企业面临着来自市场竞争环境和非市场竞争环境的双重挑战。来自市场竞争环境的挑战主要表现为：我们的市场经济脱胎于计划经济体制，市场战略的实施基础、实施条件和实施能力在总体上略逊于西方发达国家。那么在经济全球化的今天，要参与到全球的竞争环境中，就显得先天不足。另外，我们虽然是市场经济体制，但是却处在中国转型经济的大背景下，企业在市场竞争中所需要的关键性战略资源大部分都控制在中国政府的手中。因此中国的市场机制从某种意义上讲，不同于西方的市场机制。更进一步地说，中国的市场机制是一个逐步走向完善的过程，并没有完全发展成熟。来自非市场竞争环境的挑战主要表现为：大数据时代作为一种全球范围的信息革命的到来，使得原本错综复杂的非市场竞争环境变得更加扑朔迷离。在信息时代高度发达的今天，可能一条微博就足以断送一个企业的生命。

在转轨经济环境下企业面临的挑战可以具体概括为：一是转轨经济阶段的挑

战；二是缺乏有效的理论指导；三是企业自身能力的缺陷。如前所述，中国的转轨经济时期包括两个阶段，这两个阶段是资源配置方式从政府占主导地位向市场占主导地位的转变。所以第一个挑战是我们并没有成功的经验可以借鉴，处在不同的阶段，企业所面临的市场环境和非市场环境是不同的，企业所需要采取的战略方式也必然发生变化，这是企业必须面对的严峻挑战。第二个挑战是现有的理论界对于转轨经济环境下的企业如何有效地实施市场战略和非市场战略缺乏有效的理论指导。企业管理者们在商学院学习的是传统的经典市场战略理论，也就是企业如何在市场环境下通过制定一系列的竞争战略达到战略目标，因此当企业管理者面临现实的市场环境中的非市场因素的挑战时，处于茫然和迷惑的状况下，只能“摸着石头过河”。第三个挑战是企业自身能力的缺陷。邵剑兵等（2010）认为，当转轨经济由一个阶段进化到下一个阶段时，企业是否具有识别和转换能力是企业必须面临的一个挑战。企业是否具有由一种战略切换到另一种战略的能力是任何一个企业所必须面临的问题。企业能力的惯性和刚性特征，说明了如果企业原有的竞争优势的能力在面临转轨经济阶段的变化时，能顺利转换为企业的资源和能力，就能适应这种新的转轨经济阶段。

二、市场机制缺陷与企业竞争优势

（一）企业竞争优势外生论

在战略管理领域，首先对竞争优势进行系统而深入研究的是哈佛大学商学院教授波特（Porter），其代表作有《竞争战略》（1980）、《竞争优势》（1985）和《国家竞争力》（1990）。以波特为代表的产业结构理论认为产业结构的复杂程度和行业吸引力是影响企业竞争优势的主要来源。企业竞争优势外生论的学者认为企业的竞争优势来源于企业外部。波特认为，竞争战略就是企业如何选择一个有吸引力的产业和在这个产业中选择一个有利的竞争地位。因此企业要想保持竞争优势，必须对产业结构及其周围环境的变化制定和选择相应的竞争战略。这种理论认为企业的竞争优势来源于外部环境，忽视了企业的异质性，即企业内部的资源和能力对企业竞争优势的影响。很难解释为什么在一个行业内，企业间利润的差异大于不同行业的企业利润差异，从而激发了很多学者的研究兴趣，进而将研究视角由企业外部转向了企业内部，打开了企业作为一个资源和能力集合体的黑箱。

（二）企业竞争优势内生论

企业竞争优势内生论的学者认为企业竞争优势来源于企业内部拥有的资源、知识和能力。资源基础理论起源于彭罗斯（Penrose，1959）的企业成长理论。他认为企业是一个生产性资源的集合体，企业投入资源的生产性服务异质性影响企业的绩效。这一观点后经沃纳菲尔特（Wernerfelt，1984）、巴尼（Barney，1991）和皮特瑞夫（Peteraf，1993）等发展完善，并形成战略管理中经典的企业资源基础理论。资源基础理论的主要观点是：认为企业的竞争优势来源于企业内部所拥有和控制的有价值的、稀缺的、难以模仿的和难以替代的异质性资源和能力。这些资源和能力使得企业可以持久地获得超额利润和可持续的竞争优势。普拉哈拉德和哈默（Prahalad 和 Hamel，1990）在《哈佛商业评论》发表的《企业核心能力》一文中，明确提出了企业的核心竞争力是企业持续竞争优势的来源。他们认为："核心能力是组织的累积性学识，特别是如何协调不同生产技能和有机结合多种技术流的学识。"企业的核心能力容易形成核心刚性，从而使得企业的核心能力很难适应外部环境的变化。因此，Teece 等（1997）提出了动态能力理论。企业的竞争优势来源于企业的创新、吸收和整合能力。资源基础理论、核心能力理论和动态能力理论不是截然分开的，而是存在着密切的联系。从某种意义上说，企业的核心能力和动态能力也是企业的一种资源，更确切地说，是企业的一种无形资源，因此是对企业资源基础理论的完善和深化。董保宝、李全喜（2013）基于资源和能力的视角构建了竞争优势来源的整合框架，强调资源的价值性、能力集合性和动态能力的动态性的有效整合是企业可持续竞争优势的来源。

（三）企业内外部优势共生性

竞争优势外生论和内生论从本质上讲，并不是截然分开的，而是从两种不同的角度看问题。竞争优势外生论将企业放在一个更加广阔的视角来看问题。内生论和外生论最终要走向融合。持内生论的学者更强调企业自身所拥有和控制的资源对企业竞争优势获得的决定性作用。竞争优势外生论过于关注企业所处的产业环境，而忽视了企业内部的核心能力。竞争优势来源于企业的内部能够给企业带来竞争优势，但是随着时间的推移，企业的这种竞争优势很可能成为企业发展的刚性阻碍，或者是企业的这种竞争优势被其他企业所模仿或者是超越。两种观点最终会导致企业竞争优势的逐渐消失。因此，企业为了获得可持续的竞争优势，必须将企业外部产业环境和内部资源结合起来构建企业的竞争优势。企业的竞争优势来源于企业的内部，通过企业与其他企业的合作可以使得这种战略性资源的持续创新能力成为一种新常态。

在中国转型经济背景下，对竞争优势外生论和内生论的整合不足以形成企业的竞争优势。因为影响企业竞争优势的因素不仅仅取决于对企业的产业环境进行分析，或是企业内部所拥有或控制的异质性资源和能力是否能解决的问题。竞争优势外生论和内生论所关注的焦点都是企业如何在市场竞争环境中通过竞争战略打败竞争对手。也就是说，两种理论所关注的都是企业所面临的市场环境。只不过是在进行市场竞争战略制定时分析的对象不同而已。而竞争优势外生论则是对行业整个结构和特性进行评估，从而定位企业在行业内的位置，是从对外部行业环境的分析和相关竞争对手的比较中对企业异质性资源的评估和开发。内生论更强调对企业内部异质性资源的评估和开发，强调从企业内部资源和能力寻求企业的竞争优势。中国的转型经济既区别于传统的计划经济体制，也不同于传统意义上的市场经济体制（吕炜，2003）。因此，西方市场机制和市场环境下的理论很难完全适应具有特殊性的由计划经济向市场经济的转型这一特殊的经济体制转型历史时期，政府要逐步地放松对企业所需要的重要资源的配置权。市场机制的作用是一个逐步成熟和完善的过程，在这一转轨的过程中政府的资源配置权对企业竞争优势的取得是十分重要的。在转轨过程中，政府手中控制着某些关键的战略性资源，这种资源在市场机制和市场交换中很难实现。因此企业仅仅对行业环境的分析，或是分析自身的资源和能力都不足以形成企业的竞争优势来源。政府的这种资源配置权力，不同于西方战略理论中所讲述的制度基础理论，制度基础理论具有理论一般性和普遍适用性，但是不能完全适用于中国转轨经济这一特殊经济体制转型时期。在中国转型经济的特殊历史背景下，对政府在资源配置中的角色不能仅仅作为制度环境下的一个影响因素，而应作为非市场战略中的一个重要影响因素加以考虑。

三、主要利益相关者对企业发展的影响

（一）不同环境下主要利益相关者的构成

1. 市场环境下的主要利益相关者的构成

任何一个企业要想在社会上存在，必须要满足一部分个人和团体的需求，否则这个企业也就无法生存和发展。利益相关者理论将企业看做是一个包含主要利益相关者集合的系统，并管理与各种利益相关者的关系。所谓利益相关者是指能够影响企业的愿景和使命，同时受到企业战略和经营业绩的影响，并对企业经营成果拥有可以实施权利的个人或群体。企业的利益相关者由于其手中握有对企业的生存和竞争状况产生影响的重要资源，包括有形资源和无形资源，因此，企业必须满足利益相关者的期望和要求，甚至是超出利益相关者的预期，从而使利益相关者对企业起到支持的作用。现有研究已经证明，能够处理好与利益相关者关系的企业，比竞争对手拥有更多的竞争优势和更好的经营绩效。因此，利益相关者理论认为企业对重要的利益相关者的有效管理是企业竞争优势的来源之一。

主流理论将企业的利益相关者划分为三种类型：资本市场的利益相关者（包

括企业的股东和主要的资金供应者)、产品市场利益相关者(企业主要顾客、供应商、所在社区、工会)和组织利益相关者(企业所有的员工，包括非管理人员和管理层)。①

资本市场的利益相关者主要作用是提供企业所需的资金保证。企业在成立之初和生产经营过程中所需的筹资渠道主要有两个：一是所有者投资，也就是企业的股东，包括大股东和小股东；二是从银行等金融机构的贷款，构成企业的债权人。企业的所有者无论是小股东还是债权人都希望企业能够获得超额利润，从而使股东和债权人的资本收益最大化得到保障。当企业的经营业绩好并能获得超额利润时，企业的股东和债权人就会对企业满意，此时的利益相关者关系就容易管理；反之，当企业经营不善，在利润目标和经营绩效没有达到股东的要求或是对于银行的债务很难按期偿还时，企业的管理者就需要谨慎处理与股东和银行等主要资金供给者的关系，因为如果处理不好，投资者很可能会从企业撤资，或导致企业未来的资金借贷出现障碍。

产品市场利益相关者包括企业的主要顾客、供应商、所在社区、工会。作为企业盈利来源的顾客是企业重要的利益相关者。对于企业来说，忠诚的顾客意味着是企业的一种竞争优势的来源。顾客的多少也反映出企业产品所占市场份额和在同行业竞争者中的竞争定位。如果企业有一个稳定而忠诚的顾客群，则企业在处理与顾客这种利益相关者关系时，就比较容易管理。同时，企业也可能从顾客那里收集到有关新产品开发的信息和灵感。对于供应商而言，稳定的原材料来源是企业进行生产的前提条件。如果企业能够从供应商处获得具有竞争优势的资源，那么企业在通常情况下是愿意为具有竞争优势的资源支付高价格的。社区作为企业的利益相关者，其作用也是不容忽视的。社区是企业进行生产经营所在的地区。一方面，社区希望企业能够为社区做更多的贡献，也就是希望企业具有更高的社会溢出效益，承担更多的企业社会责任。比如说解决社区的就业压力问

① 迈克尔·A. 希特，R. 杜安爱尔兰，罗伯特·E. 霍斯基森. 战略管理概念与案例［M］. 吕巍译. 北京：中国人民大学出版社，2009.

题，能够为社区建立一些公共服务设施，如养老院、公益图书馆、健身运动器材等。另一方面，希望企业向社区的索取尽量减少，例如对社区相应的配套设施服务的要求等。社区作为企业的主要利益相关者直接关系到企业最基本的生产经营环境的稳定性。工会是企业员工的发言人和权益维护者。工会所关心的是员工的工作环境稳定性、职业提升空间及相关的各种福利待遇保障。当企业的经营目标能够实现时，资本市场利益相关者和产品市场利益相关者的权益基本都能得到满足，从而在各个利益相关者之间维持了均衡。

组织利益相关者包括员工、管理人员和非管理人员。组织利益相关者是组成企业的人力资源，是企业最重要的也是最直接的利益相关者。组织利益相关者与企业的未来息息相关。作为企业的一员，希望企业能够不断成长，不断给员工提供更好的职业规划和职业发展空间，希望自己所在的企业能够成为行业中创新最强、最具影响力的企业。企业员工的教育文化程度和知识更新能力和吸收能力、创新能力是企业竞争优势的最直接来源。

传统的利益相关者理论所包含的利益相关者是与企业的生产经营绩效直接相关的，也就是市场环境下的利益相关者。企业在市场环境下，经营绩效好，利益相关者就会获得期望的效益，进而就会对企业施加有利的影响；反之，当企业因经营不善而未满足直接利益相关者的预期时，就会影响到企业的生存和发展。因此企业必须处理好与直接利益相关者的关系。

2. 非市场环境下的主要利益相关者的构成

传统的理论认为企业的主要利益相关者主要指波特的五力模型中的五种力量。这五种力量主要是应对企业所面临的市场环境因素，即现存企业之间的竞争、替代者的威胁、潜在进入者的威胁、供应商和购买者的讨价还价能力。更广泛意义上的利益相关者包括企业的员工，以及企业所在的社区、政府、行业协会等。毫无疑问，这些都是企业的主要利益相关者。但是随着信息技术的发展，大数据时代的到来，使得企业的主要利益相关者的数量和种类不断攀升，对企业的影响也是以指数级的形式扩大。企业的主要利益相关者并不仅仅表现为和企业有直接关系的相关群体。看上去和企业没有任何关系的某一群体很可能对企业的存在有着至关重要的影响。比如新闻媒体的导向作用、微信推广和传播、网络点击率对企业的影响。在中国，非市场环境中的主要利益相关者对企业经营环境的影响仍然是至关重要的，甚至会决定一个企业的生死存亡。在非市场环境下，利益相关者对企业的影响主要体现为非市场事项，包括政治事项和社会事项，所对应的利益相关者包括政府、媒体、非政府组织和社会公众等（张轶、王希泉，2009）。

从事项的构成来看，非市场战略最主要的影响事项包括政治事项、环境事项、公益事项和社会事项等。非市场环境中的政治事项和社会事项会有多种存在形式和影响力。企业并不需要对所有的非市场事项进行管理，只对企业经营运作具有重要影响的事项进行管理即可。事项管理就是将可能影响企业生存和经营的潜在事项筛选出来，并且调动企业资源从战略上影响事项的一种管理行为。Collins 和 Douglas（1995）认为应当将环境、公益等非市场事项整合到传统的战略管理理论中，Schuler 和 Rehbein（1997）用“事项的显著性”来说明对企业的影响程度。Cook 和 Barry（1995）实证了中小企业参与政治所依据的就是“事项的显著性”，并且事项是有生命周期的，处于不同生命周期阶段的事项，企业在进行非市场战略制定与实施时，所采取的行为是不同的。因此，事项管理是企业主动影响非市场环境的一种有效方法，它主要是识别各种对企业有重要影响的事项，并对它们做出前摄性反应。Ullmann（1985）还利用集体行为理论探讨了企业在不同的事项生命周期阶段选择不同非市场策略与行为的深层次原因。

（二）主要利益相关者对企业的影响

主要利益相关者对企业的影响是一把锋利的“双刃剑”，既能断送企业也能成就企业的未来，关键是看企业如何与利益相关者打交道，如何处理和利益相关者之间的关系。学术界和实践中都已经达成普遍的共识，也就是和利益相关者的关系是长期共存的互惠互利关系。目前研究的重点是如何在大数据时代识别企业尚未发现的利益相关者，对这些利益相关者如何进行有效的管理。例如非市场环境中的利益相关者包括政府、社会公众、新闻媒体、非政府组织，其对企业的作用都是有利有弊的。

在中国现阶段的转轨经济背景下，企业所需要的关键资源仍然由政府掌握或控制。作为非市场环境中最重要的利益相关者——政府对企业所产生的影响无疑是至关重要的。一方面，当政府出台了新的政策，比如说扶持中小企业，对其减免税收和贷款无利息等优惠政策，对中小企业来说，无疑是有利的。另一方面，如果政府出台了一项新政，提高了高污染行业的排放标准，那么对一些排放标准不能达到要求的企业来说，将是一件棘手的政治事项。那么企业在处理这件事时，有两种情况可以选择：第一种是通过政治战略，游说政策制定部门，降低行业排放标准；第二种就是通过投资来提高企业的排污处理技术。第一种情况就是我们所说的非市场战略。其采取的策略行为是可以联合相关的企业，采取集体行动，或者是向行业协会反映情况，借助行业协会的力量，来达到自身的目的。

对于非市场环境中的社会事项，企业可以采取企业社会责任战略或者是社会公众与新闻媒体战略（政治战略、企业社会责任战略、社会公众与新闻媒体战略是非市场战略的三种类型）。例如非政府组织中的消费者协会和动物保护协会。这类非政府组织在企业履行环保责任、爱护动物等方面起了重要作用。企业要尽社会责任来树立良好的社会形象和企业声誉，就需要通过某种媒介来达到目的。例如红十字会、希望工程或者志愿者组织，所以，非政府组织在利益相关者中对企业履行社会责任和义务方面的影响很大。现代社会是高速发展的网络信息时代，新的通信媒体、娱乐方式、微信、微博等极大地改变和影响了人们的生活方式，使企业的生存环境更为复杂多变。企业的官网、新闻媒体的追踪报道、社会公众的舆论导向使得企业的行为受到更多的披露和关注。再加上新闻媒体报道所体现的客观性、真实性和及时性，使得企业几乎没有秘密可言。随着网络的快速增长、信息的高速发展，新闻媒体的作用将不可忽视。媒体对企业的影响主要表现在通过揭露信息和发表评论，引导社会公众舆论导向，对不法行为起到揭露的作用。例如，毒奶粉、地沟油、三聚氰胺、瘦肉精等一系列大家耳熟能详的词汇导致了一批不法企业的消亡。

无论是市场环境中的利益相关者，还是非市场环境中的利益相关者对企业的生存和发展都产生了显著的影响。对于市场环境中的利益相关者，国内外学者研究的很多，相关的研究成果丰硕，而非市场环境中的利益相关者的研究还比较少。由于非市场环境所涉及的政治事项和社会事项，与所研究对象所处的政治体制和社会文化、习俗和规范、道德等有着密切的联系，从而导致了现有的研究结论在普遍适用性方面存在着缺陷，需要研究学者对不同政治体制、不同国家的不同企业做情境化的研究。例如对发达资本主义国家、新兴国家、第三世界国家等做不同的研究。

第三章　问题研究的理论依据

一、资源基础理论

（一）企业实施非市场战略的目的

1. 资源基础理论对非市场战略的理解

在战略管理领域，企业在进行战略制定时，所依据的最主要的理论之一就是资源基础理论。以资源基础理论作为非市场战略研究的理论基础和研究视角的学者所持的观点是：一方面，为了使资源的使用更有效率、效果和效益，达到最大的社会效益和经济效益，那些具有雄厚资源的企业应该获得更多的发展机会，会受到政府更多的政策支持与优惠，同时赢得更多的新闻媒体、社会公众的支持；因而能够获取更多的社会资源和制度资源。继而，这种新获取的社会资源和制度资源能够为企业带来更为强大的竞争优势。另一方面，企业拥有雄厚的资源使得企业具有更多的资源和能力来进行非市场战略，也有更强的动机来实施非市场战略。因此资源基础理论学者认为企业拥有和控制的资源的稀缺性和重要性与企业实施非市场战略的条件和动机呈正相关关系。企业拥有和控制的有价值的资源越少，那么它受到政府、新闻媒体、社会公众等外部利益相关者的关注越少，所获取的社会资源和制度资源的机会就越小。

资源基础理论是战略管理领域的重要理论，它充分解释了企业竞争优势来源于企业内部的有价值的、稀缺的、难以模仿和难以替代的资源，并对同一产业内的企业之间为什么会存在绩效差异给出了有力的解释，提出了一种和波特的竞争优势外生论相对应的企业竞争优势内生论。波特认为企业的竞争优势取决于企业所在产业的吸引力和企业在行业内所处的竞争地位。而资源基础理论却提出了企业竞争优势来源于企业内部资源的竞争优势内生论，打开了企业这个黑箱，为当时波特的竞争优势外生论一统天下的思想注入了新的思想，使得企业竞争优势来源理论更为丰富和完善。

2. 资源基础理论的产生与发展

企业资源基础理论对企业本质的认识不同于科斯（Coase，1937）的观点——将企业看做交易成本的节约，而是将企业看做是各种生产性资源的集合体（彭罗斯，1959）。认为决定企业绩效差异和企业可持续竞争优势来源的是企业内部异质性战略资源（Wernerfelt，1984；Barney，1986，2002；Peteraf，1993）。最早认识到企业专有资源对企业重要性的两位经济学家是罗宾逊（Robinswon）和张伯伦（Chamberlin）。他们认为企业拥有的异质性资源和能力是产生不完全竞争并获得超额利润的重要因素。张伯伦认为，企业的技术能力、专利技术和品牌知名度等是企业所拥有的几种关键技术。

对资源基础理论最初的系统论述是彭罗斯（1937）。其著作《企业成长理论》对资源基础理论的产生提供了思想源泉，也被认为是企业成长理论的开山之著。彭罗斯完全是从企业的内部寻求企业成长理论的。彭罗斯的主要观点有：企业不仅仅是一个管理单位，也是作为生产资料集合体的企业。更为具体地说，企业本质上是资源的集合体，对资源的使用是通过企业的管理框架而组织的。企业内部生产性服务和知识的不断变化为企业创造了一个个生产机会。企业的物质资料和人力资源为了不同的目的，以不同的方式、数量和类型相结合创造了一个个独一无二的企业。企业内部资源的不完全流动性是因为一些资源优于另一些资源，导致市场失灵或市场不完全，从而使生产要素具有不同的使用效率。

Wernerfelt（1984）在战略管理顶尖杂志《Strategic Management Journal》上发表了具有里程碑意义的《资源基础理论》一文，标志着资源基础理论的正式形成。Wernerfelt 指出企业所处的内部环境比外部环境对企业的意义更为重大。对企业创造优势地位具有重要的决定性作用。企业内部的资源、能力和知识的积累是企业获取竞争优势并保持其地位的关键要素。后经过 Peteraf（1993）、Barney（1986，1991，2002）、Rumelt（1982，1984，1991）、Collies 等（1995）等学者对资源基础理论的贡献使得其成为一个比较系统的完善的理论体系。

其中比较有代表性的是 Barney（1991）和 Peteraf（1993）。Barney（1991）首先对一般性资源和战略性资源进行了区分，认为构成企业竞争优势来源的资源必须具备四种属性：有价值性、稀缺性、难以模仿性和难以替代性。2002 年，Barney（2002）又在原有研究成果的基础上进行了进一步完善，将战略性异质资源的特征概括为：有价值性、稀缺性、不可完全模仿性和组织性，从而进一步完善了资源基础理论的基本框架。其中组织性是指企业的资源具有价值性、稀缺性、不可完全模仿性只能使企业获得暂时性的竞争优势，企业要想获得可持续的竞争优势，必须具有将这三种资源属性进行有效组合和整合的能力。这种能力具有路径依赖性，很难被其竞争对手所模仿或替代。

Peteraf（1993）不同于 Barney 将企业的内部资源要素属性作为研究的切入点，Peteraf 以资源属性所构建的竞争优势作为研究的出发点，认为企业有四种竞争优势战略可供选择。一是以资源异质性为核心的竞争战略。资源异质性说明优势资源要素的供给是有限的，正是因为有限的供给才使得企业具有独特的竞争优势，进而与竞争对手区别开来，但是这种异质性资源不能保证企业获得可持续的竞争优势，因此，企业要想获得可持续的竞争优势，必须采取以下三种战略：①资源非完全移动竞争战略：资源的非完全移动性保证了企业在使用资源时存在着效率差异，说明资源在企业内部的使用效率要高于其他企业。②事前竞争限制战略：其核心是企业如何在市场上以较低的成本获得优势资源，其隐含的假设是战略资源市场机制不完善。③事后竞争限制战略：源于隔离机制产生的难以模仿性和难以替代性。研究学者将资源基础理论作为企业非市场战略影响因素的理论分析工具，那么其前提假设就是企业非市场战略的影响因素必须是有价值的、稀缺的、难以模仿和难以替代的，并且这些影响因素能够成为企业持续竞争优势的来源。

叶广宇等（2011）认为资源基础理论在非市场战略研究中占有主流性。学者们研究了企业资源对企业非市场战略的影响，并实证了企业内部资源的丰富程度和异质性会影响企业非市场战略方式或类型的选择。Boddewyn J.和 Brewer T.（1994）在对跨国企业的政治行为进行研究时，认为跨国企业的政治资源非常符合资源基础理论中资源的稀缺性、难以模仿性和不可复制性等特点，因而能够采用以资源为基础的框架进行分析。Oliver（1997）在对企业可持续的竞争优势的来源进行分析时，将制度基础理论融合到了企业资源基础理论中，认为企业的资源特征对企业的非市场战略具有重要的影响作用。叶广宇等（2011）将前人的基于企业资源观点作为企业非市场战略影响因素的分析工具，将企业的资源概括为从有形资源范畴不断扩大到包括组织能力、企业惯例和程序、组织过程、企业特性、知识、信息、客户、社区、政府等制度参与者所构成的制度资本这样的无形范畴。这些资源都对企业的非市场战略制定和实施产生决定性的影响。

（二）研究现状与研究成果

西方学者主要从企业规模、企业资源重要性、企业的销售额、企业的市场份额、企业的员工数、企业的多元化水平、企业的财务资源状况、企业对政府的依赖程度、企业高管的社会关系资本以及企业组织结构、企业冗余资本、企业的成长性、企业曾经积累的政治经验、企业性质、企业年龄等因素对企业的非市场战略的制定与实施产生影响。

1. 企业规模

中西方大量的研究学者均把企业规模作为对非市场战略的制定与实施具有重要影响的因素之一。学者们普遍认为大企业具有更强的动机和激励去实施非市场战略，因为同小企业相比，大企业更多地会受到外部环境影响。另外，大企业由于其自身的实力雄厚，所以对其所处的外部环境能够产生更大的影响，外部利益相关者会对企业投入更多的关注、要求和期望，从而驱使大企业不得不采取具有实质性的措施和行动去影响和塑造企业形象和社会地位。特别是跨国经营的大企业，更容易受到东道国政府的约束与限制，会受到社会公众与媒体更多的关注，因而跨国企业具有更强的动因与东道国政府、社会公众和新闻媒体、当地社区等利益相关者处理好关系。同时规模较大的企业意味着在人力、物力和财力上具有先天的优势，大企业有更充裕的财力进行资源投入，大企业有更丰富的人才和策略技巧来处理与政府、社会公众、新闻媒体、社区等的关系。然而，小企业因为在资源的各个方面都具有明显劣势，因此它们通常选择采取联合行动的方式参与到企业的非市场战略和行动中。

在对企业规模的研究中，对企业规模的衡量包括：企业销售额（Bhuyan，2000；Hansen 和 Mitchell，2000；Hart，2001；Martin，1995；Schuler 等 2002）、企业资产（Meznar 和 Nigh，1995）、产品所占的市场份额（Schuler，1996）、企业员工人数（Bhuyan，2000；Hillman，2003；Meznar 和 Nigh，1995；Boddewyn 和 Brewer，1994；Keim 和 Baysinger，1988）。企业规模是企业采取非市场战略和非市场行为的一个重要的先决变量。最主要的原因可能是，规模是企业拥有资源和重要影响力的一个替代变量，对企业参与政治的能力提供了某种优势（Schuler 和 Rehbein，1997）。大规模的企业对社会经济、就业压力的解决等社会溢出效应具有更多的影响力，与政府具有更多的讨价还价能力，更容易得到政府的政策扶持。Hillman 和 Hitt（1999）认为，具有更多的财务资源和无形资源的企业相比其他企业，具有更大的资源优势，更倾向于单独采取政治行为，而那些在财务资源和无形资源具有劣势的企业更倾向于与其他企业联合起来采取政治行为。Meznar 和 Nigh（1995）的研究成果证明企业的资源丰裕程度与企业的政治行为正相关。但是，也有学者持相反的意见，认为规模越小的企业更倾向于采取积极的非市场战略，因为小企业需要更多的资源来进行竞争。例如，Cook 和 Fox（2000）对小型企业的调查研究表明，最小的企业在政治行动上却是最活跃的。

2. 企业的多元化水平

Hillman 和 Wan（2005）在对跨国企业的政治战略与行为的实证研究中，发现企业经营产品的多元化水平方式和多元化的程度对企业非市场战略的方式选择具有决定性的影响。Hillman & Hitt（1999）认为企业的产品如果是相关产品多元化，那么企业更倾向于采取长期的关系导向型的非市场战略，企业以追求长期利润最大化为目标；如果企业的产品是非相关产品多元化，那么企业更倾向于采取短期的、交易导向型的非市场战略，企业以追求短期利润最大化为目标。

3. 正式的公共事务部门

谢佩洪等（2009）认为，企业在建立职能部门时，可以设立用于处理非市场环境中的因素或事项的职能部门来处理企业在经营运作环境中，外部政府部门的制度环境变化。企业通过建立正式公共事务部门而积累了丰富的处理非市场事项的策略和技巧，相比于没有设立这种专门公共事务机构的企业来说，具有公共事务部门的企业有更强的动机、积极性和经验来实施非市场战略。Lenways 和 Rehbein（1991）对行业内领导型企业、跟随者企业和行业内免费搭车型企业的政治战略的实证检验表明，建立专职的处理外部非市场环境中的事项的职能部门的企业，可以有助于企业形成并积累独特的管理政治事项和社会事项的经验和能力。因此，通过设立专门的处理公共事项（政治事项、社会事项）的部门，企业将拥有更丰富的人才和策略技巧、经验来进行非市场战略决策。

4. 企业的讨价还价权利

Gomes（1990）在对跨国企业所有权选择偏好与东道国政府的限制研究中认为，资源能力中蕴含着讨价还价权力（如技术溢出、市场经验、销售渠道的控制等）和政治阻力，能够在一定程度上影响企业开发国外市场的战略决策，从而对跨国公司与东道国政府之间的讨价还价权利产生重要影响。但 Blumentritt（2003）的研究结论却恰恰相反，Blumentritt 运用讨价还价权利分析框架对跨国公司子公司所采取的政治事项活动的研究结论证明讨价还价权利框架是无用的。而中国学者高海涛、田志龙（2007）在对中国 175 位高管的实证研究中，在其构建的讨价还价权利资源框架下的研究表明，企业的讨价还价权利作为理论分析工具对其与政府等非市场利益相关者之间的博弈是有说服力的。高海涛、田志龙（2007）对比 Blumentritt（2003）的研究结果，认为研究结论巨大差异的原因是其实证研究结论是在中国特有的转型经济背景下，政府、社会公众、新闻媒体对大企业投入了更多的关注度和政策支持。

5. 高管的社会背景和政治导向性

企业高管人员的社会网络关系和政治导向性对企业非市场战略具有重要的影响。谢佩洪等（2009）认为，学者们将企业的高管划分为企业导向型和制度导向型两种。企业导向型的高管及其团队更多地关注市场因素、市场占有率和企业在市场中的竞争性，很少关注企业的非经济因素。而制度导向型的高管及其团队，更愿意对非市场因素和事项投入时间、精力和资源，将企业看做是社会环境整个系统中的一部分。高海涛、田志龙（2007）在对中国 175 位高管的实证研究中，在其构建的讨价还价权利资源框架下，认为高层管理者对待非市场事务的态度与企业在非市场活动方面的资源投入之间是正相关的关系，在统计上是显著的。Blumentritt（2003）以资源基础理论作为分析工具，研究发现子公司的高管人员的政治偏好可能要比企业所拥有和控制的资源的讨价还价权利更重要。类似地，Cook 和 Barry（1995）通过对小企业政治行为的研究支持了高管人员主观能动性对企业政治战略决策和过程具有重要的决定性作用。Burris（2001）通过对 1980 年的选举数据进行分析，研究结果证明了企业的政治行动委员会捐款行为与高管的个人捐款行为存在差异。

6. 企业成长性

叶广宇等（2011）在对中国跨国公司的海外非市场战略选择的成长性影响因素研究时，认为企业的成长性对企业在东道国的讨价还价权利具有重要的影响。虽然其实证性相关检验并不显著，但是中国企业在国内市场上却得到了支持，这说明，中国企业在进行跨国投资时，并没有将企业的成长性作为企业的一个异质性竞争优势资源运用到企业的谈判权利中。

（三）研究局限性

从上述的文献梳理中我们可以看出，以传统的资源基础理论作为分析工具，在进行企业非市场战略影响因素考虑时，主要集中于企业内部所拥有和控制的企业在市场上所积累的有形和无形的资源，包括企业规模的大小、企业是否具有处理公共事务的部门、企业的成长性、企业所生产的多项产品间的相关程度。通过对前人研究成果的梳理，我们可以看出，以企业资源基础理论作为分析工具，对企业非市场战略影响因素的探索与研究，主要集中在企业内部的异质性战略资源，而忽视了企业的非市场资源。如企业具有的处理公共事务的策略和技巧，是否具有与政府部门、新闻媒体、行业协会、社会公众、第三方机构，甚至是竞争对手打交道的经验、在外部利益相关者处所积累的声誉等，企业所拥有的这些资源和能力已经超越了传统的企业资源基础理论的边界。将企业的战略性异质资源从企业内部扩展到了企业外部，那么这些资源和能力更符合 Barney（2002）所说的形成企业竞争优势来源的资源特性，这些资源更有可能成为企业的有价值的、稀缺的、难以模仿和难以替代的资源，更有可能成为企业持续竞争优势的来源。

二、企业能力理论

（一）企业实施非市场战略的目的

1. 企业能力理论的产生和发展

企业能力理论的研究视角与企业资源基础理论相同，都是从企业内部寻求企业竞争优势的来源。企业能力理论认为企业内部能力的差异是导致企业竞争优势的决定性因素。它研究的焦点是讨论企业与环境变量之间的适应方式并获得长期竞争优势的途径。

经济学家理查德森（Richardson）首次提出了“企业能力”概念。将企业能力理解为企业积累的知识、经历和技能。理查德森扩展了彭罗斯的企业内生成长理论，认为企业不断的学习过程积累了专门的知识和技能。1925 年，马歇尔认为，企业内部各职能部门之间、企业之间以及产业之间都存在着专业化分工，这种专业化分工会导致企业内部出现新的协调问题，因而需要其技能、知识和协调能力不断增加，从而推动企业不断向前发展。这里的企业内部专门职能就是企业能力，这种能力与专业知识密切相关。

1990 年，普拉哈拉德和哈默在《哈佛商业评论》上发表《企业核心能力》一文，提出了企业核心能力概念。他们认为，企业的核心能力是企业的累积性学习，特别是关于如何协调不同的生产技能和有机结合多种技术流的知识。对于核心能力的维度划分主要有两种：一种是将核心能力分解为企业的研发能力、生产制造能力、市场营销能力等一系列具体的功能性执行能力。另一种是将核心能力看做是企业专有的知识和技能。巴顿（Baron，1991）将企业的核心能力理解为企业所特有的，能够为企业带来持续竞争优势的知识体系。

随着商业环境的不断变化，形成企业竞争优势的核心能力却有可能在外部环境发生变化时，成为企业发展的阻碍，甚至使企业遭受灭顶之灾。因为核心能力具有路径依赖性，是累积性的知识和能力，需要整合各种知识和技能。因此当外部环境发生剧烈变化时，原有的核心能力很难适应外部的急剧变化。针对核心能力容易形成核心刚性，大卫·提斯（David Teece，1997）在《战略管理》期刊上发表了《动态能力与战略管理》一文，首次提出了“动态能力”概念。将动态能力定义为“整合、构建和重置企业内部外部能力，以适应快速变化的环境的能力”。动态能力观的三要素是：过程、定位和路径，此三种关键要素构成了动态能力的基本框架。企业能力观将企业的本质看做是累积性知识和能力的集合。认为企业竞争优势来源于整合多种知识的能力优势。动态能力观将企业的本质看做是对企业惯例的修改和创新，认为竞争优势来源于创新、吸收和整合优势。

2. 资源基础理论和能力理论、动态能力理论的关系

（1）能力的本质属性是资源。

从本质上讲，企业的资源和能力是很难彻底区分开的。资源基础理论强调的资源的四种属性——有价值性、稀缺性、难以模仿和难以替代性并不仅仅局限于企业的有形资源，也包括企业的无形资源。例如企业惯例、隐性知识等由于路径依赖性，因而具有价值性、稀缺性、难以模仿性和难以替代性。企业惯例和知识同样属于企业的能力范畴。能力在本质上属于企业的无形资源，资源和能力是相互促进、相互补充的。企业的能力能够使得企业的有形资源在进行要素资源组合时，能够达到最大的效率和效益，从而为企业创造更多的价值。

（2）资源与能力都能为企业带来竞争优势。

资源和能力都是企业内部的资源要素，具有战略异质性的资源和能力能够成为企业竞争优势的来源。核心能力理论和动态能力理论是对资源基础理论的深化，对资源的属性和维度的扩展。企业核心能力理论认为企业资源基础理论中的组织能力是一种重要的资源，企业内部的能力积累是企业获得持续竞争优势并获取超额利润的关键要素。Foss（1996）认为核心能力既是组织资本，又是社会资本，这种能力能够对企业知识进行有机整合。而企业知识观认为组织能力是企业知识的累积性结果，是复杂的，基于团队的活动，知识的创造、储存和运用是企业竞争优势的来源。而动态能力理论将能力看做是具有协调机制和适应机制的能够整合和重构企业资源和能力的一种抽象能力。将资源基础理论与企业能力理论、企业知识理论和动态能力理论做一个比较和分析，可以进一步发现它们之间的联系与区别，见表3–1。

（二）研究现状与研究成果

使用企业能力理论作为对非市场战略理论分析工具的学者比较少，原因是将企业能力理论看做是企业资源基础理论的深化和拓展，学者们在使用资源基础理论作为非市场战略的分析工具时，资源属性和维度定义这一部分内容，已经包含了企业的累积性知识和能力。

表 3-1 不同理论观点的比较

	企业资源基础理论	企业能力理论	企业知识理论	动态能力理论
企业的本质	异质性资源集合体	累积性知识和能力的集合体	隐性知识的存储载体、沟通和协调成本的节约	对企业惯例的修改和创新
企业竞争优势来源	资源优势	整合多种资源的能力优势	知识的创造、储存和应用	创新、吸收和整合优势
竞争优势产生的机制	隔离机制	协调机制	学习机制	快速的、即兴的学习机制

资料来源：刘力钢，刘杨等. 企业资源基础理论演进评介与展望 [J]. 辽宁大学学报，2011，39 (2)：108-115.

叶广宇等（2011）在研究中国跨国公司海外非市场战略与其资源和成长性的因果分析时，所使用的理论分析工具就是资源基础理论。但是他们将企业资源分为企业规模和技术资源两个变量。企业规模是资源基础理论中的有形资源，而技术资源则是企业的无形资源，是企业能力的组成部分。Gomes-Casseres（1990）在研究跨国企业所有权偏好与东道国政府法规约束时，并没有严格进行资源和能力的区分，认为资源能力包含议价权力（如技术、市场经验、销售控制能力、融资能力、区位优势或产业经验）、政治阻力（如政治人物的势力），影响企业进入东道国市场的决策。因此 Barney（1991）在研究企业资源与可持续竞争优势时，对资源的理解从有形资源扩展到包括能力、组织过程、企业特性、信息等无形资源和能力。Oliver（1997）在把制度理论与资源理论作为理论分析工具时，将企业的资源扩展到客户、社区乃至政府等制度制定者与参与者形成的制度资源的无形范畴。

（三）研究局限性

国内外学者在将企业能力理论引入到非市场战略的相关研究时，虽然理论视角相同，但是对能力的定义却没有一个公认的统一的标准。这必然导致在进行实证研究时，对于能力的属性和维度划分上具有差异性。那么在进行数据收集和分析时，必然导致其研究结论不存在可比性。那么作为知识上的累积，对未来进一步研究必然存在缺陷。

三、制度基础理论

（一）企业实施非市场战略的目的

经济全球化使得国家间的贸易往来日益频繁。经济全球化一方面促进了世界经济的发展，使得资源在全球范围内得到更优的配置，达到资源使用效率的最优化；另一方面，却是各国对本国企业和产品所采取的贸易保护主义，设置各种障碍来阻碍外国经济、金融对本国企业的冲击。在这种情况下，作为具有全球成本最低优势的中国企业在跨国经营中经常遭受到非市场环境因素的进入障碍，例如中国的华为由于其创始人任正非的军人背景，在进军国际市场时，遭到以美国为首的各国的信任危机。这也说明了中国企业在进军国外市场时，在非市场战略这一方面做的不是很好——企业存在的合法性遭到质疑。同时，在中国转轨经济背景下，国内市场环境和非市场环境都面临着动态变化。随着中国改革开放、发展30多年，中国社会主义市场经济体制不断走向成熟和完善，政府对企业和行业的管制不断放松，政策上的变化俨然已经成为一种常态。各地方政府为了促进本地区经济的发展，在吸收外资方面都在政策制定上各不相同。加上企业所需要的某些关键性战略资源仍然掌握或控制在政府手中，使得企业面临的外部制度环境具有动态复杂性和多变性。因此，不论对于走出去的中国企业，还是国内企业来说，在非市场环境中，要充分意识到政府等权力机构不断出现的非市场事项，及时地制定和实施非市场战略，特别是政治战略，使得企业的存在满足合法性要求。从而不断地拓宽企业自身的非市场环境生存空间，为企业在市场环境中的成长提供必要的战略支持。

以制度理论作为研究切入点研究企业的非市场战略，其目的有两个：一是满足企业的合法性要求；二是在政府等政策制定部门制定政策时，能够对政策的制定提供信息咨询者的建议，甚至是影响政策法规的制定倾向，从而使其向有利于企业的方向发展。

企业战略管理学者对制度的关注由来已久。企业是进行经济交易的主体，因此企业在进行战略制定和实施时不可避免地要受到所处的外部环境制度的制约。市场机制对企业生存和成长具有非常重要的影响，但是其他社会制度对企业的制约也不容忽视。因此，企业战略管理学者需要从更加广泛的制度视角解释企业运作和发展的规律（吕源、徐二明，2009）。

新制度学派认为，组织必须从其面临的环境的角度来考虑企业所采取的行为，并认为企业必须面对两种不同类型的环境：技术环境和制度环境。技术环境相当于市场环境，制度环境相当于非市场环境。这两种环境对企业的影响作用不同，企业在其所处的技术环境下，所采取的市场战略是由“独特性机制”支配；在制度环境下，企业的非市场战略则由“合法性机制”来主导和支配（谢佩洪等，2010）。

基于制度基础理论，企业要想生存和持续发展，仅仅依赖于在市场竞争环境中取胜是不可能完全实现的，企业还必须从其利益相关者处获得合法性的认可才能生存下去。“合法性”机制对于企业非市场战略具有重要驱动作用。合法性可以提高企业资源的交换能力，提高企业的社会地位（谢佩洪等，2010）。因此，将制度理论作为非市场战略的分析工具，其目的是使企业与其所处的外部环境的期望保持一致。

合法性概念是政治学科的核心概念之一。有的学者也称其为合理性、正当性。Suchman（1995）将企业合法性定义为：“合法性是指在一个由规范、价值、信念和定义组成的社会建构体系中，认定一个实体的行为是可取的、恰当的、合适的一般性的感知或假定。”他把合法性分为三种类型：实用合法性、道德合法性、认知合法性。合法性不是企业自身所具有的属性，不能由企业所直接控制，而是企业的外部利益相关者赋予企业的。合法性证明一个企业的存在得到了股东、社区、政府、社会公众、社会道德和传统习俗的认可。但是企业也并不只是被动地等待外部利益相关者对企业的“裁判”。Oliver（1991）指出，企业并不是被动地接受来自于外部的制度压力，而是可以有选择地应对来自制度的要求和压力，甚至可以操纵制度。Oliver（1997）将资源基础理论和制度理论相结合，提出了制度资本的概念，认为可以作为企业竞争优势的来源。

合法性不仅仅是指来自政府的具有强制性作用的法律制度，而且包括具有规范性作用的社会文化与观念制度等非正式制度环境对企业所采取行为的约束和影响。例如动物保护组织对企业所生产的皮草制品具有强烈的抵制倾向等。政府和行业协会要求组织遵守法律规范，并能积极响应政府和社会的期望，如对环境保护的支持、对野生动物、濒危动物的保护等。也就是说，企业的存在必须受到其所处的外部环境的约束，企业要想生存，必须得到社会的认可，采取社会期望的行为，只有这样企业才具备存在的合法性（谢佩洪等，2010）。

通过对制度理论的分析论述，我们可以看出以制度理论作为企业非市场战略影响因素的分析工具，其目的就是使企业获得存在的合法性，包括符合企业自身利益要求的实用合法性，符合政府、社会公众与新闻媒体等外部利益相关者的道德合法性和认知合法性。外部制度环境要求企业必须具有存在的合法性，因此，企业必须从其外部利益相关者处得到支持才能长久地生存下去（谢佩洪等，2010）。企业制定与实施非市场战略与行为的目的是为了通过对外部制度环境中的正式或非正式制度资源的获得，来消除或减少企业所面临的眼前的和潜在的相关政策和体制问题，从而提高或增强企业获取持续竞争优势所需要的关键战略资源。因此，通过提高外部制度环境下企业存在的合法性为企业获取更多的制度资源（正式制度和非正式制度）和优势创造有利的竞争条件（潘迪等，2011）。制度理论从合法性的视角说明了企业采取非市场战略的目的，也就是强调了企业的实用合法性、道德合法性和认知合法性的重要性。企业只有获得了政府部门、行业协会、第三方机构等利益团体的支持与认可，才有可能获得持续竞争优势所需要的关键资源，使企业持久地生存下去。

（二）研究现状与研究成果

以制度基础理论作为分析工具对企业采取非市场战略的影响因素进行分析，

学术上的研究路径有两条：一是嵌入情境研究，二是特定情境研究（陈晓萍等，2008）。嵌入情境研究，是指利用国家层面的特征（例如文化、政治制度与体制或经济制度或体制）差别作为先行变量或调节变量，来解释不同国家中的组织或个人现象的差异之处。这种嵌入式研究通常是利用现有文献中的构念和理论模型对其在新的情境下进行验证。而特定情境研究是指在新情境下对这些研究成果进行本土化的研究，只研究要解释的现象和理论在一个国家的情况（陈晓萍等，2008）。

嵌入情境研究的成果主要有：在西方学者的相关研究中，制度环境因素主要用来分析对企业政治战略的影响。对制度范畴的理解是指宏观的政治制度环境与体制环境特征，其范畴包括政治体制的特征、政治决策方式的类型、社会的多元化程度等。当一个企业所处的外部政治制度环境或体制环境不同时，企业会采取相对应的有差异的非市场战略类型。Hillman 和 Hitt（1999）通过实证研究，证实了企业所处的外部制度环境中的社团主义国家和多元主义的社会文化对企业所采取的政治战略类型与行为方式的影响。其研究结论是在多元主义类型的国家中，企业更看重的是短期内的利益，更倾向于选择交易式非市场战略，更倾向于采取单独行动。而在以社团主义占主导地位的国家中，企业更看重的是长期的利益，因此更倾向于采取关系式非市场战略，更倾向于采取与行业内其他企业联合起来共同参与非市场战略与行为，例如利用其所在行业的行业协会进行集体游说，对政府政策的制定进程或政策倾向施加影响等。Hillman（2003）以企业所处的制度环境作为解释变量，研究美国的跨国企业在欧洲制度环境下所采取非市场战略的方式和其战略类型的选择。但是，在其面对外部制度环境时，参与何种非市场战略类型，企业并非处于消极被动的局面，当某国的政治制度环境发生变化时，企业参与非市场战略的方式、层次和类型也会相应地发生变化。如 Coen（1997）对欧洲跨国公司的非市场政治战略进行研究发现，企业在进行跨国经营运作时，所采取的政治游说行为受到欧盟制度和体制变化的影响。Shaffer（1995）从企业层面来分析政府行业管制环境对企业非市场战略的影响，其研究发现，如果企业处于行业管制相对比较宽松的政府环境中，它们在进行非市场战略制定与实施时，更倾向使用短期利益交易式的方式参与；如果企业受到的行业管制比较多，企业更倾向于采取一种长期关系来参与政府政策的制定。Schuler等（2002）在对企业政治战略研究时发现，如果一个行业中参与政治战略与行为的企业数目越多，那么企业更有可能参与政治战略与行为。例如，在对美国和日本汽车制造商所采取的政治战略与行为进行研究时发现，企业的政治行动委员会在实施捐赠策略时，存在着与行业内其他企业相攀比的情况。

单一的特定情境的研究成果主要是西方学者在单一的美国制度环境下的研究（叶广宇等，2011）。在美国，主要考察议会的特征对公司的政治战略与行为的影响（Franca，2001；Gaddie 等，1999；Hersch 和 McDougall，2000；Jackson 和 Engel，2003；Magee，2002；Rudolph，1999）。一般而言，对美国制度情境下的非市场战略影响因素的考察主要包括制度、体制、政党和议员。另有研究发现，政府政策制定者所建立的企业政策声誉与企业的政治行动委员会的捐款数额存在显著正相关性。但是企业并不是消极被动地进行政治捐款的，企业在捐款对象和捐款数额的选择时是具有决定权的。如 Jackson 和 Engel（2003）、Franca（2001）表明，企业对那些与他们的利益对立的政治竞选成员拒绝给予竞选捐款。总之，企业的政治行动委员会在对议会成员进行捐款时，更倾向于选择与企业利益相一致的党派或竞选人，或者是党派人数较多，议会成员具有较深的资历。中国情境下的研究成果主要表现为在中国特有的转型经济背景下，对中国企业的非市场战略影响因素的研究。制度理论认为转型经济中，外部市场的局限性主要是由于对关键战略资源的掌握和干预（邓新明、刘国华，2010）。Guthride（1997）和 Peng（1996）认为，在转型经济背景下，市场机制虽然起到了一定作用，使得中国企业在经济层面获得了更多的自由，但是政府控制和社会关系网络等非市场因素仍然掌握着企业所需的资源。这种状况导致除了传统的市场资源或能力外，企业的政治活动还要受到政府的重要影响（邓新明、刘国华，2010）。田志龙和高海涛（2005）以中国民营企业为研究对象，通过对高管的深度访谈，将企业的三种合法性（实用合法性、道德合法性和认知合法性）与三种环境策略（顺应环境、应对环境和选择环境）进行组合，得出了中国民营企业实施非市场战略的九种策略行为，具体见表 3-2。

表 3-2　企业合法性与环境战略组合

合法性类型	环境策略		
	顺应环境	应对环境	选择环境
实用合法性	和关键的利益相关者结盟	改变利益相关者的看法	选择支持企业经营的环境
道德合法性	和主流观念保持一致	建立企业间联系	为地区做贡献
认知合法性	和已经接受的模式保持一致	进行集体行动	以前已经存在的证明

资料来源：田志龙，高海涛. 中国企业的非市场战略：追求合法性［J］. 软科学，2005，19（6）：56-59，70.

（三）研究局限性

通过对目前的研究情况的分析，我们可以看出对于企业非市场战略的影响因素的考虑主要是以不同的政治体制为研究背景和研究情境的，那么就直接导致了主要来自于西方的研究成果在多大程度上适用于我国转型经济背景下的中国企业还有待验证。因为发达经济与新兴经济、转型经济在政治体制上存在着显著性的差异，特别是中国是一个转型经济体制国家，那么来源于发达经济国家，如欧美等企业的研究成果是否适用于我国呢？在发达经济国家中，作为企业非市场战略重要影响因素的政治体制的不同必然导致中西方情境下的企业采取不同的非市场战略和行为。总的来讲，我国理论界对非市场战略和行为的研究正在兴起，并且也取得了一定的研究成果，但是与西方的体制下的研究成果相比，还有待充实和提高。

四、企业利益相关者理论

（一）企业实施非市场战略的目的

利益相关者理论视角下的非市场战略的目的是实现多方利益相关者之间权益

的均衡，而不仅仅是单一的股东利润最大化。利益相关者理论认为，企业是不同利益集团包括员工、股东、社区、行业协会、政府部门等相互博弈的场域，企业与所处的外部制度环境中的各种利益相关者之间存在着利益争夺和权力争夺，因此，企业为了达到与各种利益相关者之间在利益和权力上的均衡，企业必须采取必要的非市场战略与行为（潘迪等，2011）。非市场战略与行为是企业寻求与其利益相关者之间的协调与均衡，有效地缓解不同利益相关者之间的矛盾与冲突，从而实现企业与各利益相关者在资源上的共享。

（二）研究现状与研究成果

利益相关者理论将企业看做是社会大系统中的一个子系统，企业的存在是和其他系统相互影响与相互作用的。这个开放的社会大系统包括宏观的社会环境、文化环境、政治体制与政策、法律和规则等（Granovetter，1985；Scott，2001）。处于外部社会环境中的各种利益相关者不仅是企业合法性存在的重要基础，也是企业正常运营的必要条件。Freeman（1984）认为企业与其利益相关者之间既有资源上的合作互补，同时在利益上也相互争夺。这种权力和利益的争夺在利益相关者与企业之间展开，通过相互的博弈使得相关者各方实现了其自身的利益。另有研究发现，在董事会决策中违背道德准则的事件经常发生。董事会依据现行的公司法股东利益最大化的原则进行决策，必然会损害到其他利益相关者权益。以利益相关者理论作为分析工具，企业制定与实施非市场战略与行为的目的是使得博弈中的各种利益相关者能够实现利益的均衡与妥协，从而实现企业与利益相关者之间的资源共享（叶广宇等，2011）。利益相关者视角更多的是关注企业是否兼顾了所有的利益相关者权益。

（三）研究局限性

从利益相关者视角理解企业的非市场战略，对于企业来说，更多的是寻求利益均衡和资源共享，这种思维和逻辑能够使企业获得各方面的认可和支持。但是，对于一个有限资源和能力的经济实体来说，这必然会导致企业的资源、资本、时间和精力的分散，那么如何平衡和各种利益相关者的关系，如何在有限资源的约束下，通过企业的非市场战略为企业赢得竞争优势就成为企业必须面临的一个现实考验。

五、企业社会责任理论

（一）企业实施非市场战略的目的

从某种意义上讲，企业社会责任理论作为非市场战略类型中的企业社会责任战略的重要理论基础存在。如果企业不以社会认为是负责任的方式运用权力，那么企业最终将失去这种权力。企业实施非市场战略的目的是通过实施社会责任战略，树立企业良好形象，为企业赢得社会公众、新闻媒体、政府部门等一些利益相关者的好感，从而拓展企业外部生存空间。

（二）研究现状与研究成果

处于转型时期的中国企业，面对非市场环境所带来的社会问题和环境问题的巨大压力，使得企业不得不将履行社会责任战略作为一种竞争要素考虑到企业战略制定中。不论是积极地承担社会责任还是消极地承担社会责任，目前很多企业已经意识到，承担社会责任是企业提升未来竞争力所必须考虑的一个现实问题，不履行或不承担必要的社会责任，企业不仅会失去竞争力，很可能会使企业走向毁灭。中国企业在实际的操作层面已经迈出了重要的一步。但是从理论层面看，并没有形成一个完整的理论体系。对于企业在什么时间、以何种方式履行社会责任战略，以及如何衡量其效果的研究成果相对较少。

企业社会责任的国际标准 SA8000（Social Accountability 8000）的制定，将对非市场战略中的企业社会责任的研究从道德层面的伦理行为飞跃到企业必须履行的一项制度加以讨论。目前的研究成果主要体现在两个方面：一是从企业实施社会责任战略的方式将企业的社会责任战略进行分类研究；二是探讨社会责任战略与企业经济绩效之间的相关性研究。对于企业社会责任战略的分类大致可以分为两种类别：一种是积极承担非市场战略，另一种是消极实施非市场战略。对于社会责任战略与经济绩效之间的相关性，许多研究学者已经进行了大量的研究。但是研究结论却很难统一。这主要是研究方法、研究视角和测量指标之间的差异造成的。但是对于两者之间的相关性都存在普遍的共识。

（三）研究局限性

研究局限性主要体现在以下两个方面：一是现有的关于企业社会责任战略的研究成果主要以西方学者为主，因此很难适应中国转型经济背景下的中国企业，也就是说，西方的研究成果在中国存在一个情境适用性的问题。二是企业社会责任战略自身的研究属于一个新兴领域，因此研究成果相对于成熟理论来说比较少，需要做系统化的梳理与研究。

六、交易成本理论

（一）企业实施非市场战略的目的

交易成本经济学研究的核心问题是企业如何以最低的成本实现最有效的资源配置。以交易成本理论作为企业非市场战略的分析工具，其焦点就是将企业的非市场战略看做是一项成本投入，其收益就是企业实施非市场战略与行为后的绩效，可以是财务绩效或是社会绩效，甚至是总体绩效（包括财务绩效和社会绩效）。从交易成本的角度分析企业非市场战略与行为成因，其基本前提假设就是企业实施非市场战略是需要成本投入的，这种投入成本包括企业收集信息的成本、企业游说立法部门的成本、对竞选的捐赠、对环境保护的投入等，那么企业决定是否采取非市场战略实际上是一个“投入—产出”模型。如果企业的成本投入高于非市场战略所产生的绩效，那么企业即使是受到某种约束或限制，也有可能不会采取非市场战略。

（二）研究现状与研究成果

Hillman 和 Zardkoohi（1999）以交易成本理论作为分析工具，研究了非市场行为的成因，将企业所拥有和控制的非市场资源和优势看做是企业的一项专用性资产，企业实施的非市场战略和行为是企业降低交易成本的途径之一。但是大部分的非市场战略和行为所产生的结果在某种程度上具有公共物品属性，能够为本行业内的企业所共同享有（例如对行业协会的游说使得全行业的企业都获益）。那么企业采取非市场战略的激励和采取非市场战略的方式、层次和类型就会受到非市场战略实施结果的影响。如果企业实施非市场战略预期到将可能会与其行业内其他不付出任何成本的企业共同享有优惠政策所带来的集体收益，那么企业只有很少的激励去单独实施非市场战略所产生的成本（Schuler，2002； 邓新明、田志龙，2010）。如果企业实施的非市场战略会带来集体收益，那么企业倾向于采取与行业内的企业联合起来一起行动去采取非市场战略和行为，如行业内所有的企业联名对行业协会施加影响，而不会采取单独行动，独自承担非市场战略所需的成本。所以为了克服其他企业的“搭便车”弊端，很多企业虽然在市场环境中是竞争对手，但是在非市场环境中却可以结成战略联盟和合作伙伴（邓新明、田志龙，2010）。邓新明和田志龙（2010）构建了企业非市场战略的成本收益决策模型。

（三）研究局限性

基于成本收益框架的分析考虑，使得企业在进行非市场战略制定与实施时，有了明确的经济性衡量指标，使得企业的非市场战略制定与实施更趋向于理性化和科学化。但是基于交易成本理论的分析框架，更多的是关注非市场环境因素对企业利益的短期影响，会导致企业在非市场战略制定与实施上产生某种程度上的“短视”现象。事实上，如果企业采取长期的关系式的非市场战略和行为，那么在短期内，也许对企业的经营现状和市场占有率等短期衡量指标不会产生太大的影响，但是对于企业长期的可持续发展却是有帮助的。因此，交易成本理论会使企业产生急功近利的思想，对企业的长久发展会造成不利影响。

七、社会资本理论

（一）企业实施非市场战略的目的

社会资本是一种与经济资本、文化资本、金融资本、人力资本相并列的具有公共物品属性的社会资源，能够给企业带来竞争优势。经济学家格林·洛瑞（Glenn Loury）在《种族收入差别的动态理论》中最早提出了社会资本的概念，而对社会资本概念做出系统分析的是法国社会学家皮埃尔·布尔迪厄（Pierre Bourdieu）（刘力钢、邵剑兵等，2014）。布尔迪厄把社会资本看做是“实际和潜在资源的集合体，而这些资源是与持久的网络占有密不可分的，这一网络是大家共同熟悉的并得到公认的，而且是一种体制化关系的网络”。布尔迪厄将资本划分为三类：经济资本、文化资本和社会资本。他认为经济资本是社会资本的根源，通过社会资本可以获得经济资源。实现的机制就是对社会关系的投资，是为了将自己的、私有的特殊利益转化为超功利的、具有集体属性的、公共的和合法的利益。詹姆斯·S.科尔曼（James S. Coleman）认为某些特定的社会关系就是社会资本，这种社会资本既是社会结构的组成部分，也是一种个人资源，社会资本同其他形式的资本同样具有生产性，人们利用社会资本可以为其实现某些既定的目标。科尔曼将资本划分为三种类型：物质资本、人力资本和社会资本。物质资本有其实物形态；人力资本是无形的，其存在于人的知识和技能之中；社会资本反映的是人与人之间的关系。从以上学者的论述中，我们可以看出，企业所拥有的社会资本，包括企业中的员工、管理者和非管理者都是企业的一种资源，能够给企业带来竞争优势。

（二）研究现状与研究成果

以社会资本理论作为分析工具对企业非市场战略的研究主要集中在企业的高管社会关系和社会网络上。企业家当选各级人大代表参政已经成为常态，因此其对政府在政策制定的进程中产生越来越大的影响。政府决策者制定政策和法规的过程是一个与社会各方面利益团体（包括工商企业）互动的沟通过程（万建华，1998）。事实上，我国各级人民代表大会和政协代表中有一部分来自于企业，因此他们会利用自身的条件在政府决策与立法过程中施加影响。我国的一些企业家坦承，他们30%~50%的时间用于处理与政府及利益相关者有关的事项（中国企业家调查系统，2000）。因此，企业家个人的资源和能力直接影响着企业实施非市场战略的方式（包括：缓冲战略和搭桥战略）。企业高管人员的政治导向是企业政治战略的重要影响因素。Blumentritt（2003）认为“高管人员的政治倾向可能要比所拥有资源的讨价还价能力更重要”。Cook 和 Barry（1995）的研究同样证明了企业高管人员的政治导向作用对企业的巨大影响。中国学者高海涛和田志龙（2007）以资源依赖理论作为分析工具，对我国企业非市场行为的影响因素进行研究，通过对175位企业高层的调查数据实证了高层管理的政治导向对我国企业的非市场行为具有显著的影响。邵剑兵等（2010）在中国转轨经济背景下，通过对辽宁虎跃快速汽车客运股份有限公司的案例研究，发现国有企业高管人员在政府中任职有助于企业形成较于其他竞争对手的优势资源。特别是担任企业所在行业的主管部门负责人后，会将在企业中所形成的认知模式转换为行业的相关政策，企业原高管起到了间接的企业利益代言人的作用，因此其此前所任职的企业必然具有一定的先发优势。

（三）研究局限性

以社会资本理论作为分析工具所进行的非市场战略影响因素研究，其最主要的研究对象就是企业的高管，其局限性：一是企业高管的社会背景和人脉关系网络作为企业的社会资本用以获取企业所需资源在学术界已经取得了一致性的结论。但是，对高管的定义和维度划分，学者们并没有给出一个明确的界定。在西方的市场经济体制下和中国特有的转轨经济背景下，对高管的理解存在着体制和文化上的差异。即使在中国单一的制度环境下，不同的学者对高管的定义范畴也不相同。因此在关键词属性上的差别，必然导致其研究结论的差别。因此，虽然学术上对高管在企业非市场战略中的作用已经达成共识，但是对于高管定义范畴的一致性定义将有助于知识的深化和累积。二是即使在同一制度环境下，因为企业的性质不同，企业高管在非市场战略中所起的作用也必然是不同的。例如在中国转轨经济背景下，国有企业高管、民营企业高管与外资企业高管在处理非市场环境中的某些事项时，所采取的非市场战略必然存在着差异（田志龙等，2005）。具体来说：①与中资企业相比，外资企业对外部环境的依赖程度更大。②国有企业与民营企业在处理非市场事项时也是有差别的。民营企业与国有企业相比，具有更强的动机来实施非市场战略。

八、资源依赖理论

（一）企业实施非市场战略的目的

资源依赖理论的前提假设是：企业是一个开放系统。企业无法孤立地运行，企业内部无法产生其所提供的产品或服务所需的全部资源。因此，企业的生存有赖于其与外部利益相关者建立和保持良好的互动关系，这是企业生存的关键。

资源依赖理论认为，任何企业都不可能拥有其进行生产经营所需要的全部资源，在资源拥有与战略目标实现之间总存在着某种资源缺口。因此企业需要从其赖以生存和发展的外部环境中获取资源，即企业受到环境的制约。企业要想生存下去必须和控制这些资源的利益相关者打交道。而企业对外部资源的依赖程度取决于资源对企业实现其经营目标的重要程度。企业所需要的某种关键性战略资源很难在市场环境中通过市场交易来获取。这就导致企业对特定资源的依赖性，这种依赖性的存在增加了企业在外部环境中的不稳定性。企业为了生存与发展，需要满足政府、媒体、社会公众等利益相关者的要求，以此获得他们的支持与合作（Frooman，2002；Pfeffer 和 Salancik，2003）。

（二）研究现状与研究成果

以资源依赖理论作为分析工具，企业非市场行为是企业与其所处外部环境中，控制关键战略性资源的组织之间的互动行为，其目的是获取资源或降低对这些资源的依赖程度（祝爱民、姚凯，2010）。通过实施非市场战略与行为，企业能够减少对所处外部环境的依赖，提高对环境的控制力和抵御风险的能力（潘迪等，2011）。贺远琼等（2002）以资源依赖理论作为企业非市场行为的分析工具，用来分析企业在立法、销售和贸易保护等方面对政府的依赖程度，以及对其他利益相关者的资源依赖关系。企业对政府的依赖程度越大，越应该采取非市场战略和行为来获得竞争优势。例如，在中国经济处于转轨的特殊历史时期，在由计划经济向市场经济转轨的过程中，资源在市场中的资源配置机制中还不完善，政府手中掌握着企业所需要的资源，企业对这种资源的依赖程度越高，意味着企业对政府的依赖程度也就越高。例如企业的主要利润来源于政府部门，也就是说，政府是企业的主要顾客。但是，企业并不是被动地接受政府的资源配置权利。企业会主动地实施政治战略，例如成立专门的部门用于和政府人员打交道、和政府结成利益联盟、向政府部门提供企业的研究报告、请政府官员定期参观企业、召开新闻发布会等。企业主动地影响政府政策的制定和执行，也就可以为企业营造一个更有利的体制环境。此外，在企业环境中，对于进行跨国经营的企业来说，对东道国政府的依赖性更强，因为一些重要的不确定性因素，如通货膨胀、汇率和当地劳动力的就业率和劳动力成本、贸易保护主义，甚至是两国之间的政治关系等都会增加企业的环境不确定性。企业通过采取合适的非市场行为，可以降低这些不确定性因素带来的不利影响。但是，企业对政府的依赖程度并不是一成不变的。只有当政府的政策影响到企业的关键利益时，企业才会采取适当的政治战略。因此，随着企业对政府控制的资源依赖程度的变化，企业可能在某一时期实施政治战略，或者是另一时期退出政治战略。

（三）研究局限性

资源依赖理论认为，企业对外部主要利益相关者所控制的资源的依赖程度会影响到企业与其资源所有者之间的相互关系。当企业需要某种外部资源时，或者是对某种资源的依赖程度比较高时，企业就会实施非市场战略。当企业对外部资源的依赖性降低到不足以影响到企业的预期目标利益时，则企业可以退出非市场战略。因此资源依赖理论更为强调的是企业被动地适应外部环境，是一种短期的急功近利的思想。从本质上讲，是对外部环境的一种选择、控制和操纵为目的的非市场战略。因此，资源依赖理论应该作为其他理论研究视角的一个补充。从某种程度上说，在高度制度化的环境中，资源依赖理论应该作为制度理论的一个补充（邓新明、田志龙，2007）。

第四章 企业非市场战略类型与特征

一、企业非市场战略类型

对非市场战略类型的阐述依据的是企业所处的非市场环境中的非市场事项。选择非市场事项作为企业非市场战略类型的分类依据主要是考虑到了大数据时代对传统商业模式的调整，使得未来企业的边界越来越模糊，而非市场事项下的非市场战略类型划分，随着大数据时代在技术上的突破、在观念和思想上的革新以及关于个人隐私的保护问题，都使得企业所处的非市场环境更加复杂多变。而依据非市场环境中对企业有重要影响的非市场事项的识别，有针对性地选择和实施非市场战略和非市场行为对于知识的累积性贡献更大一些。

（一）企业政治战略与行为

企业政治战略在企业非市场战略研究中的历史比较长。企业政治战略主要是应对非市场环境中的政治事项，其事项发起者是政府等政策制定部门或其附属机构。中国特有的转轨经济导致了在政治战略的实施过程中，其所采取的政治战略或行为是与西方企业不同的。在西方国家，企业的游说大多是借助行业协会的力量或者是雇用专业游说机构等中介组织来完成的。在我国的很多企业中都设立了自己的公关部门，以应对非市场环境下的要求。在对政治战略研究时，无论企业所有权性质如何，只要在中国大陆境内进行生产运作经营的企业都是研究的对象。

在影响企业经营运作的非市场环境中，政府政策和法规、社会舆论事项、社会公共事项等非市场事项对企业的经营活动都有显著的影响。其中，政府政策对企业竞争地位的影响直接关系到企业的经济绩效和竞争优势地位。同时计划经济体制下的历史遗留问题与市场环境的不完善性使得政府还控制着企业竞争所需要的关键战略性资源。企业的市场环境或者竞争环境与政府政策倾向之间的密切关系不言而喻。政府政策制定者能够通过政府大规模采购对某些企业施加影响，因为政府可能是某些企业产品或服务的主要使用者和顾客。同时，政府政策制定者还会利用手中的权力，在法律、制度和规章的制定过程中，通过政策来影响替代品企业进入该行业来改变企业市场供给量。通过制定影响企业产品成本构成的各种法律改变企业的产品竞争力，特别是对一些高污染行业来说，通过贸易保护主义或反托拉斯法改变整个市场的竞争格局。政府还通过对消费者和资源供给者的影响进而对企业竞争力施加影响。

中国转轨经济背景下的企业在与有关政府官员打交道的过程中，所采取的非市场战略包括直接游说和间接游说两种。直接游说是指企业高管对相关政府官员直接接触，采取这种方式的高管，必须具备私人的人脉关系网络。而间接游说是指企业利用行业协会或与其他企业建立战略联盟，或通过新闻媒体等对政府间接施压。

高海涛（2006）认为，中国企业在与政府政策制定者或政策实施者打交道的过程中，所采取的直接游说策略包括七种：①企业高层管理者向熟悉的政府官员反映情况，所采取的方式包括面谈或写信等。②企业通过先与政府官员的家人、同乡、同学、朋友等取得联系，然后由他们找到政府官员。③聘用退休的或已不在任的原政府官员，利用他们原有的工作关系进行游说。④通过向人大代表或政协委员提出对本企业或行业有利的议案。⑤企业员工包括高管作为各级政府决策咨询顾问或委员提出建设性建议。⑥由企业出面，对影响行业或本企业的政策或法规在制定或实施的过程中，以正式或非正式的方式向有关政府部门和行业组织等做报告。⑦企业找到熟悉的参与决策制定的非政府官员例如专家替企业出面。中国企业在与政府政策制定者或政策实施者打交道的过程中，所采取的间接游说策略包括五种：①通过工商企业联合会等半官方机构提出建议。②企业站在行业的角度，以研究报告的形式提出对本企业或行业有影响的相关的问题，以正式或非正式的渠道报送给相关政府部门或行业组织，以期产生对企业有利的影响。③企业通过参加行业协会，利用协会作为载体提出行业标准或规则。④借助媒介的力量，例如新闻媒体进行宣传，引起相关政府、社会公众等对事项的关注。⑤充分利用各种公开场合（如会议、论坛等）进行呼吁，希望引起社会和政府对某一事项的关注。

田志龙等（2003）通过对中国企业管理者的深度访谈，将中国企业政治战略分为直接参与、财务刺激、代言人、制度创新、经营活动政治关联、调动社会力量以及信息咨询七种类型。邓新明（2008）将中国企业政治战略分为六类：经营活动政治战略、直接参与战略、政府关联战略、财务刺激战略、代言人战略与制度创新战略。这几位学者对中国企业采取的政治战略的研究基本一致。

（二）中国企业的非市场战略方式选择

对中国转轨经济背景下的非市场战略方式选择的实证研究阶段，一般所使用的非市场战略分类方法是依据企业采取的非市场战略方式，将企业的战略划分为缓冲战略和搭桥战略，因此，对中国企业所实施的非市场缓冲战略和搭桥战略同样采取这种划分方式。

中国企业采取的缓冲战略有：从事公益性广告以维护公司的经济利益或社会利益；从事公益性活动，以便和社会事项建立事实上的联系；从事公共关系活动以提升企业的社会地位；利用行业协会以便对立法和政策制定进程施加影响；努力减少各级政府部门对本企业所在行业的管制；努力保护企业的经营运作免受政府决策的影响；与各级政府（中央和地方）积极商讨即将出台的法律法规；通过各种渠道保护企业行为免受政府干预。

中国企业采取的搭桥战略有：努力遵照政府的期望和要求改变公司的行为；预测政府立法或规则，以便企业能够快速做出反应并遵守；不断审视社会环境，以确保我们公司的行为符合社会期望；通常是对社会期望的变化做出最快反应的公司之一；关注立法/管制的发展，以便在立法颁布实施时有履约机制；企业目前的行为实践超越现行法规的要求；努力让地方政府官员知道我们会依照政府的期望做事；与政府一起致力于形成双赢的行业规范指标。

中国企业在非市场战略方式选择上，将更多的注意力集中于企业的政治环境，这是因为在现阶段的中国，政府等政策制定部门仍然是企业非市场事项中最重要的影响因素。

二、企业非市场战略特征

企业非市场战略更多关注企业经营环境的宏观背景，包括政治体制与政治制度、经济体制与经济制度、社会文化习俗与认知等，因此在对企业非市场战略特征的论述中，其既有区别于市场战略的特征，同时作为非市场战略本身，由于其特征与国家体制和经济发展也有密切的联系，因此其也有在中国转轨经济背景下的，与西方发达资本主义国家相比的独特性。

（一）非市场战略与市场战略的特征比较

非市场最早被描述为“非经济性”和“社会性”。后来越来越多的学者用“非市场”这个术语来解释与环境、制度、组织及交换领域相关的问题。而非市场作为正式概念是 Baron 教授在 1995 年提出来的。Baron 将企业的经营环境分为市场环境和非市场环境，这里的市场环境是指由宏观经济因素、竞争者、供应商、顾客等因素组成的企业外部环境，其特点由需求的特点、竞争的程度、市场竞争的机制、成本结构、技术进步等决定，强调了企业环境中的竞争属性。而非市场环境更多的是与企业外部的更为宏观的社会、政治环境有关。Baron 认为，正如企业必须考虑主要的市场影响因素一样，他们也必须关心其所处的非市场环境。非市场环境包括社会公众、企业股东、中央和地方政府、新闻媒体及公共机构之间的交互影响。自 Baron 后，越来越多的学者使用市场环境和非市场环境的划分来进行有关非市场战略的研究。

非市场环境从某种意义上说，是与市场环境相对应的环境，是对市场环境所不能涵盖的所有外部环境的统称。市场环境主要指企业的竞争环境，包括波特所说的五种竞争力。概括地说，就是企业所提供的产品或服务的目标顾客群、企业原材料等的供应商以及同企业具有竞争关系的其他企业，包括本行业企业和潜在的竞争者和替代者。波特所概括的这五种利益相关者，与企业的关系更多地表现为一种利益的争夺。这些关系包括：一是与竞争性企业间竞争资源和顾客；二是与顾客、供应商争夺更多的利润率。因此，在市场环境中所实施的市场战略更多地表现为一种竞争性而非合作性的关系。

而非市场环境中对企业利益有重要影响的因素主要是以非市场事项的形式出现的。因此企业制定与实施非市场战略更多地体现为企业对需要处理的非市场事项的管理。Ansoff（1965）将这种事项定义为可能对企业产生重要的且间断影响的主要环境趋势及事件。非市场事项更多地表现为政治事项、环境事项、社会舆论事项和社会公益事项等。而企业制定与实施非市场战略的首要任务就是识别出对企业经营环境和利益有重要影响的非市场事项。学者们将识别重要事项的过程定义为事项管理。

事项管理作为一个过程，就是在非市场环境中的非市场事项中扫描、识别、筛选、评估对企业有影响的事项。根据影响的权重将事项划分为三个层次：第一类事项是对企业的生存或未来发展产生至关重要影响的事项。企业需要对现有的战略做出重大调整，否则企业在未来将很难存活下去。这类事项即使在转轨经济背景下的中国，也非常稀少。如果有这种事项，那么将更多地体现为政治事项。例如国家出台了限制性政策法规。第二类事项的影响还不足以威胁到企业的生存，但是却对企业的经营环境产生重大影响，需要对现有战略进行调整。例如新闻媒体对企业的负面报道，在信息化高速发展的今天，企业必须采取突发事件应急措施，将对企业的负面影响降低到最低水平。第三类事项只需要企业在策略行动上进行调整即可，不会对企业的战略目标产生实质上的影响。

从以上的论述中可以看到，非市场战略必须与企业非市场资源和能力及外部市场与非市场环境的特征相符合。如果企业具有对非市场环境中的非市场事项的影响程度进行正确评估的能力，而不具备对其战略进行调整的非市场资源和能力，即使是影响程度最小的非市场事项，如果企业不作出及时的响应，也会对企业的生存环境产生不良的影响，进而影响企业的经济绩效。

非市场战略的目的之一就是形成有利于企业竞争的市场环境。Baron（1995）认为与市场战略相比较，非市场战略具有以下特征：一是防范企业的竞争对手，非市场战略能事前防范竞争对手，从而形成企业的先发竞争优势；二是抵御来自新企业和替代品的威胁，非市场战略能够创造市场机会并且抵御新企业和替代品方的威胁；三是具有讨价还价能力，非市场战略能够减少由供应商和买家的讨价还价能力所引起的威胁。

市场战略的战略焦点是应对市场环境中竞争对手的威胁与攻击，非市场战略的战略焦点是通过合作或妥协规避外部环境中的威胁。市场战略从企业的战略层次、战术层次到行为层次都有战略一致性。非市场战略针对不同的事项，将非市场事项整合到企业的市场战略中，影响较小的非市场事项不会影响到企业的市场战略，但是企业会在战略行动上有所变化。

（二）中国企业非市场战略的独特性

中国企业的非市场战略与西方企业的非市场战略相比，具有其独特性。具体体现在：一是在非市场环境中，文化环境对企业非市场战略的影响具有决定性的作用。东方文化中，儒家思想深入到管理思维中。因此，中国企业的某些处理非市场事项时，西方学者以“关系”作为对中国某种独特性文化的理解，而“关系”一词本身就具有中国特殊性。二是中国传统文化中的“中庸之道”，使得中国社会公众的舆论导向作用对企业的影响远远没有西方大。三是中国政府在中国转轨经济背景下，在企业的经营过程中起着重要的作用。中国企业在面对非市场环境中的政治事项时，是否具有人脉资源等关系就成为影响企业竞争优势的一种关键因素。四是中国某些官员下海经商或企业高管到政府任职，在中国转轨经济背景下，对企业竞争优势的影响要大于西方企业。因为中国转轨经济环境下，某些经济政策只具有相对稳定性，并且在相关政策制定过程中，具有政商双重身份的高管，因为占有的资源比较多，在政府的政策制定中，所起的作用比较大，在政策制定倾向上有一定的影响。五是中国的国有企业与政府有着天然的联系。政治战略作为非市场战略中的一个重要分类，在企业竞争中的重要性不言而喻。而国有企业的特殊身份又为其增添了影响权数。

第五章　企业非市场战略的影响因素分析

一、非市场战略影响因素的资源价值评估

（一）非市场战略制定与实施的影响因素分类

对大多数企业来说，企业经营目标的实现不仅取决于他们所提供的优质产品和特色服务、内部组织流程和惯例、良好的供应链和分销渠道，而且还依赖于他们如何有效地处理与外部非市场环境中的主要利益相关者的关系，例如政府及相关机构、新闻媒体、社会团体、社会公众及其他利益群体。对这些机构所发起的非市场事项进行有效的管理，能够形成企业的竞争优势。这些重要的利益相关者一方面能削弱企业的竞争优势，如阻止企业进入新的市场或产业，提高竞争成本；另一方面也有助于企业开辟新的市场机会、降低行业管制程度、提高新企业进入壁垒（Baron，1995；Meznar 和 Nigh，1995）。这些利益相关者存在于市场外部，却与市场共同作用于企业的经营环境。这些利益相关者被称作非市场力量。

为了有效地应对非市场力量，企业必须制定相应的具体战略。非市场力量不

同于传统意义上的市场力量，要求企业必须制定一个与之相适应的非市场战略来有效管理非市场力量。市场战略是企业为了提高经济绩效在市场环境下所采取的具有价值创造的一致性行为模式。而非市场战略企业为了应对非市场环境中的非市场事项，以提高其整体绩效而创造价值所采取的一致性行为模式。非市场战略能够拓展企业在市场环境下的生存空间。

Baron 从四个方面对非市场环境进行维度划分，即事项（Issues）、发起事项的机构（Institutions）、事项涉及主要的利益群体（Interests）和企业可获得的相关信息（Information），简称 4I。因此，在制定非市场战略时，企业一方面要考虑企业所处的 4I 对企业的重要程度和影响深度，也要考虑企业本身所拥有或控制的资源和能力。企业要根据自身所拥有的资源和能力的水平与外部非市场环境中非市场事项的显著性程度来制定和实施非市场战略。

对非市场战略影响因素的研究思路主要有两方面：一是经济学思维，运用古典经济学和演化经济学来考察宏观层面（国家制度、法律、社会文化习俗、道德规范）和中观层次（产业环境）来论述，主要依据经济人假设，认为企业最本质的特征是追逐利益，因此是自私的，在进行非市场战略影响因素分析时，企业没有动机去承担所谓的企业公民行为，企业要做的就是以最少的成本对非市场事项进行管理，避免对企业的经济目标产生不利影响；二是从战略管理的角度研究，这种研究思路主要运用制度基础理论和资源基础理论、利益相关者等理论，从制度、企业和个人三个层面剖析对企业发展的影响。对于中国企业非市场战略的讨论依据主要是运用管理学理论解释不同层次的影响因素。

制度环境对于所有的企业来说都是相同的，因为外部制度环境具有公共物品属性。但是，资源基础理论认为，每一个企业都是生产性资源的集合体，导致企业所拥有和控制的资源是不同的。因为企业所拥有和控制的资源不同，所以在处理外部制度环境中出现的事项时，对不同企业的影响程度也不同。对于拥有优势资源和排他性资源的企业来说，在处理非市场事项时就比较容易，有时甚至是对行业内的其他企业来说很棘手的一件非市场事项，可是对某个企业来说，很可能成为企业打败竞争对手，寻求竞争优势的竞争性异质性战略资源。因此，在讨论企业非市场战略制定与实施的影响因素时，所依据的是经典的资源基础理论，而传统的资源基础理论对资源的定义和属性的理解，更多的是为企业在市场环境中的市场战略服务的。因此，在研究非市场战略时必须将传统的资源基础理论进行扩充，将企业资源的范畴从企业内部所拥有和控制的资源扩充到企业外部所拥有但是不能控制的资源，将资源的属性从市场资源维度扩展到非市场资源维度。中国转轨经济背景下，企业所面临的外部制度环境，例如政府政策环境的稳定性、行业或产业制度、社会公众的认知等都具有更为复杂的动态性、易变性等特点。

（二）经典的资源基础理论

彭罗斯的企业成长理论强调企业是一个资源集合体，企业所拥有的资源对于企业成长的决定性作用。而要想使企业的资源对企业成长具有决定性作用，首先必须能识别出对企业有价值的资源，既包括有形资源也包括无形资源，如厂房、机器、设备、专有技术、企业惯例、企业声誉等。其次这种资源应该是资源的集合体，而不仅仅是某一种资源。最后是必须具有对这种有价值的资源集合体进行整合和持续更新的能力。本书对企业有价值资源集合体中资源的范畴既包括有形的资源，也包括无形的资源和能力。

资源基础理论思想源于彭罗斯（1959），资源基础理论产生于 Wernerfelt（1984）在战略管理顶级核心期刊《战略管理杂志》上发表的期刊论文，其标题为《A Resource-Based View of The Firm》。这篇论文的发表标志着资源基础理论的正式诞生。该理论的核心思想是从企业内部所拥有和控制的异质性资源角度对企业竞争优势的最终来源做出了最有力的解释。企业资源基础理论研究的核心问题是，为什么同一产业内的企业间会存在着不同的绩效。在资源基础理论产生之前，在战略管理领域，一直占有主流地位的理论是以迈克尔·波特为代表的竞争优势理论。该理论以企业同质性为前提假设，认为处于同一产业内的企业所控制的关键战略资源要素具有相同的属性，因此决定企业竞争优势来源的是企业如何在产业环境分析中，通过战略定位更好地把握环境中的机会和规避甚至消除环境中的威胁。而资源基础理论研究学者 Barney（2002）、Peteraf（1993）却指出从企业内部寻求行业内的绩效差异可以很好地弥补这一致命缺陷。至此，企业资源基础理论打开了把企业作为一个“黑箱”的隐含前提假设，把企业间的差异看做是来源于其所具有的资源差异。资源基础理论把企业看做是一系列异质的资源集合体，从而将企业的竞争优势来源从企业的外部转移到企业内部的异质性资源和能力。概括来说，资源基础理论的核心思想是，企业竞争优势和高绩效来源于资源要素市场存在的缺陷。企业在一定时间内，内部所拥有和控制的资源具有不完全流动性和不可替代性，这种资源具有战略性竞争优势，表现为有价值性、稀缺性、不可完全模仿性和替代性、组织性四个属性。因此，企业可以利用这种路径依赖性资源和排他性资源对非市场环境中的事项进行管理。

（三）扩充的资源基础理论

资源基础理论认为，形成企业竞争优势的资源必须是有价值的、稀缺的、难以模仿和替代的，同时企业还必须具有知识和能力将这些资源属性转化为非市场战略的制定与实施。有价值、稀缺、难以模仿和难以替代的资源之所以能成为实现其竞争优势的来源，还要求企业必须有知识和能力对其进行资源价值评估及开发。具有这种属性的资源范畴可以是：财务资源、人力资源、创新能力、知识转化能力、国际一流的生产设备或生产线等，或者是一系列资源组合或是资源集合。识别企业的某一种资源的优势性比较容易，可是对于将一系列资源进行组合或集合，甚至是将资源约束转化为资源优势则需要企业具备一定的专属性知识和技能。这种能力包括资源的构建和资源的整合，更为具体地说，是企业能够获取、利用、改变、调整、优化资源组合来提升资源本身的价值性。

资源基础理论认为企业的战略制定与实施是由企业内部战略性异质资源的属性所决定的，而这些资源和能力的相同点就是都存在于企业的内部，由企业内部所拥有和控制的资源和能力决定。这些资源和能力包括企业的机器设备、厂房、知识、动态能力和组织惯例等。正是企业这些独特的资源和能力决定了企业的战略制定与实施，进而决定企业经济绩效和持续竞争优势的来源。但是在经济全球化的今天，随着科技的进步、经济的发展、社会文明程度的不断提升，决定企业生存和发展的关键资源要素并不仅仅是企业所拥有的机器设备、现代化的厂房、企业特有的经营运作知识、组织的动态能力、组织做事的方式和惯例等，来决定企业在其所属行业中与竞争性企业相比较所具有的资源优势和能力优势。

企业仅依靠在市场经济中取得经济绩效和经济租金，以及具有与竞争性企业相比的有利市场地位，这些企业内部拥有相对的资源优势和能力优势并不能保证企业能够持久地发展下去。因为评价企业是否成功的标准仅仅是在市场上的优秀表现是不够的（尹长辉，2004）。企业是社会大系统中的一部分，企业要想生存和发展必须同外界进行信息和物质的交换，那么在企业与外界的相互影响和相互作用的过程中，必然要受到企业所处的外部环境因素和利益相关者的影响。这些外部环境因素包括政府、行业协会、第三方机构、新闻媒体、社区、环保团体、社会公众、动物保护协会、人权组织等，这些影响因素对企业的生存和发展至关重要。政府部门是国家法律法规的制定部门，属于国家权力机关。政府部门所制定的行业政策和规则、企业税收、银行贷款甚至是提供优惠政策等，对企业的生存和发展都是至关重要的。行业协会从更为细致的方面影响着本行业的企业竞争状况和竞争行为，行业协会如果能发挥良好的引导、监督作用，那么对于整个行业的良性发展和市场环境中的良性竞争起着至关重要的作用。政府部门、政策制定者和行业协会为企业存在提供合法性。同时企业面对的外部影响因素和利益相关者还包括第三方机构，例如学术团体、专家学者、质量认证部门等。这些利益相关者的存在增强了企业在行业中的专家地位或领导者地位，提高了企业在社会公众中的认知和影响力，为企业提供了相对竞争优势。新闻媒体有很强的舆论导向作用，特别是在网络发达的今天，信息的快速流通和传播为新闻媒体提供了强有力的技术支持。社区、社会公众、环保团体等对企业的存在同样起着决定性的作用。依据资源基础理论，企业的无形资源和能力也是企业竞争优势的来源。企业的声誉、商誉、社会形象等都是社会公众、环保团体和社区的一种感知，是外部利益相关者强加给企业的，这些利益相关者的存在同样影响着企业的经营环境。决定企业竞争优势来源的资源和能力不仅仅局限于企业内部所拥有和控制的战略性异质资源，它所处的外部环境中的各种利益相关者也有可能成为企业的优势资源和能力，成为企业持续竞争优势的来源。

企业要想将其所处外部环境中的利益相关者看做是能够形成企业竞争优势的战略性资源要素，就不仅仅要受到这些外部利益相关者的影响，还要试图去影响这些利益相关者，对这些利益相关者施加对企业有利的影响，与外部利益相关者形成良性的互动与合作。企业在对外部利益相关者进行管理时必须具备一定的专门人才、公共事务部门、策略技巧、专有知识和经验等。企业只有具备这些资源和能力时，才能对外部利益相关者进行良好的管理和对企业施加有利的影响。依据 Barney（2002）对形成企业持续竞争优势的资源属性的描述（有价值性、稀缺性、不可完全模仿性、组织性）中我们可以看出，企业内部对外部利益相关者进行管理时必须具备一定的专门人才、公共事务部门、策略技巧、专有知识和经验。这些资源更符合 Barney（2002）关于资源属性的描述，对形成企业持续竞争优势将有更大的影响力。这些资源和能力并没有包括在传统的、经典的资源基础理论对有关战略性异质资源的范畴内。这些资源和能力与资源基础理论的代表人物 Wernerfelt（1984）、Barney（1991，2002）等所描述资源的区别在于：传统的资源基础理论对形成企业持续竞争优势的战略性异质资源的描述，更多的是从这些资源在企业的市场环境中如何为企业经济绩效的获得和市场竞争环境中企业的持续竞争优势的来源两个方面进行考察的。而实际上，企业处理其外部环境中的利益相关者关系的专门人才、公共事务部门、策略技巧、专有知识和经验等的考察时，则是从更广泛意义上的社会绩效角度出发的。从本质上讲，企业处理与外部环境中利益相关者之间关系的人才、策略和技巧等是为企业的市场竞争战略扫除存在的障碍和影响因素，从而减少甚至消除企业外部经营环境的不确定性。

20 世纪 90 年代，对制度基础理论作为分析工具的研究关注，使得部分学者对资源范畴的理解从企业的内部转到了企业所处的外部制度环境，认为外部制度环境中的某些资源具有优势性，可以成为企业竞争优势的来源。Baron（1995）认为非市场资产包括各种形式，其可以是处理非市场因素、政府、媒体、利益相关者和激进主义团体的专门知识和技能；也可以是企业因为负有责任的行为而赢得的顾客、政府、利益相关者和公众的良好声誉。在这里需要特别强调的是非市场环境是内生的，而不是外生的。当一个企业展望未来时，市场环境和非市场环境都不能看做是静止的或一成不变的。更为重要的是，这些环境不能被看做是以某种外生性的方式发生改变，因为企业特定的行为、战略和其他利益方（利益者、活动家、倡导团体、政治企业家和利益相关者）都能够利用非市场战略来影响市场环境。Boddewyn（1988）则更为明确地将企业资源划分为市场资源与非市场资源两个部分，并将非市场资源依据其所属的范畴划分为内部非市场资源和外部非市场资源。其中内部非市场资源是企业自身所拥有和控制的非市场资源，为企业自身所独享，其拥有权存在排他性。而外部非市场资源则是处于企业外部的资源，这种资源具有公共物品属性，可以为行业内的所有企业所共享，但是因其公共属性，企业不能直接拥有和控制。上述关于企业市场资源和非市场资源的分类进一步反映了传统的资源基础理论对形成企业持续竞争优势资源的范畴定义过于狭窄。

通过对上述有关资源的分类，依据 Boddewyn（1988）对企业资源的分类标准，可以将企业资源分为两种类型：市场资源和非市场资源。其中市场资源是指传统的、经典的资源基础理论对资源的分类（Wernerfelt，1984；Barney，1991；Grant，1991）。非市场资源的分类则依据 Baron（1995）、Boddewyn（1988）的研究成果，主要指企业处理非市场环境中社会事项和政治事项所具备的知识和能力。非市场资源还可以划分为内部非市场资源和外部非市场资源，其中内部非市场资源是企业自身所拥有和控制的资源，包括企业处理非市场事项的专门人才、策略技巧、高管社会背景等，企业处理社会事务的专有部门或公共部门等，内部非市场资源为企业所独享，其拥有权存在排他性。外部非市场资源是处于企业外部的资源，这种资源具有公共物品属性，可以被行业内的所有企业所共享，但是因其公共属性，企业不能直接拥有和控制。外部非市场资源主要包括企业在利益相关者中积累的良好声誉，企业与同行业中其他企业的合作与联盟程度，社会公众、政府、媒体对企业的支持与认同，企业所处行业管制对企业的要求等。企业的外部非市场资源具有某种程度的公共物品属性，这与学者 Oberman（1993）所描述的“制度资源”概念相似，都是指对企业有重要影响的社会资源，因此本书将外部非市场资源命名为制度资源，同时将内部非市场资源命名为非市场资源。至此，将传统的资源基础理论对资源的范畴由企业的内部扩展到了企业的外部，由对市场环境中经济绩效的衡量扩展到了对非市场环境中社会绩效的考察。本书认为企业的非市场资源和制度资源更符合 Bareny（2002）所提出的有价值性、稀缺性、不可完全模仿性和组织性特点，故而将其纳入经典的资源基础理论框架中，形成扩充的资源基础理论。

通过对资源基础理论的文献梳理和研究成果的归纳总结，可以看出上述关于企业资源的分类研究均是以西方发达经济国家作为研究背景，而目前中国处于经济转型时期。很多学者对转型经济的环境特征进行了大量的研究。例如 Luo（2001）引用了 Dess 和 Beard（1984）的研究成果，认为中国转型经济时期的市场环境特征可以概括为动态性、复杂性和宽松性三种维度 。Peng（2003）给出了经济转型的 “前期—后期”两阶段模型。在中国特有的转型经济背景下，虽然中国的市场化程度不断完善和提高，但是政府的管制体制和政策仍然被企业管理者看做是最复杂的、最不可预测的、最有影响力的环境因素（Tain 和 Litschert，1994）。政府的手中仍然掌握着企业所需要的关键性战略资源，因此，转型经济条件下，企业的发展在一定程度上仍然依赖于政府的管制和控制来获取所需要的资源（Peng 和 Heath，1996）。西方学术界关于企业资源的分类是在其完善的市场经济环境下进行研究的，其政治体制与中国也存在不同。那么在这种情况下需要对如下问题进行讨论：①如何界定中国转型经济背景下的资源定义和分类。②不同的资源类别必然导致对中国企业的非市场战略制定与实施的影响不同，这些影响与西方企业的非市场战略的制定与实施有何差异，为什么会存在这些差异。

因此，要以扩充的资源基础理论作为分析工具，研究中国特有的转型经济背景下的企业资源分类及其特征以及对非市场战略制定与实施的影响。这里重点研究在中国转型经济环境下以中国企业为研究对象，来探讨中国转型环境下所具有的特殊的企业资源因素，并将这种资源分类作为分析中国企业转型经济背景下，企业非市场战略制定与实施时的影响因素，探求中国特有的转型经济背景下的资源因素对非市场战略制定与实施时的影响。该研究提出的市场资源要素、非市场资源要素、制度资源要素是在中国特有的转型经济背景下所提出的。虽然市场资源、非市场资源和制度资源的定义和划分是在西方背景下产生的，但是其资源内部的维度划分并不适用于中国。市场资源要素、非市场资源要素、制度资源要素和非市场战略要素都是抽象的多维构念，目前学术界对资源要素的内涵和维度划分还没有统一的结论，许多学者都是从各自的研究需要出发对各构念的维度构成进行划分。

二、高管的信息筛选与有限理性

关于企业高管人员在非市场战略选择中的重要作用不言而喻。企业高管人员的政治敏感性、价值取向、人脉关系网络都会影响企业的非市场战略的制定与实施。在中国特有的转轨经济时期，中国企业高管的社会背景和经历、身份等对企业的非市场战略的重要影响尤为突出。中国企业的高管人员与政府间的相关联系和维持关系所占的时间和精力比较突出。一些企业家坦诚地说，他们30%~50%的时间都用于和政府官员打交道（张维迎，2001；中国企业家调查系统，2004）。有学者把企业高管分为企业导向型和制度导向型两种类型。企业导向型的高管更关注企业所在的市场环境的变化和竞争，而对于非市场环境中的事项关注的比较少，比较看重经济因素。而制度导向型的高管则把企业的非市场环境作为企业战略的一部分，更加看重非市场事项等对企业的影响，虽然这种影响并不直接体现为企业的经济因素。高海涛、田志龙（2007）以资源依赖理论作为分析工具，考察我国企业的高管行为对企业非市场行为的影响，研究结果表明，企业高层的管理导向对我国企业的非市场行为具有显著的影响，企业的经济溢出和技术与高层管理导向是显著相关的。值得注意的是，企业高层管理团队对待非市场事项的态度调节着企业的经济资源和非市场活动之间的相关关系。樊帅（2009）认为，中国转轨经济背景下，高管应对政治事项所实施的行为包括：企业高管针对事项发起者所实施的一系列游说活动；企业利用高管在政府任职的经历，依靠其社会政治关系网，寻找相关部门领导为企业争取有利政策或对政策提出修改性意见，在企业面临困境时期望政府官员为企业代言；企业高管兼任地方人大代表，在制定地方性政策时，影响政策的制定内容；企业高管被各级政府聘为咨询委员会委员或顾问，能够参与到相关事项的拟定与讨论中。企业高管应对社会事项采取的行为包括：企业高管利用现代化的信息网络传媒在主要媒体上发表对企业有利的观点；利用媒体召开新闻发布会等。

从以上的研究成果我们可以看出，企业高管在非市场战略中所起的作用是不容忽视的。更为重要的是，处在中国转轨经济的背景下，企业在从原材料到产品销售的整个价值创造过程中受到市场调节和政府调节的约束。管理者应该将精力同时放在市场环境和非市场环境两个方面。企业高管在进行战略制定时，就必须面临信息筛选和有限理性的约束。

中国市场环境存在着动态复杂性、多变性的特点。同时，中国企业也面临着一个大数据时代的到来，这使得原本错综复杂的市场环境变得更加扑朔迷离。大数据时代的最大特点是使用全体数据而非随机样本进行统计分析，在做决策时关注相关性而非因果性，要效率而非精确。大数据时代能够创新企业商业模式、创新高管思维方式、创造企业新的竞争优势。[①] 在此之前，管理者已经习惯了对部分调查对象所做的抽样调查所获得的数据资料；习惯了原因—结果之间的必然关系，认为相关关系对企业做决策来说缺乏可靠性；在进行决策时效率优于精确。

大数据时代的到来，对企业高管提出了新的挑战。具有大数据思维的高管将带领企业不断创新，从而形成企业的可持续竞争优势，始终走在前面。那么在大数据时代，中国高管在应对非市场环境中的非市场事项时（政治事项、舆论事项、环境事项、社会事项等），将具有更多的选择权和主动权。企业可以利用大

① 维克托·麦尔–舍恩伯格，肯尼思·库克耶. 大数据时代：生活、工作与思维的大变革［M］. 盛杨燕，周涛译. 杭州：浙江人民出版社，2013.

数据资源，包括提供大数据资源的中间商或自身使用科学仪器、互联网、音视频软件等多种数据收集渠道对收来的数据进行专业化的分析。因此，大数据可以作为一种获取竞争优势的具有异质性的战略资源。大数据资源在企业间存在着异质性，即有些企业拥有更为丰富、完善的大数据资源，而另一些企业的大数据资源相对匮乏。拥有的大数据资源越多，企业将具有更为准确的市场定位，更为完善的产品或服务提供给顾客；具有更强的创新能力，新产品或新市场的开发频率和成功概率比较高，专利创新和技术创新周期将不断缩短。

高管必须能够突破两个“瓶颈”限制，即信息筛选与有限理性。大数据资源使得传统的收集数据方法、数据量、分析数据的方法、利用数据所创造的价值等方面都发生了质的变化。首先，在数据收集方法上，传统的数据收集方法有全面调查和非全面调查。全面调查是对所有的调查对象进行调查。抽样调查是按照随机的原则，从研究对象的总体中抽取一部分样本进行调查，并根据这部分样本资料的数据统计推断总体的一种非全面调查。重点调查是从调查对象中选取部分重点有代表性的单位做调查。典型调查是指在总体样本中选取部分典型样本做调查，根据对典型样本的调查资料来推断总体样本的一种调查方法。在选择抽样调查、重点调查和典型调查时，所考虑的主要因素是时间和成本。这三种调查方法的共同特点是用部分样本来推断总体。因为调查对象少，调查范围小，因此可以使用较少的人力、物力和财力，在最短的时间内收集到所需要的数据，然后进行统计整理、统计分析等，其优点是调研费用少、调查时间短。同时抽样调查和重点调查存在着一个前提假设就是，能够在统计学意义上达到用部分推断总体的目的。在用典型调查、抽样调查和重点调查做最后的统计分析时，都存在一定的概率。也就是说，依据统计学上的推断所做的结论具有犯错误的概率。但是，在大样本数据资源作为企业所需要的数据来源时，就不需要用这三种非全面调查了。因为使用现代化的计算机信息技术，可以获得调研对象全体的数据信息，也就是非全面调查的样本数等于总体。在使用大数据资源做决策时，不存在犯第一类错误和第二类错误的概率了。企业高管在进行决策时表现得更理性，排除了以往的信息筛选与有限理性的限制。

三、影响因素分析的概念模型构建

（一）影响因素的内涵与维度

1. 市场资源的内涵与维度

资源基础理论认为决定企业不同绩效水平的根源是企业自身所拥有的内部资源与能力。也就是说企业内部条件比其所面临的外部条件对企业竞争优势的影响更具决定意义。

Wernerfelt（1984）认为，资源包括“任何可能被视为某一企业的优势或劣势的东西”，并因此“可被定义为那些与企业暂时相关联的（有形和无形）资产”。Barney（1991）认为资源可以分为物质资源、人力资源和资本资源三大类。Grant（1991）又在 Barney（1991）的研究基础上，增加了财务资源、技术资源和声誉资源。但是有学者认为，资源基础理论对有关资源的概念还很模糊，学者们很少能在操作层面对其进行定义或检验其在不同竞争环境中对业绩的影响，并认为上述对资源的分类与 Barney（1991）最初所描述的资源有用性标准——价值性、稀缺性、难以模仿性和难以替代性没有直接的联系（Danny 和 Jamal，1996）。杜慕群（2003）将企业的资源分为有形资源、无形资源和人力资源三大类。邓新明（2008）认为，在中国特有的转型经济背景下，将市场资源划分为实体资源、企业商誉、企业文化和经营理念、营销资源、财务资源和技术资源六大类。邓新明、田志龙（2007）将中国转型经济背景下的市场资源对企业制度反应策略模式的研究中，认为企业的市场资源包括：企业总资产，企业销售额，企业政治公关活动费，企业信誉、商标、品牌，企业在政府部门、社区中的声望。从上述文献综述中可以看出，国内外学者对企业资源的分类各不相同，目前学术界也没有统一的分类标准，各研究学者都是根据自身研究的需要，对市场资源的维度进行划分。但是，除去其划分上的差异，我们可以看出，对传统资源的分类都是以企业在市场环境中取得的经济绩效为依据的，都是以企业在竞争环境中取胜为目的的，其价值性主要体现为企业在市场竞争环境中经济绩效创造方面。

因此，通过对文献综述和理论分析，可以将市场资源定义为传统意义上的资源的分类，包括企业内部所拥有和控制的，在市场竞争环境中所积累的有形和无形资源，这些资源和能力能够构成企业持续竞争优势。同时考虑到中国转型经济背景下，将市场资源划分为实体资源、企业商誉、企业文化和经营理念、营销资源、财务资源和技术资源。中国转型经济背景下的市场资源因素划分与西方学者的市场资源因素划分既有相同之处，也有差异之处。相同的市场资源因素都包括技术资源、财务资源和企业商誉。无论企业处于何种经济体制下，企业在进行战略制定寻求竞争优势时，技术资源和财务资源的价值性是关键的决定因素。市场资源因素的价值性体现为企业在市场竞争环境中的绩效差异和竞争优势。企业的技术资源和财务资源优势是决定企业在行业中的竞争地位的关键因素。因此，不论是中国还是西方的企业，在进行战略制定时都必须要考虑到企业所具有的技术资源和财务资源。同时，企业要想持续地生存下去，必须具有良好的企业商誉，能够得到政府、社会公众、新闻媒体等利益相关者的认可和支持，良好的企业商誉是任何企业在市场竞争环境下都必须考虑的关键因素。

在西方市场环境下，具有差异性的市场资源因素包括物质资源、人力资源、资本资源。而中国转型经济背景下的市场资源因素包括实体资源、企业文化和经营理念、营销资源。选择这三个因素作为中国企业的影响因素是因为在中国的转型经济背景下，中国的经济体制处在不断的发展变化中，而且各个地区在经济政策的制定上具有一定的自主性。因此，企业的实体资源在中国具有更重要的影响作用。例如地方政府为了发展经济、提高就业，甚至是仅仅为了政绩工程，对大型企业、地区支柱企业提供更多的政策优惠、政策倾斜，更多的财务支持、人力支持等，因此实体资源因素在中国转型经济背景下更具有意义。另外，不同于西方的将企业的人力资源作为企业的竞争优势，中国市场经济环境下，企业的营销资源和企业文化与经营理念对企业非市场战略的制定更具有影响作用。不同于西方完善的市场机制和市场竞争规则，中国的企业是在不完善的市场经济环境下产生和发展的，市场竞争机制和规则、政策存在很大的不确定性。另外，即使是中国的市场化已有了进一步的提高，但是中国政府在政策制定和资源分配上对企业仍然具有重要的决定性影响。因此企业不仅要具有丰富的市场资源和能力，在短期内可以获得经济绩效；同时为了能够持久地生存和发展下去，企业还必须在不确定的市场环境下，具有竞争优势的明确的企业文化和经营理念，不仅关注短期内的经济绩效，还要具有长远的发展战略。如果与西方的人力资源相比，中国企业的人力资源成本在世界范围内都是比较低的，因此并不能成为企业非市场战略制定的决定因素。中国企业非市场战略制定和实施具有重要的影响因素，划分为实体资源、企业商誉、企业文化和经营理念、营销资源、财务资源和技术资源，如图 5-1 所示。

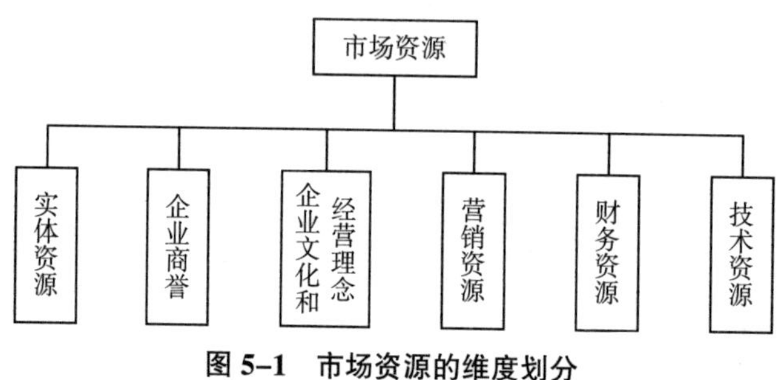

图 5-1　市场资源的维度划分

2. 非市场资源的内涵与维度

企业所拥有的市场资源是企业进行市场竞争所需的必要条件，但是企业仅仅拥有市场资源，并不能保证在市场上的必然成功。企业的政治敏感性，与社区的良好关系，高管的社会背景或人脉，企业的社会形象，企业处理与政府、新闻媒体、社会公众之间关系的策略技巧和人才，都能成为企业在市场上获得竞争优势的资源。如果企业能够处理好这些关系，那么会为企业新产品的开发、优惠政策的获取、关键战略资源的获取产生重要作用。目前学术界对于非市场资源和能力的定义和维度尚没有统一的标准。但是国外学者对非市场资源和能力的分类研究相对比较丰富，而国内学者的相关研究相对来说比较少。

Baron（1995）认为非市场资产包括各种形式：处理与政府、媒体、利益相关者和激进主义团体的专门知识和技能；企业因为负有责任的行为而赢得的顾客、政府、利益相关者和公众的良好声誉；接近公共政策制定者的途径与机会。在这里 Baron（1995）特别强调了非市场环境的内生性。传统的竞争分析和战略形成通常把非市场环境看作是在外生给定的前提条件下，来分析企业在行业中的竞争地位，认为企业目前的威胁来自于潜在的进入者和替代者、供应商和购买者的讨价还价能力。然而，当一个企业从长远的角度来分析企业所处的环境时，市场环境和非市场环境都不能看做是静止的或一成不变的。更为重要的是，这些环境不能被看做是以某种外生性的方式发生改变，因为企业特定的行为和战略和其他利益方都能够利用非市场战略来影响市场环境。从 Baron（1995）的论述中，我们可以看出，他对企业非市场资源的分类主要来源于企业内部所拥有和控制的处理外部利益相关者的策略和技巧，更强调无形的非市场资源和能力。Boddewyn（1988）认为内部非市场资源包括高管的人际关系网络、当地社区与企业的关系等，内部非市场资源是企业所拥有与直接控制的。冯雷鸣等（1999）认为企业的非市场资源包括处理政府、政府政策制定者和官员、新闻媒体、社会公众等非市场因素的经验和能力，同时强调了企业拥有的非市场资源同样要具有难以模仿性和替代性。冯雷鸣（2007）认为，企业的非市场资源包括知识、技能、处理非市场事务的经理们的经验、企业声誉、媒体美誉度等。邓新明（2008）在中国转型经济背景下，认为中国企业的非市场资源包括资产规模、企业在处理利益相关者关系时的专门人才、企业在和利益相关者的相互作用过程中所积累的策略和技巧、企业的政治敏感性、企业管理者的人脉和社会关系网、企业的社会形象和处理公务事务的专门或公共部门。

通过以上学者对非市场资源的维度划分，Baron（1995）和 Boddewyn（1988）对非市场资源的定义和范畴描述更符合本书需要。对企业非市场资源的定义和维度划分参考了 Baron（1995）和 Boddewyn（1988）的研究成果，并沿用了 Boddewyn（1988）对于内部非市场资源和外部非市场资源的分类，将非市场资源界定为，企业内部所拥有和直接控制的处理外部利益相关者所具有的策略、技巧、专门知识和技能。外部利益相关者包括政府、新闻媒体、激进主义团体、顾客、社会公众等。非市场资源因素分为：企业处理外部利益相关者的专门人才；利益相关者的策略技巧；企业因为负责任行为所具有的公众与社会形象；企业高管的人脉关系网络；企业高管的政治敏感性；资产规模；企业处理公共事务部门。指标选择的依据是，不管处于何种经济背景下的企业，当其对外部利益相关者在进行管理时，必须具有专门的处理非市场因素的专门人才和策略与技巧，这种专门的人才和策略技巧不同于企业中的处理与市场和产品有关的人才、策略和技巧。高管的人脉关系网络对企业的外部利益相关者具有重要的影响作用，广泛的、丰富的人脉关系网络可以为企业获得更多的外部利益相关者的支持。在中国转型经济背景下，中国企业的非市场资源和能力还有其特殊性。邓新明（2008）在对中国转型经济背景下的资源进行分类时，将企业的资产规模作为企业非市场资源因素之一。如果企业的资产规模在行业中处于领导者或类似领导者的竞争地位，那么其在中国转型经济背景下，会受到外部利益相关者更多的关注和青睐，因为大企业意味着拥有更多的人才、技术和更强的创新能力，更大的经济溢出效应，可以提供更多的就业机会，会受到中央政府和地方政府的高度认可和支持，有更多的机会和条件获得各种优惠政策，也会受到更多的媒体和公众的关注。企业的资产规模不仅仅能为企业在市场竞争环境中提供优势，在非市场环境中能够拓展企业的外部生存空间，为企业在市场竞争环境中的取胜提供更多的政策支持。企业高管的政治敏感性在中国也有其特殊性。中国转型经济的特殊背景导致了在中国的市场竞争环境中，市场机制和政府的管制机制同时存在。企业既要适应市场竞争环境的影响，又要在市场竞争机制不完善的条件下不断识别和抵御外部环境中的风险与威胁。中国政府在行业政策制定、政府管制、关键资源的控制与分配等方面仍然具有重要的决定作用，对企业的生存环境具有重要的决定意义。企业高管的政治敏感性，即企业高管识别政府对有关政策的倾向、对于行业监管中的漏洞的识别能力都将影响着企业所面对的环境中的不确定性。如果企业高管具有敏锐的政治敏感性，企业就可能提前采取行动，减少企业面临的外部环境不确定性。非市场资源因素中的企业处理公共事务的部门在中国转型经济背景下，其对非市场战略的影响权重要高于西方发达国家。因为在中国由计划经济向市场经济的转型过程中，中国政府对企业市场竞争环境的调控与管制始终在发挥作用。西方发达国家完善的市场竞争环境和市场竞争机制，使得政府对企业的管制政策的变化处于一种稳中有变的微调过程。中国企业所面临的政府管制是时刻处于变化之中的，特别是中央政府的权力下放，使得各地区的地方政策对企业的要求也是各不相同，那么在这种情况下，中国企业处理公共事务的部门要比西方企业具有更重要的作用。

在中国转型经济背景下，中国企业的非市场资源因素包括：资产规模、处理外部利益相关者的专门人才和策略技巧、企业高管的政治敏感性、企业高管的人脉关系网、企业的负责任行为而赢得的公众与社会形象、企业处理公共事务的部门，如图 5-2 所示。

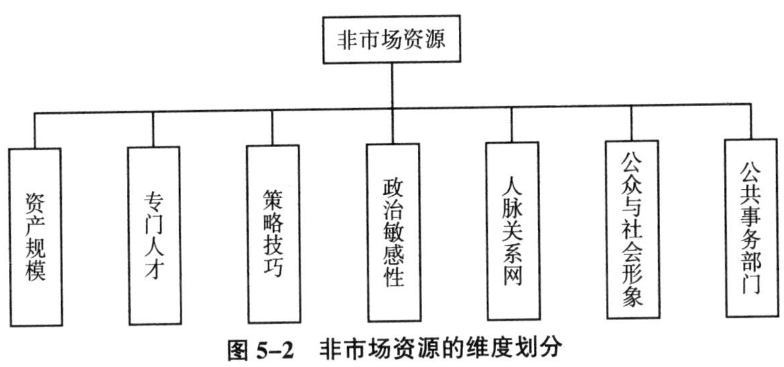

图 5-2 非市场资源的维度划分

3. 制度资源要素的内涵与维度

由于企业是经济交易的主体，因此在战略制定时必须要考虑到企业所处的外部制度环境。对于传统意义上的企业战略研究学者来说，制度只不过是众多外部限制条件中的一种。市场机制对企业生存和发展具有重要的影响作用，但是其他社会制度对企业的制约和影响也不能忽视（吕源、徐二明，2009）。企业并不是被动地接受来自外部社会制度环境的约束和限制，恰恰相反，企业会通过自身的战略来影响外部环境，甚至操纵外部环境，进而使环境向有利于企业的方向发展。Oliver（1991）认为，当企业面对外部制度环境时，会选择默许、妥协、避免、抗拒、操纵等一系列反应模式。企业的外部制度环境由外生给定方式转变为一种企业可以影响和控制的内生方式与外生方式同时存在的作用机制。Oberman

(1993) 将这种企业所处的外部社会制度内生化的思想向前推进了一步，他使用“制度资源”的概念，用来表达政府的制度、官员、政策、信仰体系等对企业的战略制定有重要影响的社会资源，认为企业可以利用对这些制度资源的开发和维持来获取竞争优势。Boddewyn (1988) 提出了对非市场资源的范畴划分为内部和外部两个层面，其中外部非市场资源包括企业拥有的权力资源、企业在外部环境中所积累的财富、与外部政治利益相关者在互动过程中所建立起来的尊重与信任。其“外部非市场资源”的概念与 Oberman (1993) 所提出的“制度资源”类似，这类资源均具有某种程度的公共物品属性，不能由单独的某一个企业或几个企业所直接拥有。但是有学者认为，企业可以对外部制度资源的某些方面进行控制。邓新明、田志龙 (2007) 在对转型时期中国企业的制度反应策略模式进行研究时，将企业的资源划分为市场资源和制度资源，认为企业的制度资源包括企业管理者的政治敏感性，政治行为的历史与经验，企业与顾客、政府、社会的关系，企业员工（包括高管）的非正式社会关系，企业驻各地政府办事处。

依据 Boddewyn (1988) 的研究成果，可以认为企业的制度资源是指处于企业外部的制度环境中，其资源属性具有某种程度的公共性，是为行业内的企业所共享，但是特定的某些外部方面可以为企业所拥有但是不能被企业所直接控制。在中国转型经济背景下，市场资源分配机制、法律、规范并不完善 (Peng, 2003)，因此，企业的外部制度资源作为一种正式制度的替代在转型经济国家是一种特殊的现象。邓新明 (2008) 在中国转型经济背景下，认为我国企业的制度资源维度包括与外部利益相关者互动过程中积累的无形声誉，和竞争性企业之间的合作与联盟，行业协会作用的发挥，企业行为被社会公众、政府、新闻媒体认可的程度，行业管制政策，社会对企业的期望和要求，如图 5-3 所示。

4. 非市场战略的内涵与维度

非市场战略的广义概念是指，企业在非市场环境中，即在与公众、政府、新闻媒体、社会机构及其他利益相关者互动过程中采取的行为模式，而非仅指狭义上的企业与公共政策的关系（林淑、顾标，2007）。

依据企业采取非市场战略维度划分，企业非市场战略的方式分为两类，即缓

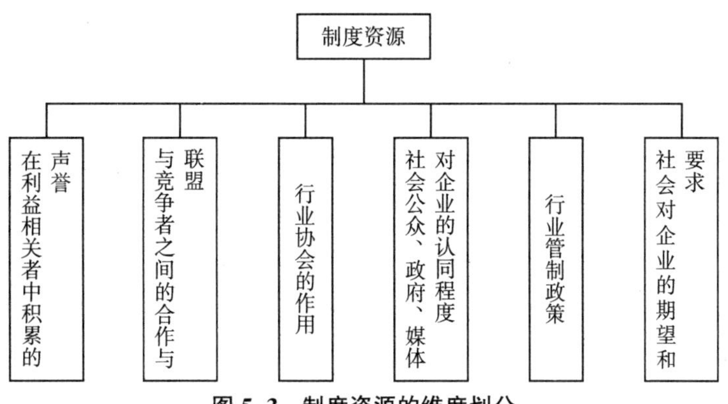

图 5-3　制度资源的维度划分

冲战略和搭桥战略。缓冲战略是保护企业免受外部环境的影响，包括尽量保护企业内部的运作避免受到外部环境的干扰和尽量对外部环境施加影响。通过缓冲战略，企业可以抵制外部环境的改变或努力对其施加控制。缓冲战略的目的是企业主动地塑造政府法规和社会环境，从而使企业的经营免受政府政策和社会环境的影响，即缓冲环境对企业正常经营和核心技术的影响（Meznar 和 Nigh，1995）。搭桥战略是企业采取适合的组织活动，以使其与外部期望相一致。搭桥战略意味着企业积极地符合和超越行业中的管制要求，或者快速识别变化了的社会期望，以使企业与这些期望相一致。搭桥战略是促使企业内部适应外部环境的改变。搭桥战略的目的是企业积极适应政府法规和社会环境的变化，即促进企业适应和遵守社会契约条款（Meznar 和 Nigh，1995）。

Meznar 和 Nigh（1995）进一步指出了企业实施缓冲战略和搭桥战略的具体行为。企业所采取的缓冲行为根据所针对的对象包括两类：政治环境中所采取的行为，即主要针对政府政策和决策制定部门；对社会环境所采取的行为，即主要针对社会公众、新闻媒体。社会行为具体包括：①从事公益性广告以维护公司的经济利益或社会利益。②从事公益性广告，以便和社会事项建立起事实的联系。③从事公共关系活动以提升企业在社会事项中的地位。政治行为包括：①警惕各级政府的各种立法可能对企业造成的影响。②努力减少各级政府部门对本企业所在行业的管制。③公关代表向政府游说。④为政治行动委员会进行捐赠。⑤努力游说其他利益集团以使其和企业相协调。⑥利用行业协会以便对立法或规则施加影响。Meznar 和 Nigh（1995）认为，企业采取搭桥战略的具体行为包括：①使企业适应社会压力。②关注政府立法或规则，以便企业能够快速做出反应并遵守。③不断审视社会环境，以确保企业的行为符合社会期望。④对社会期望的变化作出最快反应的公司之一。⑤关注立法的发展，以便在立法颁布实施时有履约机制。⑥公司目前的行为实践超越现行法规的要求。⑦采取在行业内达成共识的新政策。⑧做为好公民，只做法律允许的事情。⑨能够最先采取符合社会新期望所要求的政策。

缓冲战略和搭桥战略的测量量表使用的是 Meznar 和 Nigh（1995）的研究成果。选择的依据有两个：一是研究成果具有权威性，国内外学者在对非市场战略的有关研究中，均使用其研究成果；二是非市场战略的分类方式适合于做跨制度环境的研究，并在中国转型经济情境下进行了适当的修改。

（二）研究假设的提出

1. 市场资源因素与非市场战略的选择

企业具有的异质性资源不同，它们采取的战略也不同。资源基础理论的一个合理的假设是，企业为了实现其经营目标，获得长期竞争优势和可持续成长，在制定和实施非市场战略时，必须考虑企业资源的异质性和竞争性，依据企业独特的异质性战略资源制定和实施符合本企业未来发展的非市场战略。那些具有雄厚财务资源、技术资源等企业可以获得更多的发展机会，因而会受到政府、社会、公众、媒体更多的关注，获取更多的社会资源、经济资源和政治资源。同时拥有更多异质性资源的企业，在制定和实施非市场战略时，更可能采取缓冲战略。相较于具有雄厚资源的大企业而言，一些资源基础薄弱的中小企业更有可能采取搭桥战略。

运用资源基础理论作为分析工具可以认为，当企业内部拥有的市场资源因素越具有优势，企业的持续竞争优势就越强。因此，企业内部拥有和控制的市场资源越具有优势，那么企业就会依赖其自身拥有的有价值的、稀缺的、难以模仿的和难以替代的资源对政府的政策和法规施加影响，从而营造更好的经营环境。

企业内部拥有和控制的市场资源，包括实体资源、企业商誉、企业文化与经营理念、营销资源、财务资源和技术资源等越具有优势和不可模仿性，企业可以驾驭和利用的市场资源就越多，可以通过保持其领先的技术资源、雄厚的财务资源、营销资源等免受政府法规和政策的影响，甚至影响政府政策和法规的制定。能够对社会规范的变化进行预测和影响，利用新闻媒体的舆论导向作用对社会公众或政府等进行游说，或通过其他方式影响政府的立法和政策制定过程以及社会规范变化，其目的是使政府政策、法规、社会期望和社会习俗沿着有利于企业经营的方向发展，以减少政府法规和社会规范变化对企业造成的影响。如果企业拥有和控制的内部市场资源比较匮乏，包括实体资源、企业商誉、企业文化与经营理念、营销资源、财务资源和技术资源等很容易被竞争对手所模仿或替代，企业可以驾驭的资源和能力就会受到限制，企业只能利用有限的资源进行适当的非市场行为，维护和保持与政府和社会团体包括社会公众、新闻媒体、社区、激进主义分子的良好关系，主动迎合政府和社会的期望要求，主动达到或超过行业中的一般要求，通过快速识别、扫描环境中的变化趋势，达到迅速反映政府规范和社会要求的变化趋势，保持企业与政府和社会期望的一致性。概括起来就是说，当企业拥有和控制丰富的内部市场资源，并且这些资源具有不可模仿性和替代性时，企业更倾向于采取缓冲战略，即企业主动塑造政府法规和社会规范，从而使企业的经营免受政府政策和社会环境的影响。当企业拥有和控制的内部资源很容易被竞争对手所模仿或替代时，企业更倾向于采取搭桥战略，即企业积极适应政府法规和社会环境的变化。据此提出假设：

假设 1.1： 企业内部市场资源越具有优势，企业越倾向于采取缓冲战略，即企业内部市场资源的优势程度与缓冲战略正相关。

更为具体地，企业拥有的实体资源、企业商誉、企业文化和经营理念、营销资源、财务资源和技术资源越具有优势，企业越倾向于采取缓冲战略。

假设 1.2： 企业内部市场资源越具有劣势，企业越倾向于采取搭桥战略，即企业内部市场资源的优势程度与搭桥战略负相关。

更为具体地，企业拥有的实体资源、企业商誉、企业文化和经营理念、营销资源、财务资源和技术资源越具有劣势，企业越倾向于采取搭桥战略。

2. 非市场资源因素与非市场战略的选择

中国正处于特有的转型经济环境中，政府等外部利益相关者对企业的经营运作仍然具有重要的决定性作用，因此企业除了必须具有处理市场竞争环境中的资源和能力外，还必须具有处理好与政府、政策制定者、社会公众、新闻媒体等利益相关者等的非市场资源和能力。然而，传统的资源理论强调资源的市场层面，而忽视了资源的非市场属性，比如高管的政策导向、高管的人际关系以及政府政策和体制、行业制度规则、相关利益团体的支持等方面（邓新明、刘国华，2010）。

我们可以进行如下逻辑推理，将资源基础理论作为分析工具，当企业内部拥有的非市场资源优势越明显，越具有价值性、稀缺性、难以模仿性和难以替代性时，这种非市场资源优势就会产生和增强企业在同行业竞争者中的相对竞争优势。如果企业间的内部市场资源存在同质性时，必然导致其在市场竞争战略上的同质性，那么通过企业内部市场资源的价值性、稀缺性、难以模仿性和难以替代性所形成的企业竞争优势并不能形成企业持续的竞争优势。因此，依据企业资源基础理论的分析框架，企业内部的非市场资源更有可能成为企业持续竞争优势的来源，例如高管的社会关系、与利益相关者打交道的经验和技能更具有路径依赖性，进而存在模仿障碍和隔离机制，这些具有非市场属性的资源和能力优势更有可能成为企业可持续竞争优势的来源。

非市场资源的范畴主要指企业所处的外部非市场环境，但是相同的非市场环境会因为企业所具有的资源优势不同，而对不同的企业产生不对称的影响。谢佩洪等（2009）认为，企业可以通过设立处理与政府、新闻媒体等利益相关者打交道的公共事务部门来加强与政府、社会公众或新闻媒体等利益相关者之间的合作关系。同时因为企业积累了实施非市场战略与行为的经验和技巧，可以将这种策略技巧固化形成企业的惯例，作为企业日常经营活动的一部分。Lenway 和 Rehbein（1991）认为相较于没有建立正式的公共事务部门，已经建立了正式的公共部门的企业更愿意去实施非市场战略，而且建立专门的管理非市场事务的部门的企业能够提高企业管理政治事项和社会事项的能力，进而获得更多的竞争优势。谢佩洪等（2009）认为通过设立专门的公共事务部门，可以使企业拥有更丰富的处理政治事项和社会事项的人才和能力。Jean 等（2006）首次通过对美国电力行业的实证研究，对企业的非市场战略的能力进行了测量。其研究结果表明，如果企业拥有优势的非市场资源和能力，企业更倾向于采取缓冲战略，即企业的非市场能力与缓冲战略正相关；如果企业的非市场资源和能力具有劣势，企业更倾向于采取搭桥战略。而对于非市场能力的测量主要使用了两个衡量指标：其一是企业是否具有与政府、社会公众、新闻媒体打交道的经验；其二是企业是否有机会从其他企业学到与政府、社会公众、新闻媒体打交道的经验。

通过对以上学者研究成果的梳理，我们可以进行如下推理，如果企业拥有和控制着丰富的非市场资源，包括非市场资源和能力，那么其非市场资源和能力在一定程度上具有价值性、稀缺性，难以模仿和难以替代性。并且因为企业具有将这四种资源属性进行适当的整合，使得企业的非市场资源和能力是竞争对手所难以模仿的或是缺少替代性，就会使得企业的非市场资源成为企业持续竞争优势的来源。例如，不易模仿的非市场资源能力主要是处理与外部利益相关者关系的专门人才和策略技巧，这种策略技巧更多地表现为一种隐性的知识。企业高管具有的政治敏感性使得其对外部制度环境具有很强的预见能力，企业高管的人脉关系网络资源丰富和具有排他性等。如果企业拥有丰富的非市场资源和能力，那么企业倾向于采用缓冲战略。如果企业拥有和控制的非市场资源比较匮乏，在与政府、社会公众、新闻媒体等利益集团打交道时，缺失必要的策略、技巧，那么企业只能通过适当的活动来适应外部环境的变化或期望，企业倾向于采取搭桥战略。如果企业拥有竞争对手所难以模仿和替代的非市场资源和能力，那么更倾向于采取缓冲战略，即主动塑造政府法规和社会规范，影响相关政策的制定进程和政策倾向性，从而使企业的经营免受政府政策和社会环境的影响。企业如果拥有和控制的非市场资源和能力很容易被竞争对手所模仿或替代，或者是企业的非市场资源和能力不具有排他性，那么企业更倾向于采取搭桥战略，即企业更多的是倾向于积极适应政府政策、法规的变化和社会趋势的变化。据此提出假设：

假设 2.1： 企业内部非市场资源越具有优势，企业越倾向于采取缓冲战略，即企业内部非市场资源的优势程度与缓冲战略正相关。

更为具体地，如果企业内部所拥有和控制的资产规模、专门人才、策略技巧、高管政治敏感性、高管人脉关系网络、公众与社会形象、公共事务部门越具有优势，企业越倾向于采取缓冲战略。

假设 2.2： 企业内部非市场资源越具有劣势，企业越倾向于采取搭桥战略，即企业内部非市场资源的优势程度与搭桥战略负相关。

更为具体地，如果企业内部所拥有和控制的资产规模、专门人才、策略技巧、高管政治敏感性、高管人脉关系网络、公众与社会形象、公共事务部门越具有劣势，企业越倾向于采取搭桥战略。

3. 制度资源因素与非市场战略的选择

Meznar 和 Nigh（1995）认为，企业所处外部环境的复杂多变性使得企业采取积极的缓冲战略和搭桥战略。制度理论学者认为，处于转型经济环境中的企业，其外部市场环境虽然有了很大程度上的发展和完善，但企业所需要的某些关键性战略资源仍然由政府控制或掌握。邓新明、刘国华（2010）认为，在转型经济环境下，虽然中国的市场化改革程度不断加深，市场机制不断完善，但是政府手中仍然掌握着企业所需的某些重要资源。Oliver（1991）认为企业在面对制度化环境时，并不总是消极被动的，企业会选择从默许、妥协、避免到抗拒与操纵等不同的应对战略。Guthrie（1997）认为处在转型经济中的企业发展在很大程度上仍然依赖于非市场体系来获取资源。Peng 和 Heath（1996）对计划经济转型中的企业制度、组织和战略选择进行了研究。邓新明等（2010）认为，中国的市场化改革使得企业能够在市场环境中良好地运行，但制度刚性与社会文化对企业的约束却始终存在。Oberman（1993）引入了“制度资源”的概念，用于探求在制度资源情境下的战略与策略的选择问题。这些制度资源不仅包括正式的制度，还包括非正式的制度，之所以把制度引入企业的资源领域，是因为这些制度对于企业的战略来说是相当重要的。正式的制度包括政府制定的法律、法规、行业规范、行业管制等；非正式制度则包括社会风俗、社会规范等。企业可以通过开发、识别、利用这些资源来获取竞争优势。Oberman（1993）认为企业采取政治策略与行为的目的是最大限度地提升企业所拥有的和控制的正式制度资源的价值，或者是阻止其价值的降低。制度资源因其公共物品属性的特征存在，为行业内的所有企业所享有，企业可以拥有但是不能直接控制特定的某些外部方面。叶广宇等（2011）认为，以制度为基础理论的非市场战略的制定与企业所处的外部制度环境是相关联的，企业在制定和实施非市场战略时，应充分考虑企业的外部制度环境的变化和企业能够控制的制度资源。如果企业能够对外部制度环境的变化进行提前的扫描和预测，并对自身的非市场战略和行为进行适当的调整，那么企业可以获取更多的市场机会，能够得到政府更多的政策支持、更多的社会认可。也就是说，企业与其外部制度环境之间是相互影响的，而不仅仅是被动地接受外部环境。叶广宇、黄怡芳（2010）认为，为了获得合法性，企业必须与外部的规则和惯例协调一致，同时由于企业影响力的存在，企业同时会对外部环境和社会产生影响，以确保企业的持续生存。谢佩洪等（2009）认为，企业的外部环境因素类似于企业非市场战略的“触发器”，而组织因素类似于企业非市场战略的“过滤器”，相同的外部环境因素，经过组织这个“过滤器”，会对不同的组织产生不同的影响。这个“过滤器”就是企业所拥有的制度资源的丰富程度、难以模仿性和难以替代性。具体地讲，企业拥有的制度资源越具有优势，那么受到的外部制度环境的影响就越小，对外部制度环境越有影响力。

通过以上对企业制度资源的梳理，外部具有公共物品属性的制度，包括正式制度和非正式制度的某些方面，在企业的影响力存在的前提下，能够被企业所影响和控制，那么可以被企业所拥有或保持的部分就能够成为相较于其他企业的优势的制度资源。也就是说，相同的外部制度环境，经过组织这个“过滤器”，会对不同的组织产生不同的影响，那么这个起“过滤器”作用的要素就是企业的制度资源。因此可进行如下逻辑推理，企业拥有的制度资源越丰富，企业越有可能在政府政策制定中采取积极的非市场战略，最终影响到企业的持续竞争优势。制度资源包括企业在与外部利益相关者的互动过程中积累的无形声誉，与竞争者之间的合作与联盟，行业协会作用的发挥，企业行为被社会公众、政府、新闻媒体认可的程度，行业管制政策，社会对企业期望和要求。这种优势和资源具有排他性和不可替代性，使得企业能够获得独特的竞争优势，使得外部的法律制度和政策、行业管制和规则成为企业的竞争优势资源。企业的外部制度资源优势会影响到企业的非市场战略的选择和制定，企业拥有的制度资源优势越明显，就具有更多的机会参与和接触甚至是影响政府政策的制定进程、政策导向，或是公众的认知。如果企业拥有丰富的制度资源，并且可以驾驭和运用拥有的制度资源，就会在政府的法规、政策制定过程中施加影响，从而影响政府的政策、法规的制定进程，并影响甚至是引导社会公众、新闻媒体等的认知向有利于企业的方向发展。如果企业拥有的制度资源比较匮乏，在与政府、社会公众、新闻媒体等利益集团打交道时缺失必要的策略、技巧，那么企业只能采取适宜的非市场行为，主动满足政府和社会公众、新闻媒体等利益相关者的期望和要求，通过快速识别、反应和迅速行动来满足企业与政府和社会的期望。企业如果拥有竞争对手所难以模仿和替代的制度资源，企业更倾向于采取缓冲战略，即企业主动塑造政府法规和社会规范，影响相关政策的制定进程和政策倾向性，从而使企业的经营免受政府政策和社会环境的影响。企业如果拥有的制度资源很容易被竞争对手所模仿或替代，那么企业更倾向于采取搭桥战略，即企业更多的是倾向于积极适应政府法规和社会环境的变化。据此提出假设：

假设 3.1：企业外部制度资源越具有优势，企业越倾向于采取缓冲战略，即企业外部制度资源的优势程度与缓冲战略正相关。

更为具体地，企业在利益相关者中积累的声誉，与竞争企业之间的合作与联盟程度，行业协会的作用，社会公众、媒体、政府对企业的认同，行业管制政策的变化，社会公众、媒体、政府对企业的期望或要求越具有优势，企业越倾向于采取缓冲战略。

假设 3.2：企业外部制度资源越具有劣势，企业越倾向于采取搭桥战略，即企业外部制度资源的优势程度与搭桥战略负相关。

更为具体地，企业在利益相关者中积累的声誉，与竞争企业之间的合作与联盟程度，行业协会的作用，社会公众、媒体、政府对企业的认同，行业管制政策的变化，社会公众、媒体、政府对企业的期望或要求越具有劣势，企业越倾向于采取搭桥战略。

（三）概念模型的设定

本书所提出的理论模型是根据对上述研究假设的一种形象描述和抽象概括，是对所提出的研究假设的一种简洁表述。为了能够对所提出的研究假设及其理论模型有一种清晰和全面的认识，在此部分主要讨论理论模型的设定、模型设定的理论依据、国内外相关研究成果、理论模型的可行性四个方面的内容。

图 5–4 所示的理论模型是用于说明本书中所提出的研究假设、自变量、因变量和变量结构。模型中的变量分为两类：自变量和因变量。其中自变量包括三个抽象构念：市场资源影响因素、非市场资源影响因素和制度资源影响因素。因变量为企业非市场战略，依据其采取非市场战略的方式分为缓冲战略和搭桥战略。自变量和因变量均为抽象构念，不能直接测量。

理论模型中的 H1.1、H1.2、H2.1、H2.2、H3.1、H3.2 是对本书所提出的六条研究假设的抽象和概括的描述。其中 H1.1 为企业内部市场资源越具有优势，企业越倾向于采取缓冲战略，即企业内部市场资源的优势程度与缓冲战略正相关。更为具体地，企业拥有的实体资源、企业商誉、企业文化和经营理念、营销资源、财务资源和技术资源越具有优势，企业越倾向于采取缓冲战略。H1.2 为企业内部市场资源越具有劣势，企业越倾向于采取搭桥战略，即企业内部市场资源的优势程度与搭桥战略负相关。更为具体地，企业拥有的实体资源、企业商誉、企业文化和经营理念、营销资源、财务资源和技术资源越具有劣势，企业越倾向于采取搭桥战略。H2.1 为企业内部非市场资源越具有优势，企业越倾向于采取缓冲战略，即企业内部非市场资源的优势程度与缓冲战略正相关。更为具体地，如果企业内部所拥有和控制的资产规模、专门人才、策略技巧、高管政治敏感性、高管人脉关系网络、公众与社会形象、公共事务部门越具有优势，企业越倾向于采取缓冲战略。H2.2 为企业内部非市场资源越具有劣势，企业越倾向于采取搭桥战略，即企业内部非市场资源的优势程度与搭桥战略负相关。更为具体

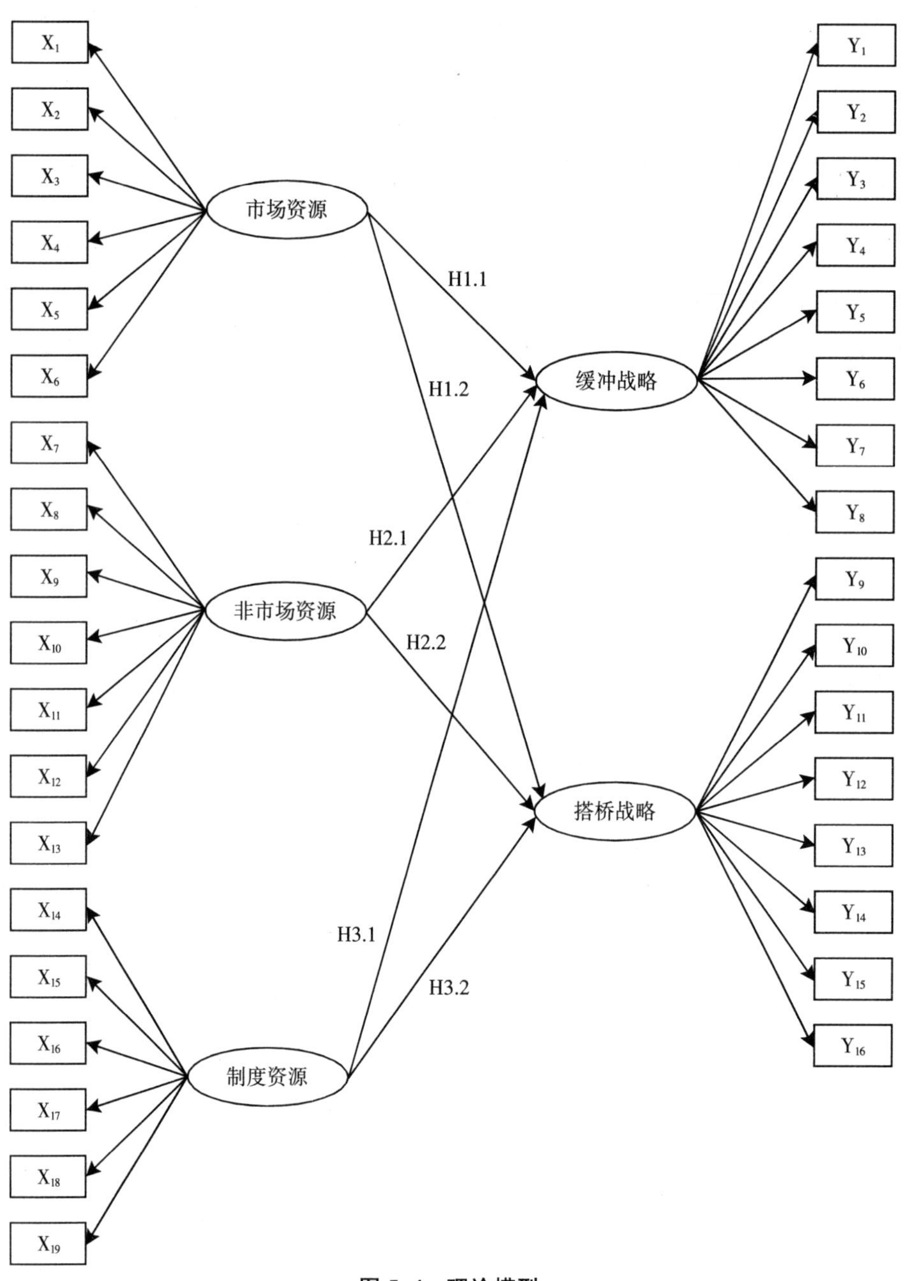

图 5-4 理论模型

地，如果企业内部所拥有和控制的资产规模、专门人才、策略技巧、高管政治敏感性、高管人脉关系网络、公众与社会形象、公共事务部门越具有劣势，企业越倾向于采取搭桥战略。H3.1 为企业外部制度资源越具有优势，企业越倾向于采取缓冲战略，即企业外部制度资源的优势程度与缓冲战略正相关。更为具体地，企业在利益相关者中积累的声誉，与竞争企业之间的合作与联盟程度，行业协会的作用，社会公众、媒体、政府对企业的认同，行业管制政策变化，社会公众、媒体、政府对企业的期望或要求越具有优势，企业越倾向于采取缓冲战略。H3.2 为企业外部制度资源越具有劣势，企业越倾向于采取搭桥战略，即企业外部制度资源的优势程度与搭桥战略负相关。更为具体地，企业在利益相关者中积累的声誉，与竞争企业之间的合作与联盟程度，行业协会的作用，社会公众、媒体、政府对企业的认同，行业管制政策变化，社会公众、媒体、政府对企业的期望或要求越具有劣势，企业越倾向于采取搭桥战略。

市场资源定义为企业内部所拥有和控制的，在市场竞争环境中所积累的有形资源和无形资源，这些资源和能力能够构成企业持续竞争优势。市场资源影响因素包括六个测量指标，在理论模型中由 X_1~X_6 表示，其中 X_1 为实体资源，X_2 为企业商誉，X_3 为企业文化和经营理念，X_4 为营销资源，X_5 为财务资源，X_6 为技术资源。

非市场资源定义为企业内部所拥有和控制的，处理外部利益相关者所具有的策略、技巧、专门知识和技能。非市场资源影响因素包括七个测量指标，在理论模型中由 X_7~X_{13} 表示，其中 X_7 为资产规模，X_8 为专有人才，X_9 为高管政治敏感性，X_{10} 为策略技巧，X_{11} 为高管人脉关系网，X_{12} 为公众与社会形象，X_{13} 为公共事务部门。

制度资源定义为处于企业的外部制度环境中，其资源属性具有某种程度的公共性，是为行业内的企业所共享，但是特定的某些外部方面可以为企业所拥有但是不能被企业所直接控制。制度资源影响因素包括六个测量指标，在理论模型中由 X_{14}~X_{19} 表示，其中 X_{14} 为积累声誉，X_{15} 为合作与联盟程度，X_{16} 为行业协会，X_{17} 为支持认同，X_{18} 为行业管制，X_{19} 为期望要求。

企业的因变量——非市场战略，在模型中依据企业采取的非市场战略方式划分为缓冲战略和搭桥战略。缓冲战略定义为保护企业免受外部环境的影响，包括尽量保护企业内部的运作受到外部环境的干扰和尽量对外部环境施加影响。通过缓冲战略，企业可以抵制外部环境的改变或努力对其施加控制。缓冲战略的目的是企业主动地塑造政府法规和社会环境，从而使企业的经营免受政府政策和社会环境的影响，即缓冲环境对企业正常经营和核心技术的影响（Meznar 和 Nigh，1995）。缓冲战略由八个测量指标构成，在理论模型中由 Y_1~Y_8 表示，其中，Y_1 为公益性广告，Y_2 为公益性活动，Y_3 为公共关系活动，Y_4 为行业协会，Y_5 为行业管制，Y_6 为政府决策，Y_7 为法律法规，Y_8 为政府干预。

搭桥战略定义为企业采取适合的组织活动，以期同外部的期望一致。搭桥战略意味着企业积极地符合和超越行业中的管制要求，或者快速识别变化了的社会期望，以使企业与这些期望相一致。搭桥战略是促使企业内部适应外部环境的改变。搭桥战略的目的是企业积极适应政府法规和社会环境的变化，即促使企业适应和遵守社会契约条款（Meznar 和 Nigh，1995）。搭桥战略由八个测量指标构成，在理论模型中由 Y_9~Y_{16} 表示，其中，Y_9 为公司行为，Y_{10} 为政府行为，Y_{11} 为社会期望，Y_{12} 为最快反应，Y_{13} 为履约机制，Y_{14} 为超越法规，Y_{15} 为政府期望，Y_{16} 为双赢规范。

四、影响因素研究的前提假设

本书是在特定情境——中国特有的转轨经济背景下，对中国企业的非市场战略制定的影响因素进行大样本的实证研究。因此，在构建概念模型时，首先对本文概念模型构建的前提条件进行了限制。

1. 对因变量的前提假设

在中国特有的转轨经济背景下，一个企业要想永久地生存下去，首先，必然要具备存在的合法性。也就是说，一个企业的存在，必须符合国家相关的法律、法规，那么企业的存在才满足最低层次的合法性要求。其次，企业要进行经营运作，必须和政府、社会公众、新闻媒体打交道。政府手中控制着企业所需的关键资源，例如法律、规章制度的制定权和监督权，对企业所需要的某项有形资源（例如土地）的控制权，因此企业必须和政府处理好关系。最后，企业必须处理好和社会公众和新闻媒体的关系，树立良好的企业形象。在大数据时代，企业的相关利益群体数量以指数级的形式增长，已经不能局限于传统意义上的利益相关者了。社会公众、新闻媒体利用现代化的传播手段和强大的舆论压力，很可能使一家企业承担更多的经营成本或者是遭受灭顶之灾。而随着社会公众环保意识的增强，和现实的中国环境——“雾霾”，使得社会公众对环境的关注度史无前例地提高了，这无形中给企业带来了巨大的压力。如果企业在经营运作过程中，对环境造成了一定的负面影响，比如污染了空气、水或排放了废弃物，那么就会遭到社会公众、新闻媒体、环保组织的攻击和打压，必然迫使企业投入更多的资本来更新生产设备或对污染物进行无害化处理。对于一个逐利的企业来说，这必然会影响到企业利润率的多少和企业股东的股利分配。因此假设可持续存在的企业都必然采取非市场战略。

企业在采取非市场战略的动机和方式上存在差异，主要包括两种方式：第一种非市场战略是在非市场事项产生前，或是在非市场事项刚刚产生时。企业实施非市场战略的动机是为了对非市场环境或特定的非市场事项施加影响或控制，从而操纵甚至是控制非市场环境或是事项的发起者，使得企业能够掌握主动权，这是一种有意识的主动性行为。第二种非市场战略是在非市场环境中，非市场事项已经存在了一段时间，企业通过对非市场环境的监控和扫描，同时这种事项的发生确实对企业产生了某种重要的影响，可能是好的影响或是坏的影响。那么企业为了应对这种影响，而必须采取的非市场战略和行为。其中第二种是无意识的行为，有些企业在成立之初，就和政府或新闻媒体等非市场事项或利益相关者存在着千丝万缕的联系。因此，企业和这些非市场环境中的非市场事项打交道是“与生俱来”的，企业所实施的非市场战略和非市场行为已经嵌入在企业的市场战略和市场行为中，成为企业日常工作惯例、流程的一部分了。比如说国有企业从成立之日起，与民营企业、外资企业相比，就已经具有非市场优势了。国有企业在实施这种非市场战略时是潜意识的，或者是内化为企业的日常惯例，并没有刻意地作为企业的非市场战略提出。

2. 外部市场化程度的处理

在西方的市场经济环境和市场经济体制完善的进程中，政府是在市场经济的自由化过程中，对市场环境中无法通过市场机制和市场交换实现的事项进行管制和规制。因此西方经济体制下的市场环境和市场化机制产生的历史比较早，经历了较长历史时期的曲折式发展，如今，已经发展得比较成熟、完善。

不同于西方政府的干预进程，由于中国是市场经济和政府控制同时并存，并且中央政府还将部分权力下放到地方政府，因此地方政府具有一定的自治权。因此一个企业不仅受到该地区的地方政府政策的影响，还要受到中央政府政策与行为的影响，在外部环境制度压力下，企业具有更大的驱动力采取非市场战略和行为。如果某地区政府对该地区的经济控制和市场管制程度较低，那么该地区的企业虽然受到中央政府的政策行为的影响，但是由于地区具有自主权利，因此受地方政府政策和行为的影响比较小，市场机制在该地区可以更好地运转。因此，在外部环境制度压力下，企业更倾向于采取比较规范的市场竞争行为来进行企业的经营运作。

虽然存在着中国地区间的差异性，但是该研究视角是中国企业所具有的资源影响因素的不同，因此将企业所处的地区差异的市场化程度不做考虑。由于各个企业的经营活动可能并不限于某一个地区，因此对多个地区间的市场化程度的比较和衡量目前是难于进行的，并且缺失统一的衡量标准。因此在研究时，同时参考了叶广宇等（2011）和高海涛、田志龙（2007）的研究，对企业的外部市场化程度不做地区间的区分和考虑。

叶广宇等（2011）认为，在中国特色的经济体制改革的转轨过程中，原来由国家统一计划的集权式经济体制到将权力下放到各地区，导致了中国的权力资源分配在地区间存在差异性。这种经济权力分配的地区性差异直接导致了政府行政体制政策、行业管制、行业政策的差异性。高海涛、田志龙（2007）在对我国企业非市场行为的影响因素的实证研究中指出，外部环境的不确定性和各地区间市场化程度的差异均会对企业的非市场行为产生影响。高海涛、田志龙（2007）认为市场化程度是衡量地区间经济自由化程度差异的指标。本书并没有对地区间的差异进行处理，目前在学术界，对于外部市场化程度的处理还没有统一的标准。

3. 企业影响力

企业是社会大系统中的一部分，因此企业与其利益相关者之间的相互关系不仅影响到企业自身的生存和发展，而且影响到整个外部利益相关者，包括政府、地方社区、社会公众、新闻媒体等。在有关非市场战略的早期研究中，其注意力主要集中在政府如何通过行政手段对企业的战略和市场环境施加影响和干预，而很少研究企业与利益相关者之间的相互影响和企业对政府、社会公众、新闻媒体等施加的影响和干预。

企业影响力是指企业通过自身行为改变社会环境和政治环境的力量和能力。正是因为企业对社会、政府机构、当地社区、新闻媒体、公众有影响力，所以企业在进行非市场战略制定与实施时，才是积极主动的，才有可能影响政府政策的制定进程和政策倾向，才有可能对社会公众、新闻媒体等舆论导向产生影响和作用，本书才可以在外部制度环境给定的条件下，将企业所处的制度环境转变为企业的制度资源。

4. 企业所处行业性质和竞争程度

企业所处的行业性质不同，企业所处的非市场环境也就具有中观层次上的差异性。这种差异来自于行业管制程度的大小，行业内企业间竞争的激烈程度。企业所处的行业管制程度越严，对企业所制定的相关政策制度越多，那么处在该行业的企业就具有更多的压力和动机从事非市场战略。当企业所处的行业管制比较松时，企业实施非市场战略的动机和压力就相对比较小。行业的竞争程度是影响企业实施非市场战略的另一个重要因素。

当企业所处的行业处于完全竞争的市场环境中，企业间的竞争就激烈，比如中国的家电市场。此时，企业具有动机和激励去实施非市场战略，因为在完全竞争的市场环境中，任何一个企业的一个举动都会影响到整个行业的竞争格局。但是如果企业所实施的非市场战略，所带来的好处是整个行业受益，那么实施非市场战略的企业就要考虑不采取非市场战略企业的“搭便车”问题，其原因是企业实施非市场战略是有成本的。

如果企业所处的是竞争垄断行业，那么行业内的企业虽然存在着激烈的竞争，但是不同的企业所提供的产品是具有差异性的。差异性的产品和服务使得企业间的竞争并不仅仅表现为价格的竞争，因此，处在竞争垄断行业的企业在实施非市场战略的动机和目的时，需要考虑企业自身所提供的产品和服务在整个行业中所处的地位，如果企业处于领导者或追随者的地位，同时提供的产品具有明显的差异化优势，那么企业就没有动机去主动实施非市场战略，而是当非市场环境中的非市场事项确实对企业的存在产生影响时，企业才有激励去实施非市场战略。而对于行业内处于劣势地位的企业来说，最好的办法就是联合起来实施非市场战略，从而形成对领导者地位的威胁，也增强了自身的讨价还价实力。

对于处于垄断竞争行业的企业控制市场的绝大多数份额，处于这种行业竞争性质的企业，其与非市场环境讨价还价的权利最大。在政府的相关政策制定方面，能够起到信息咨询的作用，同时因为行业内企业数量少，每个企业所占的市场份额都很大，因此最有可能联合起来对非市场环境实施影响。

当企业所处的行业是完全垄断行业时，当然，这是一种极端的情况。比如说自来水公司、供电企业、中国铁路等关系到国计民生的行业，其企业的所有制性质是国有企业。政府完全控制产品的定价，同时政府是企业的实际控制人。处于这种行业的企业，其受非市场环境（比如政府）的影响最大，同时与政府的讨价还价权利也是最弱的，因为其企业性质决定了不能将追求最大利润作为企业存在的目的。

综上所述，企业所处的竞争环境不同，企业采取的非市场战略也不同。但是不论企业所处的竞争环境如何，企业都有实施非市场战略的可能。因为中国企业所处的转轨经济体制决定了企业必须和政府打交道，因此不管是积极主动还是被动的非市场战略和行为都是企业必然要选择的。

5. 成本—收益框架

企业从本质上来讲，其目的是追求利润。因此，企业在从事非市场战略选择时需要考虑成本和支出。同时，企业在实施非市场战略和非市场行为时，也需要投入资源，包括各种有形的资源和无形的资源。只有当企业所获得的预期利润高于企业的成本投入时，企业才会对非市场事项和活动进行资源投资。例如，企业向有关政府部门提供行业发展前景和相关信息，修建公路、捐赠希望小学等。假设预期收益大于成本，而且这种预期收益不仅仅表现为一种短期的财务绩效，还表现为社会绩效的提高、企业竞争优势的获得等，企业才会选择和实施非市场战略。

企业选择和实施非市场战略的目的有两个，即获得财务绩效和社会绩效。社会绩效表现为不能用货币来衡量或是很难用货币衡量的价值增长，这种价值增长最终会使企业获得可持续的竞争优势，其最终体现为企业利润的增长。

企业在发展的过程中为了实现长期发展的目标，既可以采取非市场战略也可以采取市场战略。如果企业采取非市场战略的成本小于企业采取市场战略的成本时，企业将会采取非市场战略。从成本和收益的角度考虑不同的战略选择时，企业的决策应该在具有关于成本和利润的信息假设的条件下进行。

6. 研究视角的选择

林淑、顾标（2007）将对非市场战略研究的视角归纳为：理性视角、政治视角和伦理视角。理性视角强调的是非市场战略的制定及其对企业经济绩效的影响，政治视角强调的是企业与其利益相关者之间的权利平衡与博弈，而伦理视角则强调的是企业公民行为和企业市场行为背后的道德意义和社会影响。

在三种不同的研究视角中，理性视角在非市场战略研究中占据主导地位。本书是在理性视角下，基于企业是追求经济利益最大化的理性组织假设前提下进行的，而没考虑企业的道德内涵。理性视角更多的是以经济人的假设来考虑非市场战略的制定与实施。理性视角下的企业，选择非市场战略的目的是为了获取更大的利润，即使是企业采取社会责任战略，或者是提供了某种具有公共物品属性的服务或产品、设施等，其行为目的也是为了达到企业的战略目标，而实施非市场行为只不过是企业实现战略目的的一种手段。

政治视角下企业的非市场战略行为，主要考虑的是企业与其非市场环境中的各种事项发起者和影响者、被影响者之间的一种利益的平衡，是一种利益相关者之间的权利博弈过程。这种博弈的最终目的是为了达到各种利益相关者之间在利益上的一致性，从而使企业满足其合法性的要求。

政治视角观点认为，企业并不完全具备所需要的各种资源，那些短缺的资源即使是在资源要素市场上也难以获得。因此企业需求助于非市场环境中拥有此种资源的利益相关者，从某种程度上说，企业对非市场环境具有资源依赖性。企业和非市场环境中的利益相关者之间存在着资源互补的关系。企业与利益相关者之间的关系并不仅仅表现为一种依赖关系，还可能表现为资源共享甚至是资源竞争的关系。对于资源共享，企业在处理非市场事项时比较容易达成协议。但是当企业与利益相关者之间的关系是资源竞争时，企业需要付出更多的时间、精力和成本与利益相关者展开资源竞争，同时还要避免和利益相关者之间产生利益冲突和对立。企业只有获得利益相关者的支持和认同才可能存在下去。

伦理视角下的非市场战略更多地表现为企业社会责任战略或企业公民行为。伦理视角认为企业存在的唯一目的不仅仅是为了获取利润。企业对社会具有不可推卸的责任。企业要实现可持续发展，必须为社会做切实的贡献，才能被社会所接受，从而实现可持续发展。伦理视角下的企业，在实施非市场战略和行为时，更多的是一种积极的心态，将企业所承担的社会责任、保护环境、捐赠慈善等看做是企业分内的事情，看做是企业应该履行的义务。所以，伦理视角下的企业不会消极地应对来自于非市场环境的压力，而是寻求与非市场环境的良好关系。此视角下的企业，将企业社会绩效的取得与社会经济绩效的取得看做是一致性的。政治视角和理性视角下所定义的企业，更多的是追求企业的经济绩效，而即使企业所取得的社会绩效也是为企业的经济绩效服务的。

第六章　企业非市场战略实证研究设计

一、变量操作化设计

（一）操作变量设计

本章是对第五章的研究假设部分所提出的抽象构念和研究假设进行实际测量的转化工作，即对名义变量的操作化过程。主要变量有：因变量，包括缓冲战略、搭桥战略；自变量，包括企业内部的市场资源因素、企业内部的非市场资源因素和企业外部的制度资源因素。其中缓冲战略由八个反映型测量指标构成；搭桥战略由八个反映型测量指标构成；市场资源由六个反映型测量指标构成；非市场资源由七个反映型测量指标构成；制度资源由六个反映型测量指标构成。其中所涉及的变量测量均采用李克特五点量表。李克特量表是一种态度量表，由 Rensis Likert（1970）发展而成的，被调查者以同意或不同意对某些态度、对象、事件加以评判。通常李克特量表内容包括 5~7 点。研究者通过对各个问卷项目的分数加总从而获得态度总分。本书选择了 5 点，即从完全不同意、不同意、无意见、同意到完全同意进行评判。完全不同意给予 1 点“评点”，不同意给予 2 点“评点”，无意见给予 3 点“评点”，同意给予 4 点“评点”，完全同意给予 5 点“评点”。这些评点是次序尺度，后面将会对各个变量的含义、指标构成和量表基础进行详细的解释。

1. 被解释变量的选取与测量

企业非市场战略分类的标准，主要包括企业采取非市场战略的方式和企业采取非市场战略的类型两种。这种分类方法是国内外学者在进行非市场战略的测量时普遍使用的一种常用分类方法，该种分类是由 Meznar 和 Nigh（1995）、Blumentritt（2003）提出的，他们把企业的非市场活动分为缓冲战略和搭桥战略。

根据 Meznar 和 Nigh（1995）的观点，缓冲战略是指企业试图对外部环境进行影响和控制，从而阻止外部环境对企业经营运作的干扰。缓冲意味着企业试图避免外部环境对企业造成的不良影响，企业可以通过自身的非市场行为对政治事项和社会事项施加对企业有利的影响；对社会文化和习俗、社会期望的变化进行引导。缓冲战略在实施过程中，通常在非市场环境中的非市场事项还没有完全显现出来，非市场事项的实质性影响还没有产生时，企业就采取事前控制，对事项的发展进程和发展方向加以控制。从本质上讲，是一种事前控制。实施缓冲战略的企业，在日常活动中，对非市场环境进行监控，当出现影响性事项时，就对其施加控制或影响。

根据 Meznar 和 Nigh（1995）的观点，搭桥战略是指企业为了适应外部环境，积极地采取非市场行为，以满足政府和社会等利益相关者的期望，甚至超越其期望和要求。实施搭桥战略的企业，当非市场事项产生时，对事项的发起者、事项影响的利益相关者、发起事项的机构和事项对企业的影响进行快速的评估，对利益集团的期望进行分析，对利益方的权利影响和利益影响进行评估、计算，然后按照影响因子的大小进行排列，以最快的非市场行为对各利益方的期望做出反应。

对于非市场战略的测量，国内外使用的测量有多种不同的方式，但适合于跨制度环境下的研究应该选择缓冲战略和搭桥战略。高海涛、田志龙（2007）在对中国企业非市场战略与行为的影响因素进行实证研究时，同样使用的是缓冲战略和搭桥战略。国内的学者同样使用这种分类的还有叶广宇、黄怡芳（2010）在进行中国跨国企业的非市场战略与东道国环境的关联度研究。叶广宇等（2011）研究企业的资源和成长性与中国跨国公司的海外非市场战略。张轶、王希泉（2009）的基于非市场战略的企业公民行为实证研究。此外，樊帅（2009）在对非市场战略和市场战略的整合研究，高海涛（2006）对中国企业非市场行为的规范和治理研究，薛红霞（2007）对我国企业非市场行为特征的研究，均采用了此种分类。可见，中国学者在进行相关的非市场战略研究时，对非市场战略的划分基本上是一致的。根据研究视角和理论基础以及前人的研究范式，本书对非市场战略分类和测量同样使用了缓冲战略和搭桥战略。

缓冲战略是保护企业免受外部环境的影响，包括尽量保护企业内部的运作不受到外部环境的干扰和尽量对外部环境施加影响。通过缓冲战略企业可以抵制外部环境的改变或努力对其施加控制。对于缓冲战略构念的测量，本书选取了八个测量指标，分别是：从事公益性广告以维护公司的经济利益或社会利益；从事公益性广告，以便和社会事项建立事实上的联系；从事公共关系活动提升企业的社会地位；利用行业协会以便对立法和政策制定进程施加影响；努力减少各级政府部门对本企业所在行业的管制；努力保护企业的经营运作免受政府决策的影响；与中央和地方各级政府积极商讨即将出台的法律和法规；通过各种渠道保护企业行为免受政府干预。

搭桥战略是企业采取适合的非市场行为，以满足政府和社会等外部利益相关者的期望和要求。搭桥战略是企业积极改变自身行为以适应外部环境的变化。

搭桥战略的八个测量指标为：努力按照政府的期望或要求改变企业行为；预测政府立法或规则，以便企业能够快速做出反应并遵守；不断审视社会环境，以确保企业的行为符合社会期望；通常是对社会期望的变化做出最快反应的企业之一；关注立法和管制的发展，以便在立法颁布实施时有履约机制；企业目前的行为实践超越现行法规的要求；努力让地方政府官员知道企业会依照政府的期望做事；与政府一起致力于形成双赢的行业规范。

本书对缓冲战略和搭桥战略的测量是在 Meznar 和 Nigh（1995）研究成果的

基础上，根据中国政治体制环境和中国转型经济背景，对其中的个别不符合中国情境的测量指标进行了适度的调整，以使其符合中国政治制度和经济体制的现实环境。

关于测量量表的产生渠道有两种：一种是自行开发设计量表；另一种是使用现存的量表。自行开发设计的量表优点是，可以完全根据研究需要进行开发设计适合的量表，使每一个测量项目按照被测量构念的定义和维度进行设计。这种量表的设计要求测量者本身具有相当的实力，同时，对测量对象的要求也很高。自行设计量表的缺点是，在学术范围内是否能得到同行的认可，也就是说，量表的权威性问题。考虑到以上特点，在做验证性研究和演绎式研究时，如果有成熟的量表，那最好使用成熟的量表。

使用成熟的量表同样存在着适用性的问题。其中最重要的一个问题就是如果使用外国成熟的量表，那么在使用时，是翻译后直接使用，还是考虑到问卷的调查对象的文化背景或者制度差异，进行适当的修改后使用。张燕等（2008）认为在中国管理研究中，测量量表的开发有四种取向：直接翻译取向、修改取向、去情境化取向和情境化取向。直接翻译取向是指将国外成熟量表直接翻译成中文，在测量中直接使用翻译后的测量量表。修改取向是将直接翻译后的中文测量量表中的测量项目进行适当的修改再做调查。去情境化取向是指量表使用者考虑不同文化环境下的普遍使用性，直接翻译后就能使用，不存在对测量项目理解上的歧义。情境化取向是指量表使用者认为直接使用国外的量表，对被调查者来说，会产生歧义或者是外国测量项目中的某些项目在中国的情境下是不适用的。因此，在使用测量量表时，需要根据被调查对象的文化背景、制度背景对其进行修改，使得测量量表具有本土化的特征，能够准确地测量要测量的构念，测量量表具有很好的建构效度。

本书的背景是中国特有的转轨经济市场环境，这种转轨经济在世界经济体制中具有特殊性和唯一性。因此，作为中国学者，在对国内的管理问题做研究时，如果使用的是国外成熟的量表，那么去情境化取向是比较适当的测量量表使用方法。因此本书所使用的测量量表所持有的一种观点就是去情境化取向。本书在对国外权威测量量表进行使用时，在充分理解国外量表每一个测量项目的意义和目的后，根据中国政治环境和社会环境对测量量表部分测量项目内容进行了适当的修改。研究的被解释变量定义和操作变量设计见表 6–1。

表 6–1　被解释变量的定义和操作变量设计

因变量	定　义	操作变量设计
缓冲战略	保护企业免受外部环境的影响和尽量对外部环境施加影响	从事公益性广告以维护公司的经济利益或社会利益
		从事公益性广告，以便和社会事项建立事实上的联系
		从事公共关系活动以提升企业的社会地位
		利用行业协会以便对立法和政策制定进程施加影响
		努力减少各级政府部门对本企业所在行业的管制
		努力保护企业的经营运作免受政府决策的影响
		与中央和地方各级政府积极商讨即将出台的法律法规
		通过各种渠道保护企业行为免受政府干预
搭桥战略	企业积极改变自身行为以适应外部环境的变化	努力按照政府的期望和要求改变企业行为
		预测政府立法或规则，以便企业能够快速做出反应并遵守
		不断审视社会环境，以确保企业的行为符合社会期望
		通常是对社会期望的变化做出最快反应的企业之一
		关注立法和管制的发展，以便在立法颁布实施时有履约机制
		企业目前的行为实践超越现行法规的要求
		努力让地方政府官员知道企业会依照政府的期望做事
		与政府一起致力于形成双赢的行业规范

2. 解释变量的选取与测量

本书对于自变量的界定，超越了传统的资源基础理论，只重视企业内部资源的局限性，同时将企业的制度理论中的“制度”这一外生给定的具有公共物品属性的制度约束与影响纳入资源的范畴，将企业能够驾驭和控制的“制度”看做是企业所拥有和控制的制度资源。同时将企业的内部资源划分为市场资源和非市场资源两种类型，并且将制度资源作为企业相对于内部资源的外部资源，其某些外部方面可以被企业所拥有但不能直接控制。

本书将市场资源定义为传统意义上的资源基础理论中对资源的分类，包括企业内部在市场上积累的有形和无形资源，能够形成企业持续竞争优势的企业内部资源和能力，其价值性是以企业的经济绩效为衡量标准的。同时考虑到中国转型的经济背景，将市场资源因素划分为六个反映型指标和维度，分别是实体资源、企业商誉、企业文化和经营理念、营销资源、财务资源和技术资源。

对企业非市场资源的定义和维度划分在参考了 Baron（1995）和 Boddewyn（1988）的研究成果，并沿用了 Boddewyn（1988）对于内部非市场资源和外部非市场资源的分类，将本书中的非市场资源界定为企业内部所拥有和控制的处理外部利益相关者所具有的策略、技巧、专门知识和技能。外部利益相关者包括政府、新闻媒体、激进主义团体、顾客、社会公众等。同时将本书的非市场资源因素划分七个反映型指标和维度，分别为资产规模（邓新明，2008）；企业处理外部利益相关者的专门人才（Baron，1995）；处理外部利益相关者的策略技巧（Baron，1995）；企业对外部环境的敏感性（邓新明，2008）；企业高管的人脉关系网络（Boddewyn，1988）；企业因为负责任行为所具有的公众与社会形象（Baron，1995）；企业处理公共事务部门（Lenways 和 Rehbein，1991；谢佩洪等，2009）。

对制度资源的定义是依据 Boddewyn（1988）的研究成果，认为企业的制度资源是指处于企业外部环境中的制度资源，这种资源具有公共属性，是为行业内的所有企业所共享，某些企业可以拥有但是不能直接控制特定的某些方面。在中国转型经济背景下，市场资源分配机制、法律、规范并不完善（Peng，2003），因此，企业的外部制度资源作为一种正式制度的替代在转型经济国家是一种特殊的现象。邓新明（2008）在中国转型经济背景下，将我国企业的制度资源维度划分为与企业与外部利益相关者互动过程中积累的无形声誉，与企业的竞争者之间的合作与联盟，行业协会作用的发挥，企业行为被社会公众、政府、新闻媒体认可的程度，行业管制政策，外部利益相关者对企业的期望和要求。根据本书的需要，将邓新明（2008）对制度资源因素的研究成果应用于本书。本书中的制度资源划分为六个反映型指标和维度。表 6-2 是对三个自变量的操作变量设计。

（二）变量的属性设计

变量的属性设计是从变量的外延角度来看，变量是属性的逻辑集合（李怀祖，2003）。本书在对变量（包括自变量和因变量）的属性进行设计时，依据三

表 6–2　各自变量的操作变量设计

市场资源因素	实体资源（比如设备的规模、技术及灵活性等）
	企业商誉（比如品牌知名度、产品美誉度）
	企业文化与经营理念
	营销资源（例如，营销经验、顾客管理、新市场开发能力、应急和危机管理等）
	财务资源（比如企业的融资能力、资金的再生能力）
	技术资源（比如创新能力、企业专利和专有技术、经营诀窍等）
非市场资源因素	总资产规模在行业内的相对位置
	处理与政府、新闻媒体、社会公众等利益相关者的专门人才
	政府、媒体、社会公众等相关利益者打交道的策略与技巧
	企业对外部环境的敏感性（政治环境和社会环境）
	企业高管及员工的人脉与社会关系网
	企业的公众与社会形象
	企业具有处理社会事项和政治事项的部门
制度资源因素	与外部利益相关者互动过程中积累的无形声誉
	与企业的竞争者之间的合作与联盟
	行业协会作用的发挥
	企业行为被社会公众、政府、新闻媒体认可的程度
	行业管制政策
	外部利益相关者对企业行为的期望和要求

个原则进行逻辑集合的划分：一是完备性，即研究中每个变量的观测值都可以归入其中的某个属性；二是独立性，即研究中每个变量的观测值只能归入其中的某个属性中，不存在一个变量的观测值同时可以归入两个或两个以上的属性中；三是等级一致性，即变量的各属性要符合同一逻辑等级的要求，不能存在包含或上下等级存在同一属性集合内（李怀祖，2003）。

自变量的选择从资源的角度来看，依据其完备性、独立性和等级一致性的原则，将企业的资源划分为市场资源因素、非市场资源因素、制度资源因素。第一，这种资源分类符合属性设计中的完备性原则。首先，对资源进行分类的逻辑集合是市场资源和非市场资源。其次，由于其特殊性，一部分非市场资源可以被企业完全掌握和控制，而另一部分非市场资源由于具有公共物品属性，并不能被企业直接拥有和控制。因此，依据企业对非市场资源控制的程度划分为内部非市场资源和外部非市场资源，其中内部非市场资源是可以由企业完全拥有和控制的，外部非市场资源由于其所处的环境为外部制度环境，具有公共物品属性，并不为某一企业所独有，企业在某种程度上可以拥有某些部分，我们将其称之为制度资源。因此本书对市场资源、非市场资源和制度资源的划分，第一，符合完备性的要求。第二，符合变量属性独立性原则。任何一种资源都可以明确地划入其中的某一个资源属性集合内。第三，符合等级一致性原则。不论是市场资源、非市场资源还是制度资源，从其拥有和控制的主体和载体来说，都是处于企业这个层面来考察的。

（三）变量的尺度选择

变量的测量实质上是对变量的属性进行测量，变量的尺度选择是以变量的属性特点为依据进行的尺度选择。本书对变量属性的测量选择的是定距尺度。选择定距尺度作为对抽象构念进行测量依据的是本书构念的特性。本书的自变量不仅包括有形资源，同时也包括无形资源。无形资源包括：企业的声誉；高管的社会背景；企业的经验和技巧等。对于因变量的测量则是对企业采取的非市场战略的方式进行的，变量的属性没有绝对的零点，测量属性决定了只能选择定距尺度，即对企业高管人员的态度进行测量。其中，自变量和因变量的属性设定为“1~5”用于表示变量属性的效用值。1 表示完全不同意，2 表示不同意，3 表示中立，4 表示同意，5 表示完全同意。

二、研究方法和数据收集

（一）问卷调查法的选择依据

统计调查在社会学中的作用是不容置疑的。虽然大数据时代的来临不可逆转，但是在应用的技术上、思想上和隐私安全等方面的问题解决还尚需时日。因此，对总体进行调查和进行数据收集时，现有水平还不能完成。本书在数据收集、整理和分析过程中仍然采用统计分析方法，用部分样本数据来推断总体特征。

统计工作中，数据的收集方法有一手数据和二手数据。一手数据是直接对调查对象进行调研，收集所需要的相关数据和信息，其特点是没有经过人为加工，数据的收集目的是直接为本研究服务的。二手数据的收集是指直接从第三方数据机构或企业网站等公开机构获取数据，这类数据的特点是已经经过简单的加工和整理。这类资料能在一定程度上说明调研对象的特征。本书在数据收集阶段使用的是一手资料，更为具体地使用的数据收集方法是问卷调查法。问卷调查法与其他方法相比具有以下几个特点：首先，问卷调查可以获得相对比较多的样本。问卷调查对调查对象的数据收集相比于面对面的访谈来说，突破了地域上的限制，节约了时间、人力、物力和财力。通过对调查对象邮寄问卷的形式，使得样本量得以增大。其次，问卷调查获得的数据可以用于定量分析。相对于扎根研究方法和案例研究方法，问卷调查获得的数据资料可以比较容易地转化为可以量化的数据资料，从而进行统计学意义上的比较精确的定量分析。而扎根研究方法和案例研究方法得到的大多数是质性资料。因此，考虑到本书需要，使用问卷调查作为数据收集的方法。

问卷调查法也有其局限性。首先，问卷调查中的项目都是预先设计好的，这对于分析的精确性是一个很好的保证，但是对于发现自变量之外的对因变量的影响因素是一个缺陷，因为自变量和因变量之间的关系已经预先设定了。其次，是用部分样本数据代替总体来进行统计分析，必然存在着研究的误差。为了将误差降低到最小，在进行问卷设计时，需要进行问卷的信度和效度检验。最后，被调研者有时很难对问卷中的项目完全理解或是很难客观地回答问卷中的项目，因为每个人都是带有主观意识和情感的，这是不可避免的。

本书选择问卷调查法作为数据观测和数据收集的方法，其目的是对第五章所提出的研究假设进行实际的数据收集，这是对所提出的研究假设进行验证的起始性工作。选择问卷调查法作为实证研究中数据收集的方法，其依据是数据收集要完全按照研究假设的要求，有针对性地选择研究方法（李怀祖，2003）。根据研究假设，研究对象是以中国转型经济背景下的企业作为分析单位，将异质性企业所具有的异质性资源作为企业非市场战略制定与实施的影响因素。运用统计分析方法，比较实际所收集到的数据所显示的变量间的关系与研究假设的一致程度，从而对研究假设进行验证。因此，依据本书的假设和研究对象，本书的调查对象是企业的高层管理人员，只有高层管理人员才能对企业的非市场战略的制定与实施具有决策性的影响，必然对企业的非市场战略与行为及其影响因素有一个清晰的、准确的和总体上的把握。

非市场战略和企业异质性战略资源的测量对于企业来说可能涉及一些敏感信息或企业机密信息，因此在企业公开的网站、新闻媒体、企业年报等公开信息中并不能完整而准确地获得，不能通过二手数据获得准确的信息。而实验研究是一种要求对实验的实施条件进行控制的数据获得方法，要求对一些外生干扰变量进行控制，甚至是对研究对象进行实验控制，这对本书假设和调查对象来说是很难操作的。本书的研究目的是在中国转型经济背景下，对中国企业的非市场战略的影响因素进行分析，以期得到普适性的结论，因此对样本的容量来说，要求样本企业数量相对较多，而实验研究所能获得的数据是有限的，并且很难让被调查样本企业的高管人员在同一时刻出现在实验场地，这在现实中是很难实现的。由于本书旨在通过在中国转型经济下，对中国企业的大样本研究得出普遍适用性的结论，同时将本书结论与西方学者的研究成果进行对比。本书选择问卷调查法作为数据收集的方法。

（二）问卷调查法的选择过程及问卷构成

1. 问卷调查法的选择过程

问卷调查法中测量量表的选择主要是通过以下几个阶段完成的：第一阶段是决定自行设计测量量表还是使用已有的成熟量表；第二阶段是选择国内成熟的测量量表还是选用国外成熟的测量量表；第三阶段是对西方成熟测量量表在中国转型经济背景下进行适合中国情境下的修改；第四阶段是对修改后的测量量表进行预测试，对其信度和效度进行检验。

第一阶段，是否选择自行开发设计测量量表，主要考虑的因素是现有的量表能否满足研究的需要。如果现有的量表能够满足研究需要就应该选择现有的成熟量表。选择现有成熟量表有两个好处：一是量表一般具有较高的信度和效度。测量量表的质量直接影响着调查对象在填写测量问卷时的态度和行为（陈晓萍等，2008）。而衡量测量量表质量好坏的一个标准是量表的信度和效度，所以使用成熟测量量表的风险较小（陈晓萍等，2008）。二是在文献中被反复使用的量表具有很高的认可度，可以得到学术界相关研究领域学者的认可。通过对相关研究问题的文献检索后发现，目前对于非市场战略影响因素的研究，普遍使用已有的成熟测量量表。

第二阶段，是选择国内成熟的测量量表还是选用国外成熟的测量量表。同样通过对国内外相关文献的检索发现，目前中国学者在进行非市场战略影响因素研究时，绝大部分使用国外成熟的测量量表，原因有两个：一是非市场战略研究在中国尚处于一个崭新的领域，相比较于西方的研究成果，中国的相关研究成果比较少。二是为了更好地与国际学术界接轨，使得有关非市场战略的研究成果能够与国际学术界进行交流，因此本书选择国外成熟的测量量表。

第三阶段，是对国外成熟量表在中国转型经济背景下进行适当的修改。因为本书使用的是国外成熟的测量量表，由于权威的量表主要来自于西方制度环境下的研究成果，因此首先需要在中国转型经济环境下对量表的测量指标进行一定的调整。主要解决存在的下列问题：一是文化上的局限性；二是语言上的局限性；三是时间上的局限性（陈晓萍等，2008）。现有的关于非市场战略的测量量表的研究成果主要来源于西方学者的研究成果，因此其测量量表也是在对西方企业进行观察和测量的基础上得到的，存在着跨文化上的局限性。在使用西方测量量表对中国转型经济背景下的非市场战略进行测量时，充分考虑到了中国文化的独特性和西方理论与测量量表的局限性。在最大限度地保持测量量表中的测量项目时，对其中的极特殊测量项目进行了中国情境下的修改，在这个部分也同时参考了国内学者对该测量量表的修改成果。而对于语言上的局限性，主要是采取了量表的双向翻译完成的。

第四阶段，是对修改后的测量量表进行预测试。研究者无论是使用已有的量表或修改已有的量表使之适用于当前的研究情境，都需要进行预测试，对修改后的量表进行严谨的验证，对问卷的信度、效度进行分析。

本量表的选取是基于中西方已有量表的基础上进行的修正，因此从本质上并不是开发一个新的量表，对于因变量——企业非市场战略测量项目，其量表来源主要是学者 Meznar 和 Nigh（1995）的成熟量表。因此，鉴于 Meznar 和 Nigh（1995）研究的权威性，本书也将其作为问卷量表的来源，同时参考了叶广宇、黄怡芳（2010），叶广宇等（2011），张铁、王希泉（2009）的量表，因为他们都对该量表进行了中国情境下的修正，其测量项目比较符合中国的情境。而对于自变量——企业资源的测量则主要是参考了邓新明（2008），邓新明、刘国华（2010）的测量量表，其量表中对于资源的分类是在中国转型经济背景下的，适合本书需要。

2. 问卷构成

本问卷的组成部分主要包括：首先是前言部分。前言部分说明本问卷的研究目的、研究内容和研究者的一些相关信息，以及指导被调查对象如何填答问卷，同时声明对问卷调查者的相关信息进行严格的保密，解除被调查对象的顾虑。其次是问卷的正文部分。主要包括三个方面的内容：一是被调查者的个人情况；二是客观事实性问题，包括企业的规模、企业性质、企业所属的行业等；三是态度性问题，指被调查者对企业实施的非市场战略与行为、对企业的资源拥有状况的态度调查。

（三）问卷发放与回收

由于所使用的调查问卷中的构念是国内外成熟的量表，考虑到在中国的情景下和部分构念测量项目的不可获得性，因此本书在进行大规模的测试前，首先对量表进行了预测试。在问卷翻译阶段，组织了九名具有专业知识和外语能力的人员对量表进行了翻译，然后将九份翻译成中文的调查问卷进行比对，对有歧义的测量项目进行讨论，经过如此反复，最终形成适用中国转型经济背景的调查问卷。

考虑到问卷的填写对象是企业的高管人员，在对测量样本进行选择时，主要选择在职的有长期管理经验的中高层管理者为主要调查对象，为了使样本的选取更具有说服力，在发放问卷时尽可能覆盖到更多的不同地区、不同行业的企业，从而保证样本结构的合理和样本代表性。问卷的发放与回收主要通过 E-mail 方式。选择利用互联网方式进行问卷调查与回收具有很多优点，不仅可以节省时间和减少成本，而且采用互联网方式可以不受企业所在地区的限制。

此次调查共发放问卷 500 份，最后共回收了 363 份，回收率为 72.6%。其中有效问卷数量为 303 份。有效问卷的衡量标准是调查问卷中的所有测量项目都填写完整，不存在漏项。所有测量指标均采用李克特五点量表，要求被调查者对每个测量指标的同意程度进行打分（1 表示非常不同意，2 表示不同意，3 表示中立，4 表示同意，5 表示非常同意）。李克特量表的各个尺度之间一般是等距的。研究表明，李克特五点量表的 Cronbach’s a 值最大，因此建议使用李克特五点量表。

问卷的发放与收集历时 7 个月。由于考虑到采用的是互联网进行问卷的发放与收集，因此问卷的回收率和有效问卷信息受到一定的影响。在对样本企业的高管进行问卷发送前，首先尽可能地通过电话与被访问高管进行沟通，在经过对方许可后，再进行问卷的发放。如果一周内被调查者并未进行有效的回复，通过电话进行确认是否收到问卷，如果收到，请求被调查者尽快返回问卷，如果没有收到，则再发送一份问卷。为了保证问卷信息和填写内容的准确性，在收到问卷后与被调查者进行面对面的访谈或电话式访谈。其中面对面访谈的样本数为 86 个，电话访谈样本数为 217 个。访谈的时间由 1 小时到 1.5 小时不等。在与被调查对象访谈后，通过可以获得的二手数据对调查问卷进行了验证，二手数据的主要来源是企业的官方网站、新闻媒体报道、企业年报、中国企业家协会官方网站等。

问卷在回收后，首先将问卷中的数据信息录入计算机，转化成可以进行数据处理的形式。本书首先使用 SPSS17.0 统计分析软件对问卷中的测量指标进行变量的定义，包括变量的名称、类型、属性、变量的测量级别等。由于使用的是李克特五点量表，所以，对于态度量表中的测量项目在进行定义时，使用的是次序级数据类型。而与测量项目中涉及绝对数据时，将测量项目定义为比率级数据，例如企业员工人数、企业成立年限等。其次是数据的录入工作，每张调查问卷是一条记录。数据录入完成后，对录入的数据信息与问卷内容进行核对，以便录入的数据信息和问卷内容相一致。303 份有效调查问卷全部录入系统后，将数据信息进行保存，以便后期使用。

三、研究对象和样本结构

（一）研究总体和抽样方法

1. 研究总体

研究总体是中国转轨经济背景下的企业。对于样本企业所属行业的确认，参照了国家统计局颁布和解释的《国民经济行业分类标准》（GB/T 4754—2011）中一级分类子目录下的 20 个大行业作为本书的行业分类标准。

虽然研究总体是企业，但是对所需的有关样本企业的数据则是通过企业的高管人员所做的问卷调查进行收集的。选择高管人员作为问卷调查的对象，主要是因为企业高管对整个企业的未来发展和战略制定有一个总体的把握，他们处于企业金字塔的最高层级，对企业的战略制定和战略规划具有决策权，高管人员对企业的组织目标进行明确的设计与规划，制定实现既定目标的战略，并对企业所处的外部环境进行监督与解释，对影响整个组织的问题进行决策。

目前对于高管人员的界定还没有明确统一的标准。《关联方交易》会计准则将高管人员定义为董事长、董事、总经理、总会计师、财务总监、主管各项事务的副总经理，但不包括监事。《国务院关于股份有限公司境外募集股份及上市的特别规定》界定的高管人员指董事、监事、经理、财务负责人、董事会秘书和规章规定的其他高管人员。2006 年开始实施的《公司法》对高管人员的界定包括公司的经理、副经理、财务负责人、上市公司董事会秘书和公司章程规定的其他人员。从现有文献来看，国内学者在研究高管人员时主要有两种划分方式。第一种对企业高管的定义范畴比较狭窄，仅仅将董事长和总经理作为企业的高管人员。第二种对高管人员的范畴划分比较宽泛，对其职责不加区分，研究对象包括董事会成员、监事会成员、总经理、副总经理、财务总监、总工程师、总经济师、总农艺师、董事会秘书等。本书将高管人员界定为：董事长、董事、总经理、主管各项事务的副总经理。

2. 抽样方法

本书采取简单随机抽样。随机抽样是指按照随机的原则从总体中抽取部分个体进行调查，利用这部分个体的数据特征来推断总体数据特征的一种统计分析方法。所谓的随机原则是指总体中的每一个个体都有同等机会被抽中。在样本选取过程中完全不受个人主观因素的影响。随机抽样是指在对调查样本的选取过程中，研究总体所包含的所有个体都具有相同的和相互独立的机会被选为样本，或者说研究总体所包含的所有个体被选取的概率大小相同，而且总体中的个体之间不存在相互影响。随机抽样是一种简单的获取有代表性样本的方法，包括随机抽样在内的所有抽样方法都不能保证样本具有完全代表总体的特点，但随机抽样获得有代表样本的概率机会还是比较高的。随机抽样的优点是所选择的个体样本之间或样本和总体之间的差距较小，且不存在非系统偏差（李怀祖，2003）。

（二）样本规模和样本结构

对样本规模即样本的大小进行确定时，主要考虑到三个方面的因素，一是本书的需要。由于管理研究中的抽样研究是用样本的特征来推断总体的特征，而且本书是通过实证数据进行理论验证，所以要求企业的样本要具有一定的容量。因此为了得到普适性的结论，样本容量理论上越大越好。二是研究对象的总体规模和内部异质性对样本大小的影响。研究对象总体规模较大时，要求样本数多一些比较好，但是研究对象总体规模较小时，也要求样本具有一定的规模。内部异质性大的研究对象总体要求的样本数较多，内部异质性较小的研究对象总体需要的样本数相对来说要小一些。三是研究课题资源的制约。任何一项研究都要投入必要的人力、物力和财力，同时受到数据收集时间的限制，因此这些资源也制约着样本数的多少。目前，学术界对于样本数的多少并没有给出一个确定的数目，但是大多数学者都认为样本数大于等于 30 个就可以做研究。本书的有效样本数已达到 303 个，符合最小样本数的要求。

当回收的有效样本数达到 100 个时，首先对调查问卷的信度和效度进行了检验。在这个过程中，其目的是删减一些不满足概念一致性条件的测量项目。主要包括定性和定量两个阶段。在这个阶段主要是使用 SPSS17.0 做样本的信度分析和效度分析。然后用剩余的 203 份问卷做验证性分析——使用结构方程模型，本书的构念与其测量指标间是反映型关系，因此可以使用结构方程模型做验证性分析。此阶段的样本的描述性统计如表 6–3 所示。

表 6–3　样本企业所有制类型分布（N=100）

样本企业所有制类型	频　率	百分比	有效百分比	累积百分比
国有独资	7	7.0	7.0	7.0
国有控股	1	1.0	1.0	8.0
股份制（非国有独资或国有控股）	31	31.0	31.0	39.0
民营企业	39	39.0	39.0	78.0
合资企业	16	16.0	16.0	94.0
外商独资企业	6	6.0	6.0	100.0
合计	100	100.0	100.0	

从表 6–3 可以看出，企业高管所在的行业分布基本上涵盖了企业所有制的各种类型。包括国有企业、股份制企业、民营企业、合资企业和外商独资企业。其中，民营企业和股份制企业所占的比例比较高，这符合中国转轨经济背景的现实。随着中国经济体制由计划经济体制转变为市场经济体制，在这一过程中，国家的调控范围和调控深度逐渐放宽，将更多的决策权交由市场经济体制。那么在企业所有制的构成中，民营企业所占比为 39%，股份制企业占比为 31%，占所有制比重大是对客观现实的真实反映。在前提假设中，并没有将企业所有制类型对企业非市场战略的影响考虑进去，原因是研究的理论视角和分析工具所使用的是

资源基础理论。但是我们从表 6-3 中可以看出，虽然没有对企业的所有制类型做区分，但是在样本选取上基本包含了各种类型的所有制类型。因此研究结论在一定统计学意义上，对各种类型的企业所有制类型具有普遍适用性。

从表 6-4 可以看出，样本企业的行业分布从制造业、服务业、金融产业、文化产业到高科技产业都涵盖了。不同的行业所处的非市场环境有细微的差别，但是其基本的环境特征都是中国转轨经济背景，调查问卷基本上涵盖了各行各业的企业。其中制造业企业所占的比重最大，为 28%，这符合我们中国转轨经济背景下的现实。

表 6-4　样本企业行业分布（N=100）

样本企业行业	频　率	百分比	有效百分比	累积百分比
电力、燃气及水的生产和供应业	4	4.0	4.0	4.0
教育	1	1.0	1.0	5.0
金融业	4	4.0	4.0	9.0
租赁和商务服务业	8	8.0	8.0	17.0
房地产业	9	9.0	9.0	26.0
卫生和社会工作	1	1.0	1.0	27.0
制造业	28	28.0	28.0	55.0
建筑业	5	5.0	5.0	60.0
批发和零售业	9	9.0	9.0	69.0
交通运输、仓储和邮政业	8	8.0	8.0	77.0
住宿和餐饮业	7	7.0	7.0	84.0
信息传输、软件和信息技术服务业	3	3.0	3.0	87.0
居民服务、修理和其他服务业	4	4.0	4.0	91.0
科学研究和技术服务业	1	1.0	1.0	92.0
文化、体育和娱乐业	8	8.0	8.0	100.0
合计	100	100.0	100.0	

从表 6-5 可以看出，企业的员工人数可以作为衡量一个企业规模大小的重要因素。问卷中企业的规模是作为市场资源的一个测量项目提出来的。

表 6-5　样本企业职工人数（N=100）

样本企业职工人数	频　率	百分比	有效百分比	累积百分比
300 以内	3	3.0	3.0	3.0
301~500 人	7	7.0	7.0	10.0

续表

样本企业职工人数	频　率	百分比	有效百分比	累积百分比
501~800 人	9	9.0	9.0	19.0
801~2000 人	23	23.0	23.0	42.0
2000 以上	58	58.0	58.0	100.0
合　计	100	100.0	100.0	

从表 6-6 企业的成立年限中可以看出，既有处于企业生命周期早期的企业，也有处于成长期的企业，企业的成立年限大于等于 7 年的企业所占的比重为 79%。从中可以看出，所调研的企业都是处于企业生命周期的成熟期阶段，在从事市场战略和非市场战略时比较稳定。处于成长期的企业（0~3 年），因为企业尚未度过危险期，所以其在从事非市场战略时不具有稳定性。

表 6-6　样本企业成立年限（N=100）

样本企业成立年限	频　率	百分比	有效百分比	累积百分比
0~3 年	1	1.0	1.0	1.0
4~6 年	20	20.0	20.0	21.0
7~10 年	17	17.0	17.0	38.0
11~15 年	24	24.0	24.0	62.0
16~20 年	23	23.0	23.0	85.0
21~25 年	8	8.0	8.0	93.0
26~30 年	3	3.0	3.0	96.0
30 年以上	4	4.0	4.0	100.0
合计	100	100.0	100.0	

从表 6-7 可以看出，被访者所担任的职务中，总经理的人数占到了被调查者的 50%，在企业的日常事务管理中，总经理所处理的事务最多，既是决策制定

表 6-7　被访问者所担任的职务（N=100）

被访问者担任职务	频　率	百分比	有效百分比	累积百分比
董事长	6	6.0	6.0	6.0
董事	25	25.0	25.0	31.0
总经理	50	50.0	50.0	81.0
副总经理	18	18.0	18.0	99.0
其他（请注明）	1	1.0	1.0	100.0
合计	100	100.0	100.0	

者，又是决策执行者，因此，相较于其他高管，比如董事长、董事、副总经理来说，其对企业实施非市场战略的资源影响因素和企业实施非市场战略的类型与行为有更为深层次的理解。因此，本问卷中总经理的比重占被调查者的一半，提高了问卷的质量。

从表 6-8 可以看出，所占比率最大的是高管，其直接管理人数在 10 人以下。实践证明，管理人数少于 10 人的，高管的管理效率最高，占样本的 58%。

表 6-8 被访问者直接管理的下属人数（N=100）

被访问者直接管理的下属人数	频 率	百分比	有效百分比	累积百分比
10 人以下	58	58.0	58.0	58.0
10~30 人	23	23.0	23.0	81.0
31~50 人	6	6.0	6.0	87.0
51~100 人	1	1.0	1.0	88.0
101~300 人	8	8.0	8.0	96.0
301~1000 人	4	4.0	4.0	100.0
合计	100	100.0	100.0	

通过对问卷的探索性因子分析后，进行验证性因素分析和假设检验的样本数为 203 份，这 203 份样本企业的统计资料如表 6-9 所示：

表 6-9 样本企业所有制类型分布（N=203）

样本企业所有制类型	频 率	百分比	有效百分比	累积百分比
国有独资	8	3.9	3.9	3.9
国有控股	1	0.5	0.5	4.4
股份制（非国有独资或国有控股）	64	31.6	31.6	36.0
民营企业	77	37.9	37.9	73.9
合资企业	35	17.2	17.2	91.1
外商独资企业	18	8.9	8.9	100.0
合计	203	100.0	100.0	

表 6–10　样本企业行业分布（N=203）

样本企业行业	频　率	百分比	有效百分比	累积百分比
电力、燃气及水的生产和供应业	4	2.0	2.0	2.0
教育	1	0.5	0.5	2.5
金融业	4	1.9	1.9	4.4
租赁和商务服务业	17	8.4	8.4	12.8
房地产业	9	4.4	4.4	17.2
卫生和社会工作	1	0.5	0.5	17.7
制造业	82	40.4	40.4	58.1
建筑业	17	8.4	8.4	66.5
批发和零售业	14	6.9	6.9	73.4
交通运输、仓储和邮政业	17	8.4	8.4	81.8
住宿和餐饮业	12	5.9	5.9	87.7
信息传输、软件和信息技术服务业	3	1.5	1.5	89.2
居民服务、修理和其他服务业	13	6.4	6.4	95.6
科学研究和技术服务业	1	0.5	0.5	96.1
文化、体育和娱乐业	8	3.9	3.9	100.0
合计	203	100.0	100.0	

表 6–11　样本企业职工人数（N=203）

样本企业职工人数	频　率	百分比	有效百分比	累积百分比
300 以内	15	7.4	7.4	7.4
301~500 人	16	7.9	7.9	15.3
501~800 人	31	15.3	15.3	30.6
801~2000 人	46	22.7	22.7	53.3
2000 以上	95	46.7	46.7	100.0
合计	203	100.0	100.0	

表 6–12　样本企业成立年限（N=203）

样本企业成立年限	频　率	百分比	有效百分比	累积百分比
0~3 年	5	2.5	2.5	2.5
4~6 年	38	18.7	18.7	21.2
7~10 年	26	12.8	12.8	34.0
11~15 年	51	25.1	25.1	59.1
16~20 年	42	20.7	20.7	79.8

续表

样本企业成立年限	频　率	百分比	有效百分比	累积百分比
21~25 年	17	8.4	8.4	88.2
26~30 年	12	5.9	5.9	94.1
30 年以上	12	5.9	5.9	100.0
合计	203	100.0	100.0	

表 6-13 被访问者所担任的职务（N=203）

被访问者担任职务	频　率	百分比	有效百分比	累积百分比
董事长	11	5.4	5.4	5.4
董事	60	29.6	29.6	35.0
总经理	88	43.3	43.3	78.3
副总经理	43	21.2	21.2	99.5
其他（请注明）	1	0.5	0.5	100.0
合计	203	100.0	100.0	

表 6-14 被访问者直接管理的下属人数（N=203）

被访问者直接管理的下属人数	频　率	百分比	有效百分比	累积百分比
10 人以下	82	40.39	40.39	40.39
10~30 人	50	24.63	24.63	65.02
31~50 人	22	10.84	10.84	75.86
51~100 人	5	2.46	2.46	78.32
101~300 人	22	10.84	10.84	89.16
301~1000 人	22	10.84	10.84	100.00
合计	203	100.00	100.00	

如表 6-9 至表 6-14 所示，调查对象涵盖的范围包括所有制类型、行业分布、企业规模（样本企业职工人数）、企业所处的生命周期阶段（企业成立年限）、企业高管的分布和被访问者直接管理的下属人数等各个方面。在对调查对象进行统计分组时，我们充分考虑了本书的研究目的、研究任务和数据收集方法。在选择分组标准时，充分考虑了分组的原则和方法，使得分组标志的选取能够区分分组标准在组内的共性和组间的差异性。在对标志进行分组时，使用了科学性原则、完整性原则和互斥性原则，即根据研究目的来选择分组标志。选择能够突出所研究对象特征和本质差别的标志作为分组变量。在对标准进行分组时，使得每一个

调查对象都有组可归，同时保证没有调查对象遗漏或可重复划入两个组内。在选择分组标志时，选择按数量标志分组和按品质标志分组两种分组方式。所谓按数量标志分组是指选择反映研究对象数量方面特征的标志作为分组的标志，例如按样本企业职工人数、按企业成立年限和按被访问者直接管理的下属人数就是按照数量标志分组。所谓按品质标志分组是指选择能够反映被调查对象属性特征的品质标志作为分组的标志，例如按照企业所有者类型分组、按照样本企业行业分布分组和按照调查者所担任的职务分组。不论是数量标志分组，还是品质标志分组，在划分组距和组数以及上下限时，都考虑了完备性和互斥性的原则，保证每一个调查对象只能划入唯一的一组内。

在分组标志的排列方式上，采取了对同一研究对象按照六个标志进行分组的平行分组体系。分别按照六个标志进行简单分组而形成的分组体系，从多个属性特征来反映被研究对象的特征。如对同一家企业，使用了企业的所有制类型、企业所属的行业、企业职工人数、企业成立年限、被访问者担任的职务和被访问者直接管理的下属人数六种分组标志进行划分。使用这种分组方式，是为了从广度上分析研究被调查对象的特征。

四、数据统计分析方法

（一）探索性因子分析

在中国转轨经济背景下，以资源基础理论作为分析工具，对中国企业的非市场战略影响因素进行本土化的研究。由于企业非市场战略的制定与实施更多地受到企业所处的政治环境和社会环境的影响，现有的关于西方企业的非市场战略影响因素的调查研究问卷很难适应中国转型经济背景下的非市场环境。因此，本书首先选择探索性因子分析对所提出的各项测量指标进行公共因子提取。探索性因子分析的基本原理是对各测量指标间的相关系数矩阵进行分析，找出能控制所有各测量指标的少数几个变量来描述原始测量指标之间的相关关系，相关性较高的测量指标可以统一归为一个因子，因子间的测量指标之间的相关性较低，一个测量指标只能属于一个因子。由此得到的少数几个不可直接测量的变量，即是求得的公共因子。探索性因子分析的作用概括起来有两个：一是寻求测量指标的基本结构。通过探索性因子分析，可以提炼出较少的几个有实际意义的公共因子，用以反映原来数据的基本结构。二是对数据简化。通过探索性因子分析，可以用少数几个公共因子代替原来的多个测量指标做回归分析（马庆国，2002）。本书对所提出的多个影响因素提取公共因子，其目的是减少变量的个数。在进行数据统计分析时，首先进行探索性因子分析。本书所使用的统计分析软件是 SPSS17.0。在管理学科中，所进行的有关探索性因子分析时，国内外研究学者基本上都是使用 SPSS 软件包，因此本书也选用此统计分析软件来对本书的影响因素进行探索性分析，提取少数几个公因子。在探索性因子分析时，主要采取六个步骤：①收集观测变量，本书使用问卷调查法，采取简单随机抽样获得所需数据信息。②获得相关系数矩阵。③确定因子个数，本书选取提取因子个数这种方法来确定公共因子数量。④提取公共因子，本书使用的是主成分分析法提取公共因子，这是一种比较常见的提取因子的方法。⑤因子旋转，本书采取的是方差最大化正交旋转。⑥解释因子结构，即使得每个变量只在一个因子上具有最大的因子载荷，在其他因子上的载荷较小（刘军，2008）。

（二）验证性因子分析

验证性因子分析是用事先定义的因子模型与所收集到的实际数据之间进行拟合程度。验证性因子分析的目的是试图检验可观察变量的因子个数与因子载荷是否与预先建立的理论预期相一致，因此是一种对预期理论的验证性分析。验证性因子分析是验证问卷的建构效度。

验证性因子分析所需要的条件是至少明确假设模型中因子数目的多少。验证性因子分析的步骤是：①定义因子模型，包括选择因子的个数和定义因子的载荷。②收集观测值。③获得相关系数矩阵。④根据数据拟合模型，本书使用的是极大似然估计，这种方法要求我们收集到的观测值必须符合正态分布假设。⑤评价模型是否恰当，即检验因子模型和数据是否拟合（刘军，2008）。

（三）多元回归分析

由于是对中国企业的非市场战略影响因素进行本土化的实证研究。因此，从研究假设和理论预期上，都是对自变量和因变量之间的因果关系进行检验。更为具体的是自变量对因变量的多元回归分析。本书所提出的自变量和因变量都是不可直接测量的构念。传统的多元回归分析方法有两个缺点：一是多元回归分析要求自变量和因变量必须是可以直接观测的变量。而本书中的自变量和因变量都是不可直接观测的抽象构念。二是对于自变量、因变量的多重共线性问题很难处理。但是现实的管理研究中，却存在着多个自变量之间多重共线性问题。结构方程模型可以对抽象的不可直接测量的构念与构念之间的因果关系进行统计分析，并能够对多重共线性问题进行很好的处理，因此本书使用结构方程模型作为因果关系验证的统计分析方法，使用的统计分析软件是 AMOS7.0。

第七章 企业非市场战略实证数据分析

一、问卷的信度和效度分析

（一）信度分析

荣泰生（2009）认为，任何一个测量工具必须满足最基本的三个条件是：信度、效度和实用性。所谓“信度”是指测量结果的一致性、可靠性或者是稳定性。具体地说，当使用一种测量工具对研究对象进行测量时，由同一调查者或不同调查者对总体中的样本进行测量时，同一总体中的不同样本在不同时间，或者是不同测量方法下所得到的数据，其结果的一致性程度不同。一致性程度越高，说明测量工具的信度越好，也就是测量结果受到随机性误差的影响越小。信度越高，说明通过测量工具得到的测量结果与真实的情况越接近，调查结果越可信。对测量工具信度的检验方法有三种：复本信度、重测信度和内部一致性信度。

一是复本信度。复本信度是指同时使用两个测量工具，这两个测量工具能够测量同一构念，但是测量项目不同。利用这两个测量工具对相同的测量对象进行测量，如果两个测量工具的测量结果之间的相关系数很高，就认为测量问卷具有较好的信度；反之，当两个测量工具的测量结果之间的相关系数很低时，则认为测量工具的信度不高。举个例子来说，我们去市场买菜，当认为卖菜人缺斤少两时，你可能拿着菜去另一个称称重量。如果和卖菜人所称的重量相同或接近，你会认为卖菜人的称是可信的。复本信度在使用时，由于需要同时开发两个测量工具，对于开发者来说，是一项很艰巨的任务，因此，这种检验测量工具的方法在实际中的应用并不多。

二是重测信度。重测信度是指使用同一测量工具对同一组测量对象在不同的时间进行测量。如果两次测量结果的相关系数较高，则说明测量工具具有较高的信度。比如说，对同一组测验对象，使用同一测量工具，在 6 个月内做同样的测验，如果两个测验结果相关系数较高，说明测量工具具有较高的信度。

三是内部一致性信度。内部一致性信度是指评价测量指标之间的同质性，即不同的测量项目得出相同的测量结果。常用的评价方法有三种：折半信度、库李信度和针对李克特量表开发的 Cronbach's α 系数。折半信度是指对把测量工具中的测量项目分成两部分，独立计分，然后计算这两部分得分的相关性。例如可以使用偶数和奇数划分为两组，或者是按照随机的原则划分为测量项目数相等的两组。库李信度是一种针对是非选择题的信度评估方法，即测量项目的答案只能是 2 选 1 的测量工具，现在使用的比较少。Cronbach's α 系数是管理研究中对测量工具信度检验的一种最常用的方法。这种测量方法测量的是对测量指标进行数据收集后，对调查对象的测量结果的稳定性进行考察。如果测量指标具有很高的信度，说明测量指标的选取能够使随机误差减少。也就是说，各调查对象之间的差别是由于对测量指标具有不同的回答造成的，而不是由于抽样样本的选择误差和随机误差产生的。目前学术界在对调查问卷质量的信度进行测量时，普遍使用 Cronbach's α 系数（Bollen，1989）。Cronbach's α 系数越大，说明测量量表的可靠性越高。一般认为 Cronbach's α 系数≥0.70 时，属于高信度；0.35≤Cronbach's α<0.70 时，尚可；Cronbach's α<0.35 时，信度过低。本书采用统计分析软件 SPSS17.0 对各量表中的测量指标的可靠性进行检验，所得结果如表 7-1 所示。

表 7-1　量表的可靠性分析结果

潜变量	标识变量	如果该项目被删除，剩余项目的加总值	如果该项目被删除，剩余项目加总值序列的方差	该项目与其余项目加总项的相关系数	如果该项目被删除，剩余项目所形成的 Scale 的内在一致性	Cronbach's α 系数	基于标准化项的 Cronbach's α 系数
缓冲战略（八项）	Q1	23.72	48.891	0.937	0.907	0.930	0.931
	Q2	23.55	53.705	0.686	0.926		
	Q3	24.15	48.290	0.896	0.910		
	Q4	24.26	47.851	0.790	0.921		
	Q5	23.81	52.923	0.775	0.920		
	Q6	23.56	53.986	0.730	0.923		
	Q7	23.57	54.833	0.632	0.930		
	Q8	23.57	57.561	0.675	0.928		
搭桥战略（八项）	Q9	22.53	41.221	0.700	0.929	0.933	0.937
	Q10	22.63	40.397	0.700	0.930		
	Q11	22.58	42.852	0.806	0.924		
	Q12	22.32	44.058	0.661	0.932		
	Q13	22.89	37.271	0.932	0.911		
	Q14	22.98	39.414	0.813	0.921		
	Q15	23.22	42.880	0.790	0.925		
	Q16	22.92	36.377	0.837	0.921		
市场资源（六项）	Q17	20.83	9.718	0.704	0.888	0.901	0.903
	Q18	21.14	9.697	0.775	0.877		
	Q19	20.98	10.080	0.691	0.889		
	Q20	21.04	10.180	0.723	0.885		
	Q21	20.85	10.129	0.712	0.887		
	Q22	21.01	8.656	0.802	0.874		
非市场资源（七项）	Q23	22.39	13.190	0.723	0.835	0.866	0.876
	Q24	22.49	15.848	0.665	0.854		
	Q25	23.28	15.274	0.360	0.888		
	Q26	22.67	14.991	0.597	0.853		
	Q27	22.65	13.907	0.715	0.837		
	Q28	22.62	12.460	0.743	0.832		
	Q29	22.72	12.608	0.805	0.822		
制度资源（六项）	Q30	16.02	11.454	0.653	0.793	0.831	0.833
	Q31	16.82	12.654	0.545	0.816		
	Q32	16.41	12.588	0.626	0.799		
	Q33	15.99	12.333	0.711	0.783		
	Q34	16.29	13.642	0.465	0.829		
	Q35	16.17	12.728	0.633	0.798		

从表 7-1 中可以看出，问卷调查中各测量指标的 Cronbach's α 值都很高，其中缓冲战略的 Cronbach's α 信度值为 0.930，搭桥战略的 Cronbach's α 信度值为 0.933，市场资源因素的 Cronbach's Cronbach's α 信度值为 0.901，非市场资源因素的 Cronbach's α 信度值为 0.866，制度资源因素的 Cronbach's α 信度值为 0.831。从表 7-1 中可以看出，Cronbach's α 系数均大于 0.7，表明量表具有较高的内在一致性。但是，仅仅从 Cronbach's α 值的大小作为评判量表可靠性的标准并不能得到完全令人信服的结论。如果测量指标比较多，还必须考虑该指标与其余指标加总项的相关系数，即表 7-1 中的 Corrected Item Total Correlation 这项，可以对测量量表的各项测量指标进行检验，评判的标准是每一测量指标的 Corrected Item Total Correlation 的系数值应大于 0.4 以上。若低于 0.4，则测量指标应该删除。Q25 这个测量指标的 CITC 小于 0.4，因此本书予以删除。其余各指标的 Corrected Item Total Correlation 值均在 0.4 以上。从以上的信度测量结果中，我们可以看出，测量问卷具有较高的信度。

（二）效度分析

对测量工具进行效度分析的作用有两个：一是该测量工具确实是测量其所要测量的构念；二是能正确地测量出该构念。

测量量表的效度进行测量的内容包括：内容效度、收敛效度与区别效度。内容效度指测量工具的测量项目是否涵盖了它所要测量的构念的所有项目或是所有具有代表性的项目。实际中，对测量工具的内容效度的判断多半是研究者个人的一种判断。研究者在判断内容效度时所考虑的四个条件：一是测量工具是否真正测量了所要测量的构念，而不是测量了其他别的构念；二是测量工具是否涵盖了所有测量的构念的全面项目，项目内容是否齐全；三是测量项目中是否包含了其他无关的测量项目；四是测量工具中是否遗漏了一些有代表性的项目。本书在对测量量表的内容效度方面所做的工作：一是使用国外成熟的且在这一研究领域使用效率比较高的测量量表；二是组织具有专门知识和较高外语水平的博士研究生完成翻译工作。本书使用的测量量表内容效度比较高，能够满足本书的研究需要。收敛效度是指通过不同方法测量同一构念时，所测量到的数值之间应该具有显著高度相关性。区别效度是指在使用不同的测量方法测量两个不同的构念时，它们之间的相关性不高。本书在测量收敛效度和区别效度时使用的是因子分析方法。

由于因变量——非市场战略的测量使用的是国外成熟的测量量表，但由于量表的翻译可能会对其内在效度造成影响，首先对因变量的反映型构成指标进行因子分析。本书对测量非市场战略类型的 16 个题项进行探索性因子分析，使用主成分分析法（Principal Component Analysis）提取公共因子。经检验，KMO 值为 0.801，Bartlett 球体值为 1852.199，显著性水平为 0.000，说明非市场战略的 16 个测量指标（题项）适合进行因子提取，KMO 和 Bartlett 球体的检验结果见表 7-2。表 7-3 为非市场战略的探索性因子分析结果，提取的方式是提取两个公因子，从表中可以看出，两个公因子解释了总体变异量的 70.909%，公因子 1 解释的总体变异量为 37.721%，公因子 2 解释的总体变异量为 33.187%。这说明，关于非市场战略的测量量表具有较好的建构效度。

表 7-2　KMO 和 Bartlett 球体检验

取样足够度的 Kaiser-Meyer-Olkin 度量		0.801
Bartlett 的球形度检验	近似卡方	1852.199
	df	120.000
	Sig.	0.000

表 7-3　解释的总方差

成分	初始特征值			提取平方和载入			旋转平方和载入		
	合计	方差的%	累积%	合计	方差的%	累积%	合计	方差的%	累积%
1	8.328	52.051	52.051	8.328	52.051	52.051	6.035	37.721	37.721
2	3.017	18.857	70.909	3.017	18.857	70.909	5.310	33.187	70.909
3	1.127	7.045	77.954						
4	0.910	5.687	83.641						
5	0.556	3.476	87.117						
6	0.529	3.304	90.421						
7	0.396	2.474	92.895						
8	0.288	1.802	94.697						
9	0.272	1.698	96.395						

续表

成分	初始特征值			提取平方和载入			旋转平方和载入		
	合计	方差的%	累积%	合计	方差的%	累积%	合计	方差的%	累积%
10	0.188	1.178	97.573						
11	0.102	0.636	98.209						
12	0.085	0.531	98.740						
13	0.073	0.457	99.197						
14	0.049	0.306	99.503						
15	0.042	0.261	99.764						
16	0.038	0.236	100.00						

提取方法：主成分分析法。

提取两个公因子后，对各测量指标进行了正交旋转后得到各测量指标在两个公因子上的载荷值（见表 7-4），其中 Q1~Q8 在公因子 2 上的载荷值较高，都达到了 0.7 以上，Q9~Q16 在公因子 1 上的载荷值较高，都达到了 0.7 以上。每个测

表 7-4　旋转成分矩阵

	成分	
	1	2
Q1	-0.241	0.926
Q2	-0.111	0.749
Q3	-0.412	0.834
Q4	-0.557	0.700
Q5	-0.389	0.730
Q6	-0.093	0.826
Q7	0.089	0.808
Q8	-0.168	0.719
Q9	0.742	-0.138
Q10	0.778	-0.130
Q11	0.812	-0.275
Q12	0.750	0.006
Q13	0.898	-0.297
Q14	0.824	-0.242
Q15	0.836	-0.123
Q16	0.852	-0.222

提取方法：主成分分析法。

旋转法：具有 Kaiser 标准化的正交旋转法。

a. 旋转在三次迭代后收敛。

量指标都不存在交叉载荷，具有实际意义。结合本书的研究假设，公因子 1 命名为搭桥战略，公因子 2 命名为缓冲战略。

企业资源还没有一个统一的分类标准和分类原则。各研究学者都是依据自身的研究需要，对资源进行维度划分和测量的。因此，本书借鉴了国内学者邓新明（2008）对中国转型经济背景下的有关企业资源的测量量表。采取本量表的原因是：首先，其对资源分类符合本书的研究需要；其次，资源的量表是建立在对中国本土企业的大样本问卷调查基础上，符合研究中国转型经济背景的要求。该量表主要参考了邓新明（2008）的调查量表，并根据本书的需要进行了适当的修改。本书对测量企业资源分类的 18 个测量指标进行了探索性因子分析，使用主成分分析法提取公共因子。经检验，KMO 值为 0.797，Bartlett 球体值为 1420.096，显著性水平为 0.000，说明有关企业资源的 18 个测量指标（题项）适合进行因子提取，KMO 和 Bartlett 球体的检验结果见表 7-5。表 7-6 为企业资源的探索性因子分析结果，我们提取的方式是提取三个公因子，从表中可以看出，三个公共因子解释了总体变异量的 63.414%，公因子 1 解释的总体变异量为 24.996%，公因子 2 解释的总体变异量为 21.728%，公因子 3 解释的总体变异量为 16.690%。这说明，关于企业资源的测量量表具有较好的建构效度。

表 7-5　KMO 和 Bartlett 球体检验

取样足够度的 Kaiser-Meyer-Olkin 度量		0.797
Bartlett 的球形度检验	近似卡方	1420.096
	df	171.000
	Sig.	0.000

表 7-6　解释的总方差

成　分	初始特征值			提取平方和载入			旋转平方和载入		
	合计	方差的%	累积%	合计	方差的%	累积%	合计	方差的%	累积%
1	7.681	40.428	40.428	7.681	40.428	40.428	4.749	24.996	24.996
2	2.427	12.772	53.200	2.427	12.772	53.200	4.128	21.728	46.724
3	1.941	10.215	63.414	1.941	10.215	63.414	3.171	16.690	63.414
4	1.517	7.985	71.399						
5	0.960	5.052	76.451						

续表

成分	初始特征值			提取平方和载入			旋转平方和载入		
	合计	方差的%	累积%	合计	方差的%	累积%	合计	方差的%	累积%
6	0.801	4.216	80.667						
7	0.769	4.047	84.714						
8	0.513	2.698	87.412						
9	0.440	2.316	89.728						
10	0.355	1.870	91.598						
11	0.330	1.738	93.335						
12	0.273	1.436	94.771						
13	0.199	1.047	95.818						
14	0.186	0.978	96.796						
15	0.154	0.808	97.604						
16	0.152	0.799	98.403						
17	0.134	0.705	99.108						
18	0.093	0.487	99.595						
19	0.077	0.405	100.00						

提取方法：主成分分析法。

在提取三个公因子后，对各测量指标进行了正交旋转后得到各测量指标在三个公因子上的载荷值（见表 7–7），其中 Q17~Q22 在公因子 1 上的载荷值较高，都达到了 0.7 以上；Q23~Q29 在公因子 2 上的载荷值较高，都达到了 0.6 以上；Q30~Q35 在公因子 3 上的载荷值较高，都达到了 0.5 以上，每个测量指标都不存在交叉载荷，具有实际意义。结合研究的假设，公因子 1 命名为市场资源，公因子 2 命名为非市场资源，公因子 3 命名为制度资源。

表 7–7　旋转成分矩阵[a]

	成分		
	1	2	3
Q17	0.772	0.130	0.206
Q18	0.783	0.022	0.303
Q19	0.810	–0.103	0.161
Q20	0.746	0.217	0.100
Q21	0.721	0.408	0.054
Q22	0.801	0.336	0.213
Q23	0.286	0.783	0.006

续表

	成 分		
	1	2	3
Q24	0.001	0.769	0.160
Q26	0.015	0.709	0.228
Q27	0.361	0.730	0.133
Q28	0.477	0.688	0.136
Q29	0.500	0.723	0.108
Q30	0.523	0.100	0.614
Q31	0.162	0.001	0.720
Q32	0.306	0.065	0.727
Q33	0.286	0.132	0.739
Q34	0.016	0.229	0.594
Q35	-0.003	0.425	0.703

提取方法：主成分分析法。
旋转法：具有 Kaiser 标准化的正交旋转法。
a. 旋转在五次迭代后收敛。

二、结构方程模型

结构方程模型（Structural Equation Modeling，SEM）用于分析潜变量之间的假设关系。所谓潜变量是指无法直接观测的变量，而潜变量的测量是通过对显变量的测量得到的协方差结构分析。测量问卷实际上测量的是显变量，自变量和因变量都是构念，不能直接测量。因此，在进行了探索性因子分析之后，通过验证性因子分析和路径分析对所提出的假设进行了检验。我们通过对测量模型的验证性因子分析能够得到潜变量是如何被显变量所测量的。潜变量与显变量之间的逻辑关系是反映型指标。而自变量与因变量之间的相关关系和因果关系是通过潜变量之间的路径分析得到的。

在结构方程模型的分析软件中，常被研究者所使用的有 LISREL、EQS 和 AMOS。AMOS 是 Analysis of Moment Structures 的简称。AMOS 是其中使用频率最高的一种统计软件。第一，它是 SPSS 家族系列之一，因此 SPSS 数据可以直接用在 AMOS 中做分析，提高了数据统计分析效率。第二，友好的用户界面，可视化的操作，可以快速地绘画出结构方程模型。第三，输出的报表易于使用者分析使用。在探索性因子分析阶段使用的统计分析软件是 SPSS15.0，在验证性因子分析和路径分析阶段使用的分析软件是 AMOS7.0。

结构方程模型部分主要介绍模型的设定和对模型的适配度进行评估，最后是对本书的理论假设进行检验。在模型设定部分主要是根据本书的研究假设和探索性因子分析的结论，主要包括两个部分：一是检验本书所设计的测量指标能否准确地反映出要测量的潜在构念；二是结构模型对研究假设的因果路径分析，即从自变量指向因变量的路径图。

（一）模型设定

统计学角度上讲的模型是以系统的方式来描述观察变量和潜变量之间的关系，本书所使用的结构方程模型是用来检测观察变量和潜变量之间假设关系的一种多变量统计分析技术，即利用所收集的样本数据来检验基于理论所建立的理论模型。所以，结构方程模型是一种理论模型检定的统计方法（陈晓萍等，2008）。根据研究模型，列出结构方程模型与测量方程如下：

1. 结构方程模型

$$\begin{cases}\eta_1 = r_{11}\xi_1 + r_{12}\xi_2 + r_{13}\xi_3 + \zeta_1 \\ \eta_2 = r_{21}\xi_1 + r_{22}\xi_2 + r_{23}\xi_3 + \zeta_2\end{cases}$$

式中，η_1 为缓冲战略；η_2 为搭桥战略；ξ_1 为市场资源；ξ_2 为非市场资源；ξ_3 为制度资源；r 为通径系数；ζ_1 和 ζ_2 为结构方程的误差项。

2. 测量模型

$$\begin{cases}X = \Lambda x\xi + \delta x \\ Y = \Lambda y\eta + \delta y\end{cases}$$

式中，X 与 Y 分别为外生与内生潜变量 ξ 与 η 的观测变量；Λx 与 Λy 分别为潜变量与其观测变量之间的回归系数矩阵；δx 与 δy 分别为其观测误差。

（二）模型适配度评估

有关模型适配度的评价方法有许多不同的主张，但 Bogozzi 和 Yi（1988）的论点较为周全。他们认为，假设模型与数据是否契合，必须同时考虑以下三个方面：基本适配度指标、整体模型适配度指标、模型内在结构适配度指标。Bagozzi 和 Yi（1988）又将整体模型适配度指标细分为绝对适配指标、相对适配指标、简约适配指标。整体模型适配度的检验是模型外在质量的检验，模型内在结构适配度的程度代表各测量模型的信度和效度，是模型内在质量的检验。此外，学者 Hair 等（1998）也将整体模型适配度评估分为三类：绝对适配度测量、增值适配度测量和简约适配度测量。

1. 测量模型的评估

测量模型的评估是对模型的内在结构质量进行信度和效度的检验，即使用另外的一组样本对探索性因子分析所得出的问卷质量的建构效度的适宜性和真实性进行检验。测量模型评估主要是检验所构建的构念与其测量指标之间的关系。问卷中的测量指标能够真实地反映出其所要测量的构念。测量模型的信度和效度的质量是下面所要检验的结构模型质量好坏的前提和基础，同时也构成了结构模型的基本框架。因此首先对测量模型信度和效度进行检验。

对测量模型进行信度和效度检验时，首先是对结构方程模型的一些基本信息的描述。本书所构建的假设模型是回归模型，样本数量为 203 个。模型中总共有变量 75 个，其中，观察变量 34 个，潜在变量 41 个，内因变量 39 个，外因变量 36 个，具体内容见表 7-8。模型中共有 76 个回归系数，其中有 41 个回归系数是固定的，35 个回归系数是待估计的，具体内容见表 7-9。

表 7-8　变量摘要表

模型中的变量总数	75
观察变量	34
潜在变量	41
内因变量	39
外因变量	36

表 7-9　参数摘要表

	Weights	Covariances	Variances	Means	Intercepts	Total
Fixed	41	0	0	0	0	41
Labeled	0	0	0	0	0	0
Unlabeled	35	3	39	0	0	77
Total	76	3	39	0	0	118

在对表 7-9 中的参数值进行估计时，使用的是极大似然估计。其中，在模型设定上，将“市场资源→Q22”、“非市场资源→Q29”、“制度资源→Q35”、“缓冲战略→Q1”、“搭桥战略→Q9”的未标准化回归系数设定为 1。从表 7-10 中可以看出，C. R. 值均大于 1.96，显著性概率均达到显著水平，表示非标准化回归系数显著不等于 0，即测量指标可以反映其所要测量的构念。

表 7-10　未标准化回归系数摘要表

	Estimate	S.E.	C.R.	P	Label
Q22<---市场资源	1.000				
Q21<---市场资源	0.973	0.083	11.695	***	par_1
Q20<---市场资源	1.088	0.086	12.671	***	par_2
Q19<---市场资源	1.073	0.087	12.284	***	par_3
Q18<---市场资源	1.128	0.083	13.554	***	par_4
Q17<---市场资源	1.181	0.092	12.860	***	par_5
Q29<---非市场资源	1.000				
Q28<---非市场资源	0.886	0.085	10.383	***	par_6
Q27<---非市场资源	1.003	0.094	10.661	***	par_7
Q26<---非市场资源	0.916	0.086	10.594	***	par_8
Q24<---非市场资源	0.951	0.088	10.791	***	par_9
Q23<---非市场资源	0.826	0.084	9.845	***	par_10
Q35<---制度资源	1.000				
Q34<---制度资源	0.878	0.076	11.605	***	par_11
Q33<---制度资源	1.035	0.084	12.393	***	par_12
Q32<---制度资源	0.847	0.075	11.244	***	par_13
Q31<---制度资源	0.964	0.077	12.443	***	par_14
Q30<---制度资源	0.896	0.079	11.310	***	par_38
Q1<---缓冲战略	1.000				
Q2<---缓冲战略	0.917	0.062	14.832	***	par_18
Q3<---缓冲战略	1.016	0.068	14.851	***	par_19
Q4<---缓冲战略	0.959	0.068	14.105	***	par_20

续表

	Estimate	S.E.	C.R.	P	Label
Q5<---缓冲战略	0.904	0.060	15.089	***	par_21
Q6<---缓冲战略	0.924	0.067	13.847	***	par_22
Q7<---缓冲战略	0.715	0.061	11.688	***	par_23
Q8<---缓冲战略	0.872	0.060	14.645	***	par_24
Q9<---搭桥战略	1.000				
Q10<---搭桥战略	0.977	0.064	15.337	***	par_25
Q11<---搭桥战略	0.966	0.063	15.255	***	par_26
Q12<---搭桥战略	0.982	0.066	14.908	***	par_27
Q13<---搭桥战略	0.900	0.064	13.990	***	par_28
Q14<---搭桥战略	0.904	0.065	13.958	***	par_29
Q15<---搭桥战略	0.791	0.060	13.216	***	par_30
Q16<---搭桥战略	1.091	0.068	16.019	***	par_31

对表 7-10 的非标准化回归系数进行标准化处理，可得到表 7-11 标准化回归系数表。标准化回归系数在验证性因子分析中，就是因素负荷量。各测量指标的系数值的大小就代表着其公因子对该测量指标的影响。从表 7-11 中我们可以看出，标准化回归系数值均达到 0.6 以上，系数值越大说明测量指标值能够更有效地反映出其要测量构念的性质。

表 7-11 标准化回归系数摘要表

	Estimate
Q22<---市场资源	0.778
Q21<---市场资源	0.756
Q20<---市场资源	0.805
Q19<---市场资源	0.786
Q18<---市场资源	0.848
Q17<---市场资源	0.815
Q29<---非市场资源	0.765
Q28<---非市场资源	0.730
Q27<---非市场资源	0.748
Q26<---非市场资源	0.744
Q24<---非市场资源	0.756
Q23<---非市场资源	0.696
Q35<---制度资源	0.779
Q34<---制度资源	0.768

续表

	Estimate
Q33<---制度资源	0.810
Q32<---制度资源	0.748
Q31<---制度资源	0.812
Q30<---制度资源	0.752
Q1<---缓冲战略	0.847
Q2<---缓冲战略	0.819
Q3<---缓冲战略	0.820
Q4<---缓冲战略	0.794
Q5<---缓冲战略	0.827
Q6<---缓冲战略	0.785
Q7<---缓冲战略	0.701
Q8<---缓冲战略	0.813
Q9<---搭桥战略	0.853
Q10<---搭桥战略	0.832
Q11<---搭桥战略	0.829
Q12<---搭桥战略	0.818
Q13<---搭桥战略	0.788
Q14<---搭桥战略	0.787
Q15<---搭桥战略	0.760
Q16<---搭桥战略	0.853

从表 7–11 中我们可以看出，各个测量指标都能对其要测量的构念特质进行良好的测量。但是仅仅从单个指标值来解释测量模型是不够的，还需要从每个构念的所有反映型测量指标的组合信度、测量误差和平均变异量抽取值进行考察。抽象构念的组合信度是所构建模型内在质量的评判标准之一。如果组合信度值能到达 0.6 以上，就说明模型的内在质量比较好。从表 7–12 中可以看出，各构念的组合信度均达到了 0.8 以上，远远大于 0.6 的最低标准值，说明所构建的测量模型内在结构质量较好。另一个衡量模型内在结构质量标准的是平均变异量抽取值，该指标值越大，说明测量模型的测量误差越小。从表 7–12 中可以看出，市场资源、非市场资源、制度资源、缓冲战略和搭桥战略的组合信度分别为 0.913、0.879、0.902、0.935、0.941，而平均变异量抽取量分别为 0.638、0.548、0.606、0.643、0.665，该指标值均达到 0.5 以上，满足判别的一般标准。

表 7-12　测量模型的信度和效度摘要表

测量指标	因素负荷量	信度系数	测量误差	组合信度	平均变异量抽取值
Q17	0.815	0.664	0.336	0.913	0.638
Q18	0.848	0.720	0.280		
Q19	0.786	0.618	0.382		
Q20	0.805	0.649	0.351		
Q21	0.756	0.571	0.429		
Q22	0.778	0.605	0.395		
Q23	0.696	0.484	0.516	0.879	0.548
Q24	0.756	0.572	0.428		
Q26	0.744	0.553	0.447		
Q27	0.748	0.560	0.440		
Q28	0.730	0.533	0.467		
Q29	0.765	0.586	0.414		
Q30	0.752	0.565	0.435	0.902	0.606
Q31	0.812	0.660	0.340		
Q32	0.748	0.559	0.441		
Q33	0.810	0.656	0.344		
Q34	0.768	0.589	0.411		
Q35	0.779	0.607	0.393		
Q1	0.847	0.717	0.283	0.935	0.643
Q2	0.819	0.671	0.329		
Q3	0.820	0.672	0.328		
Q4	0.794	0.631	0.369		
Q5	0.827	0.684	0.316		
Q6	0.785	0.616	0.384		
Q7	0.701	0.491	0.503		
Q8	0.813	0.660	0.340		
Q9	0.853	0.727	0.273	0.941	0.665
Q10	0.832	0.692	0.308		
Q11	0.829	0.688	0.312		
Q12	0.818	0.670	0.330		
Q13	0.788	0.620	0.380		
Q14	0.787	0.619	0.381		
Q15	0.760	0.577	0.423		
Q16	0.853	0.727	0.273		

2. 整体模型拟合优度

在对测量模型的信度和效度进行验证性分析后，对结构方程模型进行整体的检验。对模型的整体结构进行评估是检验模型整体与收集数据的拟合程度，在进行模型适配度评估时，最好能同时考虑到上述绝对适配度测量、增值适配度测量和简约适配度测量三种指标，这样会对模型的可接受性或可拒绝性产生比较共识的结果。表 7-13 详细列出了本书所构建的理论模型的主要检验统计量。从表 7-13 可以看出，各测量指标值均达到适配标准，因此，模型的整体拟合程度较好。

表 7-13 整体模型适配度检验摘要表

检验统计量	适配的标准或临界值	检验结果数据	模型适配判断
绝对适配度指数			
GFI	>0.8（Bollen，1989）	0.815	模型适配度可接受
RMR	<0.08（Sujan 等，1994）	0.068	可接受适配模型
RMSEA	<0.08（Sujan 等，1994）	0.052	模型适配度良好
增值适配度指数			
CFI	>0.9（Sharma，1996）	0.948	模型适配度较佳
IFI	>0.9（吴明隆，2009）	0.948	模型适配度较佳
TLI	>0.9（吴明隆，2009）	0.943	模型适配度较佳
简约适配度指数			
χ^2/df	<3（Sharma，1996）	1.553	假设模型与样本数据的契合度可以接受
PGFI	>0.5（吴明隆，2009）	0.709	模型可接受

三、研究假设检验

在对测量模型和结构模型的验证后，依据提出的概念模型，对概念模型中的因果路径进行分析，检验所提出的研究假设。具体的假设检验结果、所对应的研究假设以及标准化的路径系数均在表 7-14 中详细列出。

表 7-14 模型假设检验

假 设	路径描述	标准路径系数	P 值	结 论
H1.1	市场资源→缓冲战略	0.678	***	支持研究假设
H1.2	市场资源→搭桥战略	-0.763	***	支持研究假设

续表

假　设	路径描述	标准路径系数	P 值	结　论
H2.1	非市场资源→缓冲战略	0.172	***	支持研究假设
H2.2	非市场资源→搭桥战略	–0.030	0.421	不支持研究假设
H3.1	制度资源→缓冲战略	0.272	***	支持研究假设
H3.2	制度资源→搭桥战略	–0.242	***	支持研究假设

注：***$P<0.001$。

如果将表 7–14 用结构方程表示，也就是本书所构建的中国转型经济背景下的非市场战略制定与实施的资源影响因素模型，则为：

$$\begin{cases}\eta_1=0.678\xi_1+0.172\xi_2+0.272\xi_3+0.024\\ \eta_2=-0.763\xi_1-0.242\xi_3+0.079\end{cases}$$

式中，η_1 为缓冲战略；η_2 为搭桥战略；ξ_1 为市场资源影响因素；ξ_2 为非市场资源影响因素；ξ_3 为制度资源影响因素。其中，市场资源包括六个测量指标，其因素负荷量分别是：实体资源为 0.815，企业商誉为 0.848，企业文化与经营理念为 0.786，营销资源为 0.805，财务资源为 0.756，技术资源为 0.778。非市场资源包括六个测量指标，其因素负荷量分别是：资产规模为 0.696，专门人才为 0.756，策略技巧为 0.744，高管人脉关系网络为 0.748，公众与社会形象为 0.730，公共事务部门为 0.765。制度资源包括六个测量指标，其因素负荷量分别是：企业在利益相关者中积累的声誉为 0.752，与竞争企业之间的合作与联盟程度为 0.812，行业协会的作用为 0.748，社会公众、媒体、政府对企业的认同为 0.810，行业管制政策的变化为 0.768，社会公众、媒体、政府对企业的期望或要求为 0.779。

资源影响因素模型“$\eta_1=0.678\xi_1+0.172\xi_2+0.272\xi_3+0.024_1$”表示市场资源、非市场资源和制度资源与缓冲战略显著正相关（$P<0.001$）。其中，市场资源的标准化回归系数为 0.678，非市场资源的标准化回归系数为 0.172，制度资源的标准化回归系数为 0.272，三个标准化回归系数值均达 0.05 的显著水平，并且三个标准化回归系数值均为正数，表示其对缓冲战略的影响均为正向。市场资源、非市场资源和制度资源三个外因变量可以联合解释缓冲战略变量 98.2%的变异量，其

对缓冲战略的测量误差为 0.024。

资源影响因素模型“$\eta_2=-0.763\xi_1-0.242\xi_3+0.079$”表示市场资源、制度资源与搭桥战略负相关（$P<0.001$）。其中，市场资源的标准化回归系数为 0.763，制度资源的标准化回归系数为 0.242，两个标准化回归系数值均达 0.05 的显著水平，并且两个标准化回归系数值均为负数，表示其对搭桥战略的影响均为负向。市场资源和制度资源两个外因变量可以联合解释搭桥战略变量 94%的变异量，其对搭桥战略的测量误差为 0.079。

将数据处理和分析结果与研究假设进行比较发现：

第一，市场资源对非市场战略制定与实施方式的选择具有显著性的影响。假设 1.1 和假设 1.2 获得支持。更为具体的是，如果企业拥有和控制的市场资源越具有优势，企业越倾向于采取缓冲战略；如果企业拥有和控制的市场资源越具有劣势，企业则倾向于采取搭桥战略。也就是说，企业拥有的实体资源、企业商誉、企业文化和经营理念、营销资源、财务资源和技术资源越具有优势，企业越倾向于采取缓冲战略。企业拥有的实体资源、企业商誉、企业文化和经营理念、营销资源、财务资源和技术资源越具有劣势，企业越倾向于采取搭桥战略。

第二，企业拥有和控制的非市场资源在非市场战略制定与实施时的影响只部分地发生作用。研究假设 2.1 达到统计上的显著意义。研究假设 2.2 并没有达到统计意义上的显著性。也就是说，企业所拥有和控制的非市场资源对搭桥战略没有影响。而企业所拥有和控制的非市场资源越具有优势，企业则倾向于采取缓冲战略。更为具体的是，如果企业内部所拥有和控制的资产规模、专门人才、策略技巧、高管政治敏感性、公众与社会形象、公共事务部门越具有优势，企业越倾向于采取缓冲战略。

第三，在制度资源对非市场战略方式的影响路径中，制度资源对非市场战略存在显著性的作用。假设 3.1 和假设 3.2 均获得支持。企业拥有但是不能直接控制的制度资源越具有优势，企业越倾向于采取缓冲战略；企业的制度资源如果具有劣势，则企业倾向于采取搭桥战略。更为具体的是，企业在利益相关者中积累的声誉，与竞争企业之间的合作与联盟程度，行业协会的作用，社会公众、媒体、政府对企业的认同，行业管制政策变化，社会公众、媒体、政府对企业的期望或要求越具有优势，企业越倾向于采取缓冲战略。企业在利益相关者中积累的声誉，与竞争企业之间的合作与联盟程度，行业协会的作用，社会公众、媒体、政府对企业的认同，行业管制政策变化，社会公众、媒体、政府对企业的期望或要求越具有劣势，企业越倾向于采取搭桥战略。

四、实证研究结果讨论

（一）主要研究结果

通过对数据的统计分析，对所提出的六条假设进行分析，有五条研究假设达到统计上的显著性。

假设 1.1：市场资源对缓冲战略具有显著的正向影响。其中市场资源的标准路径系数达到了 0.678，这说明，市场资源影响因素在非市场战略制定与实施时，对缓冲战略的影响权重达到了 0.678。即企业所拥有和控制的市场资源越具有优势，企业越倾向于采取缓冲战略。更为具体地，市场资源影响因素所包括的六个测量指标，其因素负荷量分别是：实体资源为 0.815，企业商誉为 0.848，企业文化与经营理念为 0.786，营销资源为 0.805，财务资源为 0.756，技术资源为 0.778。六个测量指标的因素负荷量均达到 0.5 以上，表示模型的基本适配度良好，因素负荷量值越大，表示六个测量指标变量能够被市场资源影响因素解释的变异越大，因素负荷量越大，说明测量指标的相对重要性越大。

假设 1.2：市场资源对搭桥战略具有负向影响。其中市场资源的标准路径系数达到了–0.763，这说明，市场资源影响因素在非市场战略制定与实施时，对搭桥战略的影响权重达到了 0.763，即企业所拥有和控制的市场资源越具有劣势，企业越倾向于采取搭桥战略。更为具体地，市场资源影响因素所包括的六个测量指标，其因素负荷量（或标准化回归系数）分别是：实体资源为 0.815，企业商誉为 0.848，企业文化与经营理念为 0.786，营销资源为 0.805，财务资源为 0.756，技术资源为 0.778。六个测量指标的因素负荷量均达到 0.5 以上，表示模型的基本适配度良好，因素负荷量值越大，表示六个测量指标变量能够被市场资源影响因素解释的变异越大，因素负荷量越大，说明测量指标的相对重要性越大。

假设 2.1：非市场资源对缓冲战略具有正向影响。其中非市场资源的标准路径系数达到了 0.172，这说明，非市场资源影响因素在非市场战略制定与实施时，对缓冲战略的影响权重达到了 0.172，即企业所拥有和控制的非市场资源越具有优势，企业越倾向于采取缓冲战略。更为具体地，非市场资源影响因素所包括的六个测量指标，其因素负荷量分别是：资产规模为 0.696，专门人才为 0.756，策略技巧为 0.744，高管人脉关系网络为 0.748，公众与社会形象为 0.730，公共事务部门为 0.765。六个测量指标的因素负荷量均达到 0.5 以上，表示模型的基本适配度良好，因素负荷量值越大，表示六个测量指标变量能够被非市场资源影响因素解释的变异越大，因素负荷量越大，说明测量指标的相对重要性越大。

假设 2.2：非市场资源对搭桥战略的负相关影响没有达到统计上的显著性。也就是说，当企业所拥有和控制的非市场资源不具有优势并且企业在进行非市场战略制定与实施时，并不考虑非市场资源这一影响因素。更为具体地，如果企业资产规模不大，不具有专门的处理非市场事项的人才和策略技巧时，企业的高管不具有人脉关系网络，企业没有设立处理公共事务的部门，企业在公众与社会上没有良好的声誉和社会形象，那么企业不采取非市场战略和行为。

假设 3.1：制度资源对缓冲战略具有正向影响。其中制度资源的标准路径系数达到了 0.272，说明制度资源影响因素在非市场战略制定与实施时影响权重达到了 0.272，即企业所拥有但是不能直接控制的制度资源越具有优势，企业越倾向于采取缓冲战略。更为具体地，制度资源包括六个测量指标，其因素负荷量分别是：企业在利益相关者中积累的声誉为 0.752，与竞争企业之间的合作与联盟程度为 0.812，行业协会的作用为 0.748，社会公众、媒体、政府对企业的认同为 0.810，行业管制政策的变化为 0.768，社会公众、媒体、政府对企业的期望或要求为 0.779。六个测量指标的因素负荷量均达到 0.5 以上，表示模型的基本适配度良好，因素负荷量值越大，表示六个测量指标变量能够被市场资源影响因素解释的变异越大，因素负荷量越大，说明测量指标的相对重要性越大。

假设 3.2：制度资源对搭桥战略有显著的负向影响。其中制度资源的标准路径系数达到了-0.242，这说明，制度资源影响因素在非市场战略制定与实施时，对缓冲战略的影响权重达到了 0.242，即企业所拥有但是不能直接控制的制度资源越具有劣势，企业越倾向于采取搭桥战略。更为具体地，制度资源包括六个测量指标，其因素负荷量分别是：企业在利益相关者中积累的声誉为 0.752，与竞争企业之间的合作与联盟程度为 0.812，行业协会的作用为 0.748，社会公众、媒体、政府对企业的认同为 0.810，行业管制政策的变化为 0.768，社会公众、媒体、政府对企业的期望或要求为 0.779。六个测量指标的因素负荷量均达到 0.5 以上，表示模型的基本适配度良好，因素负荷量值越大，表示六个测量指标变量能够被市场资源影响因素解释的变异越大，因素负荷量越大，说明测量指标的相对重要性越大。

研究结果可以概括为以下两点：

第一，市场资源、非市场资源和制度资源与缓冲战略显著正相关（$P<0.001$）。企业拥有和控制的市场资源、非市场资源和企业拥有但是不能直接控制的制度资源越具有优势，企业越倾向于采取缓冲战略。其中，市场资源影响因素的标准化回归系数是 0.678，非市场资源影响因素的标准化回归系数为 0.172，制度资源影响因素的标准化回归系数为 0.272。可见，企业在进行非市场战略制定与实施时，当企业具有市场资源、非市场资源或制度资源优势时，企业实施缓冲战略。其中，市场资源影响因素对非市场战略制定与实施的影响权重最大，其次是制度资源影响因素，非市场资源影响因素的权重最小。从中可以看出，在现实的企业实践中，市场资源影响因素仍然是企业在非市场战略制定与实施时所要考虑的主要影响因素。这也验证了现有的关于非市场战略制定与实施的影响因素的研究成果更多地从“市场资源”的视角来进行考察。这说明，目前在转型经济背景下的中国，企业已经意识到利用所拥有的市场资源、非市场资源和制度资源对企业所处

的外部非市场环境施加影响，对可能影响企业的相关政策和法规在制定过程中施加对企业有利的影响，对社会公众、第三方组织、新闻媒体等利益相关者进行引导，通过开展公益性活动、新闻发布会来提升企业在外部利益相关者中的社会地位和声誉。

第二，市场资源、制度资源与搭桥战略负相关（$P<0.001$）。企业拥有和控制的市场资源、企业拥有但是不能直接控制的制度资源越具有劣势，企业越倾向于采取搭桥战略。其中，市场资源影响因素的标准化回归系数为-0.763，制度资源的标准化回归系数为-0.242。可见，企业在进行非市场战略制定与实施，并且当企业具有市场资源或制度资源劣势时，企业实施搭桥战略。其中，市场资源影响因素对非市场战略制定与实施的影响权重最大，其次是制度资源影响因素，非市场资源影响因素对搭桥战略没有影响。从中可以看出，在现实的企业实践中，市场资源影响因素仍然是企业在非市场战略制定与实施时所要考虑的主要影响因素。这也验证了现有的关于非市场战略制定与实施的影响因素的研究成果更多地从“市场资源”的视角来进行考察。这说明，目前在转型经济背景下的中国，虽然企业不具有市场资源或制度资源优势，但是企业并不是消极被动地适应外部非市场环境，而是更为积极主动地采取非市场战略和行为，主动迎合和适应政府政策法规和社会期望的变化，使企业自身的行为符合甚至是超越外部非市场环境中相关利益者的期望和预期。而非市场资源还没有成为企业获取竞争的一种战略资源，未来非市场资源的作用还有待提升。

（二）实证研究结果讨论

通过对实证研究结果的客观描述，并将研究结果和研究假设进行比较分析，现将研究结果进行如下分析讨论：

市场资源对搭桥战略的影响最大，其标准路径系数为-0.736。其次是市场资源对缓冲战略的影响，其标准路径系数为 0.678。实证研究结果有力地支持了研究假设，说明在中国转轨经济的背景下，市场资源所具有的优势或劣势的程度对企业在进行非市场战略制定与实施时具有重要的影响。这说明，在市场经济高速发展的中国，企业所具有的市场资源的价值性、稀缺性、不可完全模仿性和替代性构成了企业的市场资源优势，不仅是企业在市场战略领域和市场竞争领域取得竞争优势的重要手段，而且也是企业在非市场战略领域采取何种战略的重要影响因素。中国企业在进行非市场战略决策时，首先依据的是企业在市场资源方面的优势和劣势。企业在市场资源方面的优势和劣势，不仅影响了企业的市场环境和市场战略；同时，在中国转轨经济背景下，同样影响着企业的非市场环境和非市场战略。企业在市场资源和市场环境中的竞争优势会溢出到企业非市场环境中。

通过对市场资源的六项反映型指标的因素负荷量和各项信度系数的实证分析发现，企业拥有的实体资源、企业商誉、企业文化、营销资源、财务资源、技术资源的因数负荷量均在 0.75 以上，信度系数也都在 0.6 以上，这说明，企业所拥有的能够使企业在产品市场上获得竞争优势的资源，对于企业通过非市场战略取得竞争优势具有同样重要的作用。中国企业在市场运作方面逐渐走向成熟，企业不但能够充分利用有形资源和资本资源，同时还能充分利用企业的无形资源和能力，为企业在非市场环境中赢得竞争优势。

这个结论也验证了传统的资源基础理论认为企业的竞争优势来源于企业内部所拥有和控制的资源和能力。

非市场资源对企业非市场战略方式选择的影响只得到了部分支持。从模型假设检验结果的标准化路径系数来看，非市场资源对缓冲战略的影响为 0.172，在 $P<0.001$ 下达到了显著性，证明了非市场资源越具有优势，企业越倾向于采取更为积极主动的缓冲战略，试图影响政府、行业管制、相关利益群体、新闻媒体。而非市场资源对搭桥战略的影响并未达到显著性水平，这说明企业的非市场资源对企业搭桥战略的影响不明显。

通过以上的分析可以看到，企业内部拥有的非市场资源越具有优势，企业越倾向于采取缓冲战略。这说明，在中国转型经济背景下，企业已经有意识地运用企业内部所拥有的非市场资源优势，影响有关法规、法律的制定，或是对政府、新闻媒体、社会公众等施加有利于企业自身的影响。而当企业内部的非市场资源不具有优势时，则企业并未如本书假设的那样，采取搭桥战略来迎合政府和社会的期望。导致这种现象的原因可能是当企业内部不具有非市场资源优势时，如果企业一味地迎合非市场环境中的事项发起者，那么需要企业付出更多的成本和资源，那么对于企业来说，考虑到“成本—收益”框架，如果付出的成本超出了预期的回报，那么企业就会选择不作为。

制度资源对非市场战略的影响得到了全部支持。具体地，制度资源对缓冲战略的标准化路径系数为 0.272；制度资源对搭桥战略的标准化路径系数为-0.242，通过实证分析，验证了本书提出的制度资源对非市场战略方式选择之间的因果关系。

企业所拥有的制度资源越丰富，企业越倾向于采取缓冲战略，这种制度资源的优势主要表现在企业与外部利益相关者互动过程中积累了比较高的声誉；在同行业中，与其他企业的联盟程度高；企业善于利用行业协会的作用；企业的行为能够得到政府、社会公众和新闻媒体的支持。这种制度资源的特有属性是处于企业的外部，具有某种程度的公共性，并不能被企业所直接拥有和控制，但是对企业竞争优势的获得却具有重要影响。

实证研究证明了制度资源对企业非市场战略方式选择的影响是确实存在的，证明了本书将外部制度资源引入资源基础理论中的必要性，突破了传统的资源基础理论对资源分类的局限性。外部制度环境中的法律、规则、管制等制度要素对企业同样具有重要的显著影响，但是这种影响对企业来说，并不总是消极被动的，本书通过实证研究证明了将企业资源的视角从企业内部扩展到企业外部的必要性。

从企业利用制度资源的情况来看，中国转轨经济背景下的企业能够充分利用手中的制度资源，虽然这种资源具有公共物品属性，但是企业已经意识到制度资源对企业非市场战略的重要影响。企业利用制度资源的效率不高的原因是，虽然在由计划经济向市场经济的转轨过程中政府逐渐放松管制，但是企业所需要的某些关键战略资源仍然由政府控制。政府控制资源的最主要原因是中国的市场经济体制和市场经济环境还处于逐步发展完善的过程中。中国的市场经济环境脱胎于传统的计划经济体制，其发展历时 30 多年，而西方的市场经济体制已经有了上百年的历史。因此，中国的市场经济环境有其特殊性。中国市场环境中还存在着一些计划经济体制的痕迹，有些国有企业是计划经济体制和市场经济体制同时并行，在满足国家的定额要求后，还要适应市场竞争环境。

本书研究结果与西方研究结果相比，既有相同之处也有不同之处。相同之处是，当企业所拥有和控制的市场资源越具有优势时，企业越倾向于采取缓冲战略。这说明中国企业的市场经济运行环境正朝着良性的方向稳步前进。即使是市场经济高度完善的西方市场环境，企业在实施非市场战略时，仍然将其拥有和控制的内部市场资源作为企业在制定与实施非市场战略时最主要的竞争优势资源，从而进一步验证了传统的资源基础理论在企业实践中的重要意义。

不同之处表现为，当中国企业不具有市场资源优势时，企业倾向于采取搭桥战略，而西方企业则不采取搭桥战略。这说明，在中国特有的转型经济背景下，中国企业所处的外部非市场环境存在复杂性和多变性，企业为了避免对正常经营造成不利影响，就会充分利用手中的资源，对外部非市场环境施加影响。当企业拥有和控制的资源具有优势时，就采取缓冲战略，反之则采取搭桥战略。而西方经济体制相对来说发展得成熟完善，因此其外部非市场环境比较稳定。所以，当企业拥有重要性资源时，则采取缓冲战略，对外部非市场环境施加影响，但是当企业不具有重要性资源时，则无需采取非市场战略。同时，这也从另一个侧面反映了中国政府在市场经济运行过程中的调节作用，同时企业会受到政府更多的控制。因此，即使是企业不具有市场资源上的优势，但是为了满足存在的合法性要求，仍然要求企业对政治环境和社会环境中的事项做出积极反应。

西方研究成果对企业非市场战略制定与实施的影响因素的考察主要聚焦于企业的市场资源层面，而本书对影响因素的考察扩展到了非市场资源层面，从市场资源和非市场资源两个层面来考察非市场战略制定与实施的影响因素。将资源属性从市场资源层面扩展到市场资源和非市场资源，比较符合中国转轨经济背景下的特殊性。其原因有二：一是中国转轨经济背景下，中国政府手中仍然控制着某些企业所需要的关键战略性资源，因此，就要求企业的高层管理者，甚至是企业的员工拥有广泛的人脉和社会关系网络，能够对政府的政策制定倾向和政策制定进程施加影响或提供建议；二是中国的市场经济脱胎于计划经济，因此一些计划经济体制仍然活跃在市场经济体制之中，所以要求中国企业具有专门的处理与政府部门等利益相关者关系的职能部门。

考虑到中国特有的转轨经济背景，在影响因素的考察上本书将企业拥有但是不能直接控制的外部制度资源作为企业非市场战略制定与实施的又一资源影响因素，从而得出了企业的制度资源与缓冲战略正相关，与搭桥战略负相关的实证研究结论。制度资源在中国转轨经济背景下的存在具有其历史特殊性。随着中国市场经济体制的成熟和完善，政府逐步放松管制，制度资源在非市场战略及其政治事项的处理上作用逐渐减弱。但是随着市场机制的成熟和完善，社会公众对企业的关注度不断提高，制度资源在应对社会事项变化的作用逐渐增强。

第八章　中国企业非市场战略的选择与实施

一、企业非市场战略的选择

中国企业在非市场战略方式的选择过程中，既考虑到企业所拥有和控制的市场资源和非市场资源，又考虑企业拥有但是不能直接控制的制度资源。通过大样本的问卷调查，在统计分析的基础上，其研究结果对于指导现实中的企业具有重要意义和启示。

市场资源在非市场战略制定与方式选择中仍然具有决定性影响。研究结果表明，在中国转轨经济背景下，虽然中国的市场经济环境是政府参与和市场体制同时运行，但是，企业已经在思想意识形态上发生了根本性的变化，将企业内部拥有和控制的具有市场资源属性的有价值的、稀缺的有形资源和无形资源用于企业的非市场战略，从而使企业的市场资源价值利用达到了最大化的程度。也就是说，企业不仅在市场环境中通过其拥有和控制的内部市场资源获取可持续的竞争优势，同时，将企业的市场资源的独特性优势拓展到企业的非市场环境中。

对于传统的竞争优势资源，包括企业的实体资源、营销资源和财务资源，也就是我们所说的有形资源，在企业的战略制定与选择中的重要地位仍不容忽视。企业规模越大，企业拥有的各种资源也就越多，对外部环境的依赖程度越小，同时其对外部环境的影响就越大，具有强大的讨价还价权利，能够利用手中的有形资源。通过这种显而易见的资源与非市场环境中的利益相关者进行博弈，从而获取更多的有形资源和更为宽松的制度环境，进而强化企业原有的竞争优势地位。有形资源在传统的制造行业、建筑行业、交通运输、仓储和邮政业、住宿和餐饮业和房地产业等具有更为重要的影响。而对于科学研究和技术服务业、文化、体育和娱乐业、金融业和教育业等以技术创新和技术革新为主要竞争力的行业，有形资源对其非市场战略的影响要小于对传统行业的影响。但是并不是说，无形资源对企业非市场战略的选择没有影响，只是影响权数要小于有形资源。

企业对于无形资源的利用效率明显增强。随着互联网的高速发展，信息的传递速度和传递效率不断提高，任何一个企业都生活在公众的视线内，企业的一举一动都毫无遗漏地暴露在公众的面前。更为重要的是，政府对环境的监控力度不断加强，使公众和新闻媒体对于环境问题达到了前所未有的关注度。这些因素迫使企业必须注意到其在社会公众等外部利益相关者中的地位和声誉，同时要求企业的文化和经营理念必须发生根本性的变化，必须强调和外部利益相关者的和谐相处，而不能仅仅追求利润的最大化。任何以追求利润最大化为唯一目标的企业必将在未来的某一时刻终结其生命。因此，为了使企业能够持续地生存下去，企业必须将技术创新能力作为企业的无形资源，不断地提高其产品质量，减少相关的负面附加品，从而从硬件上满足外部利益相关者的要求，使得企业能够将市场资源优势发挥到最大化。

对于科学研究和技术服务业、文化、体育和娱乐业、金融业和教育业等以技术创新和技术革新为主要竞争力的行业，则无形资源对其非市场战略的影响要大于对传统行业的影响。相对于传统的制造行业、建筑行业、交通运输、仓储和邮政业、住宿和餐饮业和房地产业等行业，其顾客和潜在消费者更为关注这些企业的技术创新能力，毕竟他们所提高的产品质量和服务水平的高低与其技术资源和能力密不可分。

在中国转型经济背景下，企业所处的外部制度环境更加复杂多变，具有不确定性和不可预见性。那么企业要想在复杂多变的环境中保持其竞争优势，就必须充分利用手中所拥有的市场资源。如果企业所拥有的市场资源具有优势，那么企业对于外部复杂多变的环境就可以采取更为积极主动的改变企业所处环境的缓冲战略，努力通过各种渠道保护企业的行为免受政府的干预。积极与地方政府商讨即将出台的法律法规，对影响企业业务的立法建议施加影响，降低行业管制，从事公益性广告、参与慈善活动、召开新闻发布会、会见社团组织等来提升企业的社会地位和形象。

如果企业拥有的市场资源不具有优势，那么企业对于所处的外部环境，就应该采取更为积极的适应环境的搭桥战略，努力地按照地方政府的要求和期望做事，调整公司行为符合社会期望和社会公众、新闻媒体的期望变化等。对于行业管制、法律法规的要求，企业能够努力适应并超越。不论企业在内部的市场资源上是否具有优势，企业在非市场战略选择上都能找到适合自身资源特性的战略方式，使企业能够获得持续的竞争优势来源。

非市场资源在西方并没有作为一种特别的资源属性被提出来。这是因为西方市场经济体制是自然进化的。而中国的市场经济体制脱胎于中国传统的计划经济体制。因此，在社会和文化习俗上的思维转变需要一定的时间。同样，这种思维转变过程的滞后性必然影响到企业运作的商业模式和外部环境中。因此，为了强调中国的转轨经济背景，而将非市场资源作为一种和市场资源相对立的资源提出来。它包括企业所拥有的资源规模的大小、处理非市场事项的专门人才、在非市场事项处理过程中所积累的具有路径依赖性的事项处理策略技巧、企业高管的具有非市场资源属性的人脉关系网络、企业的公众与社会形象、专门的公共事务部门的设置。

非市场资源和能力与市场资源相比，其核心特征是这种资源属性的价值最主要体现在与政府、社会公众和新闻媒体等非市场环境中的事项发起者，在与之打交道过程中所积累的资源和能力。这种资源和能力更多地表现为处理非市场事项的专门人才和测量技巧以及高管的人脉关系网络。这种测量和技巧不是我们在书本上能够学到的，更多地表现为一种隐性知识和能力。隐性知识与特定的企业环境、企业惯例相联系，很难通过组织的编码使其制度化，并且这种知识更多地表现为员工个人的知识储备，是员工在特定的情境环境下，通过与利益相关者打交道而逐渐积累起来的。相比于市场资源，其具有路径依赖性、更难以模仿和难以替代性，更有可能成为企业持续竞争优势的来源。

在西方作为市场资源的资产规模在中国转轨经济背景下也具有非市场资源属性。原因是中国处在由计划经济体制向市场经济转轨的过程中，企业规模作为企业实力的一种象征，对社会的影响要大于中小企业，比如说对社会就业、社会环境、人们的消费习惯、思想意识形态的影响等，大企业具有更大的社会影响力。对于解决社会的就业压力，对当地经济发展的贡献，对地方官员的政绩影响，对社会公众的行为和思想的影响，都使得规模大的企业能够获得更多的资源，具有更大的讨价还价能力，在与政府、社会公众、新闻媒体等非市场事项发起者的博弈过程中，具有更多的话语权，能够获得更多的发展机会，因此具有市场资源属性的资产规模表现为非市场资源属性。这种具有双重属性的资源在构成企业竞争优势来源中的效用与其他具有单种属性的资源相比，其贡献性更大，受到的关注更多，更有可能构成企业竞争优势的资源。在中国转轨经济背景下，这种优势更为突出和明显。

非市场资源在中国转轨经济背景下的中国企业的非市场战略方式选择中具有更为鲜明的“中国特色”。非市场资源在中国更多地表现为一种无形资源和能力，比如说企业是否具有和政府部门打交道的专门人才，是否具有和政府部门和新闻媒体等打交道的策略技巧。这种策略技巧更多地具有路径依赖性和难以模仿性。而人力资本与自然人是不可分离的，同样具有形成竞争优势的排他性和难以模仿性。而高管的社会关系和人脉网络在中国的市场经济环境下，具有更为鲜明的中国特色，甚至被国外学者作为一种独特的中国现象，用“关系”这一具有中国特色的汉语拼音进行界定。而中国学者的本土化研究，也证明了其在中国企业竞争中的不可替代的重要影响。非市场资源更多地表现为一种与政府部门之间的关系资源。

非市场资源在非市场战略方式选择中起到部分影响。这说明，在转型经济背景下的中国，非市场资源已经成为企业在进行战略竞争时需要考虑的一个主要资源因素。资源基础理论认为企业竞争优势的来源是企业内部所拥有和控制的市场资源。但是，本书通过实证研究，验证了当企业具有非市场资源和能力时，更有可能成为企业竞争优势的来源，这种非市场资源同样具有难以模仿性和稀缺性。例如，企业掌握了大量的与政府部门、新闻媒体、社会公众等利益团体打交道的经验和策略技巧；企业的员工包括高管、股东甚至是员工所拥有的广泛人脉和社会关系网络；企业内部具有专门的或公共的处理公共事务的部门；企业在供应商和顾客中拥有良好的声誉和企业形象等。因此，企业可以在非市场资源方面进行大量的投资，设立专门的部门，雇用更丰富的人才来实施企业的非市场战略。

如果企业认为其不具有非市场资源上的优势和能力，则不实施任何形式的非市场战略。这种情况在中国转轨经济背景下是可以理解的。产生这种结果的原因有两个：一是企业所处的行业竞争环境；二是行业管制程度。例如虽然某些企业不具备竞争优势的非市场资源和能力，但是企业要想生存下去，仅仅依靠其在市场竞争环境中的市场战略也是可行的。比如某些处于自由竞争行业的企业，由于其所处的市场环境具有较为充分的自由竞争和比较接近完全竞争的市场环境。这种市场环境的特点：一是在该行业存在着许多企业，每个企业生产的产品都占有一定的市场份额，并且不存在具有垄断地位的企业，每家企业都占有相对较小的市场份额；二是每家企业的产品都具有异质性，是可以和竞争对手区别开来的；三是当每家企业实施市场战略或非市场战略时，对其他企业的市场占有率影响较小。因此，企业所处的行业特点决定了企业在不具备非市场资源和能力时，即使是不实施任何形式的非市场战略，也不会对企业的生存产生至关重要的影响。

行业管制的程度在中国转轨经济背景下对企业的影响尤为重要。如果中央政府和地方政府对某一行业的管制比较宽松，相关的约束、准则等不多，其市场体制和市场机制所起的作用比较大时，那么行业中的企业也就没有压力去应对非市场环境中的非市场事项。相反，如果国家对该行业的管制政策比较多，即使企业没有非市场资源和能力，那么为了满足“合法性”的要求，也必然要采取非市场战略。比如，中国的服装市场、家电市场的行业管制程度比较松，企业实施非市场战略的压力和动机就比较小，但是在市场环境中的竞争却非常激烈。在中国的房地产市场、制药行业等，国家对其管控就比较多。因为这些行业多涉及关系国计民生的问题。那么处在这类管制比较严的行业中，企业就有意识、有目的地采取非市场战略。

在中国转轨经济的背景下，仅仅用资源基础理论来分析企业战略制定的影响因素是不够的。资源虽然很重要但是仅仅有资源是不够的，并不能完全决定企业采取什么战略、如何生存和发展的问题，因此在分析转轨经济条件下的企业战略要从制度角度出发。实证研究验证了制度资源作为企业的一种外部资源，同样能够成为企业持续竞争优势的来源。特别是在中国转轨经济背景下，制度资源的使用和运用在中国更具有重要意义。

我国市场经济存在着很多不完善的地方，有很多的规则空白和法律空缺，甚至某些企业所需的战略性资源的交易市场都是不完善的，抑或是不存在的。在这种情况下，企业所拥有的制度资源对于弥补中国市场经济条件下的弊端起到了良好的作用。因此，企业可以进行有目的的制度资源投资，将企业的制度资源放在战略性的地位。因此企业可以借助非市场联盟、行业协会、第三方机构、新闻媒体等形式实施企业的非市场战略，以影响政府法规、政策的出台，进而获取竞争优势。对社会公众、新闻媒体等具有舆论导向作用的利益相关者进行有效的管理，从而营造一个良好的外部生存环境，推动整个行业和企业的良性发展。

在中国转轨经济环境下，中国企业在非市场战略制定与实施时对非市场战略方式的选择，首先考虑到了企业所拥有和控制的市场资源，而且实证也验证了市场资源对企业非市场战略方式选择的重要影响。市场资源对缓冲战略的影响权重达到了 0.678，而对搭桥战略的影响权重更是高达 0.736，由此可见，市场资源在企业非市场战略制定与实施时，对市场战略和非市场战略都具有重要影响。这源于中国的改革开放，使得企业的高管已经具有了用市场经济思维的头脑，因此，在战略制定时，其最先考虑到的就是能够给他们带来利益的市场资源。

但是，企业所拥有和控制的非市场资源并没有成为非市场战略选择时的重要决定因素。虽然非市场资源对缓冲战略具有重要影响，但是其权重仅仅为 0.172，而在企业选择搭桥战略时，并没有考虑到非市场资源的影响。可见，企业所拥有和控制的非市场资源在竞争性企业之间没有独特的优势，抑或是中国企业还没有意识到利用手中所拥有和控制的非市场资源。

制度资源对非市场战略制定与实施时的战略方式选择也具有重要影响。制度资源对缓冲战略的影响权重达到了 0.272，而对搭桥战略的影响权重达到了 0.242。可见，制度资源在中国转轨经济环境下，对中国企业非市场战略的制定与实施产生了重要影响，是企业应对非市场环境时需要考虑的一个重要影响因素。但是由于制度资源自身的特殊属性，即由企业拥有但是不能控制的资源，因此企业在利用制度资源时，需要投入更多的时间和精力，是企业在进行非市场战略方式选择时所要考虑的另一个重要因素。

企业所拥有但是不能控制的制度资源更多地表现为企业主要利益相关者对企业的一种主观评价，并且是在与利益相关者打交道的过程中形成的。因此企业的制度资源相比于市场资源和非市场资源，其路径依赖性更强，更难被其竞争者所模仿和替代。因此企业一旦拥有不能直接控制的制度资源，其对企业非市场战略甚至是企业市场战略的影响都是不可估量的。

企业的制度资源优势相比于市场资源和非市场资源优势，更难以获取。这是制度资源的特殊属性决定的。首先，制度资源的定义是在中国转轨经济背景下形成的，制度资源的存在是一个特定的经济时期所特有的。其次，制度资源具有特殊的范畴属性。制度资源的属性维度包括：①企业在利益相关者中积累的声誉。②与竞争企业之间的合作与联盟的程度。③行业协会的作用。④社会公众、新闻媒体、政府对企业的认同。⑤行业管制政策的变化。⑥社会公众、新闻媒体、政府对企业的期望或要求。从以上有关对制度资源范畴的定义中，我们可以看出，制度资源更多的是利益相关者对企业的一种认可的态度，具有主观性，而缺失客观性。因此，如果企业要想利用制度资源的独特性优势来影响企业的非市场环境，那么企业必须对政府、社会公众、新闻媒体，行业协会等投入更多的精力进行管理，建立长期的良好关系，使得这些利益相关者能够支持企业的行为，认可企业的经营理念和企业文化，成为企业竞争优势来源的主要渠道。

二、企业非市场战略的实施

关于非市场战略制定与实施的影响因素的现有研究成果存在如下局限性：

一是对于影响因素的研究主要是在西方发达资本主义市场经济背景下对西方企业的考察，其研究结论很难适应新兴经济体国家或转轨经济国家。而中国特有的转轨经济背景使得中国企业所面临的非市场环境和市场环境存在复杂性和多变性，因此，在西方发达经济背景下所取得的研究成果在中国情境下存在着适应性的问题。

二是现有的研究结论均是从“市场”资源的视角来考察影响因素，而忽视了“非市场”资源的视角。仅仅从企业所拥有的市场资源角度来考察企业的非市场战略制定与实施的影响因素，从本质上来讲，并没有脱离企业的市场环境。也就是说，在市场环境下讨论企业的非市场战略问题，而忽视了企业非市场战略存在的非市场环境。

三是非市场战略在中西方表现为不同的衍化路径。在西方，非市场战略是在完善的市场经济环境和市场机制下产生和发展的。企业在市场竞争中意识到非市场战略的重要性，进而实施非市场战略。而在中国转轨经济背景下，中国市场环境的特点是由传统的计划经济体制向市场经济体制转变，市场环境和市场机制不断发展和完善；同时，企业所需要的某些关键性战略资源仍然由政府掌握或控制，原有的社会关系网络仍然起作用。因此，中国转轨经济背景下的企业面临的是市场战略和非市场战略同时并存的情况。

四是国内外学术界还没有一个普遍被接受的关于非市场战略制定与实施的资源影响因素模型。非市场战略作为一个系统的理论提出，其研究历史不过 20 年左右的时间，因此，在管理与战略管理方面，还是一个比较新的研究领域。因此，其相关的研究成果与其他理论相比，就显得不足。同时，对非市场战略的研究更强调其国别环境或经济体制的影响，受社会文化、社会习俗的影响大，更具有不同情境下的特殊性。同时，研究学者所使用的研究视角和研究理论多样化，使得有关非市场战略相关知识的贡献更多的是从广度方面，而对于知识的深度积累就稍显不足。

五是中国企业的非市场战略实践行为超越了学术上的研究进展，导致了理论研究落后于实践的严峻现实。中国企业特别是国有企业，在生产经营过程中，不但要时刻关注其所处的市场环境，同时还要对非市场环境进行扫描和监控。不论是市场环境还是非市场环境，对企业的生存都有至关重要的影响，因此，中国企业在面对中国改革开放以来的市场环境，一直在从事着非市场事项的管理。只不过这种管理更多的是一种无意识的、自觉产生的。就像一个生命有机体为了适应环境的变化而进行的进化一样。但是，在理论界对此问题的关注要晚于企业实践。因此，学术界对实践中的企业及企业管理者的指导作用不足。

本研究贡献性主要表现在以下几个方面：

第一，在中国特有的转轨经济背景下，对传统资源基础理论进行重新架构，提出了使用中国转轨经济背景的扩充的资源基础理论。将传统的资源基础理论对资源的分类由市场资源范畴拓展到市场资源和非市场资源两个层面，可分为三个类别：市场资源、非市场资源和制度资源。其中，市场资源和非市场资源是由企业所拥有和控制的资源，制度资源是由企业所拥有但是不能直接控制的资源。市场资源的外延定义包括实体资源、企业商誉、企业文化和经营理念、营销资源、财务资源和技术资源；非市场资源外延定义包括资产规模、专门人才、策略技巧、高管人脉关系网络、公众与社会形象和公共事务部门；制度资源外延定义包括企业在利益相关者中积累的声誉，与竞争企业之间的合作与联盟程度，行业协会的作用，社会公众、媒体、政府对企业的认同，行业管制政策的变化和社会公众、媒体、政府对企业的期望或要求。

第二，以扩充的资源基础理论作为分析框架，通过实证研究得到了中国转轨经济背景下的企业在非市场战略制定与实施时的影响因素模型。资源影响因素模型“$\eta_1 = 0.678\xi_1 + 0.172\xi_2 + 0.272\xi_3 + 0.024$”表示市场资源、非市场资源和制度资源与缓冲战略显著正相关（$P < 0.001$）。其中，市场资源的标准化回归系数为0.678，非市场资源的标准化回归系数为0.172，制度资源的标准化回归系数为0.272，三个标准化回归系数值均达0.05的显著水平。并且三个标准化回归系数值均为正数，表示其对缓冲战略的影响均为正向。市场资源、非市场资源和制度资源三个外因变量可以联合解释缓冲战略变量98.2%的变异量。其对缓冲战略的测量误差为0.024。这说明在中国特有的转轨经济背景下，如果企业拥有和控制的市场资源、非市场资源和企业拥有但是不能直接控制的制度资源越具有优势，企业越倾向于采取缓冲战略。对企业所处的外部非市场环境施加影响，对影响企业的立法和政策在制定过程中施加影响，对社会公众、新闻媒体等利益相关者进行引导，通过公益性活动、公众活动提升企业的社会地位。资源影响因素模型“$\eta_2 = -0.763\xi_1 - 0.242\xi_3 + 0.079$”表示市场资源、制度资源与搭桥战略负相关（$P < 0.001$）。其中，市场资源的标准化回归系数为0.763，制度资源的标准化回归系数为0.242，两个标准化回归系数值均达0.05的显著水平。并且两个标准化回归系数值均为负数，表示其对搭桥战略的影响均为负向。市场资源和制度资源两个外因变量可以联合解释搭桥战略变量94%的变异量。其对搭桥战略的测量误差为0.079。这说明，目前在中国特有的转轨经济背景下，如果企业拥有和控制的市场资源和企业拥有但是不能直接控制的制度资源越具有劣势，企业越倾向于采取搭桥战略。虽然企业不具有市场资源和制度资源优势，但是企业并不是消极被动地适应外部制度环境，而是积极主动地采取非市场战略和行为，迎合和适应政府政策法规和社会期望的变化，使企业自身的行为符合甚至是超越外部非市场环境。

第三，实证研究结论与西方体制下的研究结论存在差异。对美国企业的实证研究结论是：企业拥有的资源越重要，企业越倾向于采取缓冲战略，即资源重要性与缓冲战略正相关。但是资源重要性与搭桥战略负相关并没有达到统计意义上的显著性。而本书的实证研究结论则是企业资源具有劣势时，企业倾向于采取搭桥战略。这说明，中、美经济体制存在差异的条件下，中国企业所处的外部制度环境更为动荡多变，企业为了将这种不确定性风险降到最低，就会充分利用手中的资源，对外部环境施加影响。当企业拥有和控制的资源具有优势时，就采用缓冲战略，反之则采取搭桥战略。而美国经济体制相对来说比较成熟完善，因此其外部制度环境比较稳定。所以，当企业拥有重要性资源时，则采取缓冲战略，对外部制度环境施加影响，但是当企业不具有重要性资源时，则企业无需采取非市场战略。

三、非市场战略对企业绩效的影响

企业的非市场战略对企业绩效有积极的影响，这正是企业实施非市场战略的目的。Baron（1997）认为，企业通过在非市场环境采取一系列具有协同作用的行为能够为企业创造价值，进而提高企业的总绩效。不论企业实施缓冲战略，还是搭桥战略，其目的都是为了提高企业的总绩效而不仅仅是经济绩效（Yuan-qiong He 等，2007）。而中国学者雷海民等（2013）对建立党委的 174 家中国上市公司的实证研究表明：企业的党委书记不兼任董事长和总经理，有利于提高企业的盈利能力；董事长和总经理分离有利于提高企业的盈利能力。从中我们可以看出，在对企业绩效衡量时，由于其所使用的测量指标不同，可能会得出不同的结论。而由于测量指标之间缺乏统一性，因此对于学者研究结论的对比分析很难给出结论。

现有的研究文献对企业的社会绩效的测量包括七个指标：管理质量、产品或服务质量、创新、长期投资价值、财务基础、吸引力和拥有的精英。Yuanqiong He 等（2007）认为，在中国转轨经济背景下，政府作为企业最重要的利益相关者，将政府与企业之间的关系作为企业社会绩效的一个关键维度。因此，对社会绩效的衡量包括：产品或服务质量（Quality of Products or Services）、管理质量（Quality of Management）、与政府官员的私人关系（the Relationship with Individual Government Officials）和对社区的责任（Responsibility to the Community）四个维度。对企业经济绩效的测量维度包括三个：与其所处的行业平均水平相比，近三年的利润增长率、市场份额增长率和产品销售额增长率，并且其实证研究证明了社会绩效对企业经济绩效的贡献性作用。

学术界对非市场战略绩效的研究相对匮乏。其原因有二：一是缺少分析非市场战略绩效的概念性统一框架；二是在数据获取方面存在着困难，包括企业非市场战略的结构和非市场战略对某一特定政策事项的影响所产生的绩效的衡量（Jean-Philippe Bonardi 等，2006）。

在非市场战略绩效评价的指标体系中，对绩效评价指标的选取应该根据研究非市场战略时所使用的理论分析工具和研究者的价值取向，同时，需要结合影响非市场战略制定与实施的资源影响因素。非市场战略对企业绩效的影响包括社会绩效和经济绩效两个部分。社会绩效指的是企业实施非市场战略所带来的具有公共物品属性的社会溢出效益，这种溢出效益的受益者是企业的利益相关者和更广范围内的社会公众。经济绩效指的是对企业价值链上从上游的资源投入到下游的产品或服务方面的贡献。

非市场战略绩效衡量包括三个部分：一是非市场战略绩效测量所使用的理论分析工具和价值取向；二是非市场绩效的测量指标的建立，包括社会绩效和经济绩效；三是对测量指标的测评方法。

（一）理论分析工具和价值取向

非市场战略所使用的理论分析工具具有多样化的趋势。但是主流理论主要是企业资源基础理论、制度基础理论和企业社会责任理论。在价值取向上同样依据其使用的理论分析工具。或者说，理论分析工具和价值取向具有密不可分的特点。当企业高管所持有的价值观不同时，在对非市场战略绩效的衡量上，其侧重点也是不同的。

持资源基础理论的学者在价值取向上更多地倾向于将企业的本质看做是追求利润最大化。或者说，企业存在的唯一目的就是获取最大利润。持这种观点的高管在进行非市场战略制定与实施时，会在“成本—收益”框架下，来考虑企业实施非市场战略的成本，从而选择一个成本最小化或利润最大化的非市场战略方式。同时，企业高管在实施非市场战略与行动时，更倾向以一种交易式的非市场战略方式，更加看中短期利益。因此，在非市场战略绩效的衡量上，更加看中的是企业传统的财务绩效指标。

持制度基础理论的学者在价值取向上更多地倾向于将企业的本质看做是一种社会契约。或者说企业的存在就是为了节约交易成本。因此，企业存在的目的不仅仅是获取最大利润，同时企业的存在必须满足其利益相关者的要求或者是合法性。持这种观点的高管在进行非市场战略时，要同时兼顾企业自身的经济利益，同时还要考虑到相关利益群体的利益。他们在进行非市场战略方式选择时，其决策依据是总体利益最大化。既满足企业自身经济绩效的要求，也兼顾各方利益群体的利益，在不损害各个利益集团利益的前提下，追求更大的利润空间。在对非市场战略绩效的衡量上，更多综合考虑社会绩效和经济绩效。

持企业社会责任理论的学者在价值取向上更多地倾向于将企业的本质看做是一种公民行为。或者说，企业存在的唯一目的是为社会的发展和可持续性做贡献。持这种观点的高管在进行非市场战略时，更多地从企业的战略和行为对社会总体效益的影响出发，同时考虑自身的经济利益。他们在进行非市场战略方式选择时，其决策依据是总体利益最大化。在对非市场战略绩效的衡量上，主要考虑具有公共物品属性的社会绩效。持这种观点的高管并非不考虑企业的经济利益，恰恰相反，他们是从更为长远的时期来考虑企业的生存和发展。实际上是为了企业能够长久地发展下去。因此，其在非市场战略方式的选择上，更多的是和各种利益相关者建立长期合作的关系，把利益相关者看做是企业的伙伴而不是需要处理的非市场事项或机构。

（二）非市场绩效的测量指标

对非市场绩效测量指标从社会绩效和经济绩效两个类型进行选择。但是需要说明的是，非市场绩效的衡量指标不是固定不变的，而是依据环境的变化，其测量指标也会发生相应的变化，但是基本的测量指标是相对固定的。增加或减少一些指标更能准确地衡量非市场绩效的真实性。因为非市场环境的复杂多变性，导致企业处理的非市场事项也是千差万别的，因此其非市场绩效的衡量指标应该包括基本指标和扩展指标两个部分。本书对于非市场绩效指标的选取是在现有理论成果的基础上，对基本指标进行选取。

对于社会绩效的选取依据的是非市场战略的类型和企业处理的主要非市场事项。社会绩效的测量指标之间是并列的关系，与社会绩效构念之间的关系是反映型测量指标，因此，随着未来研究的深入，测量指标体系可以添加其他指标，而新增的测量指标更能贴近真实的非市场战略绩效。如前所述，非市场战略按照类型可划分为：企业政治战略、企业社会责任战略和社会公众与新闻媒体战略。因此社会绩效的测量指标体系包括三个反映型指标体系：①企业政治绩效的测量指标体系。②企业社会责任绩效测量指标体系。③社会公众与新闻媒体绩效测量指标体系。企业政治绩效的测量指标体系包括：与政府部门合作、与政府官员的私人关系、对地方政府的捐赠。企业社会责任绩效测量指标体系包括：公益性活动、公益性广告、社区责任。社会公众与新闻媒体绩效测量指标体系包括：产品或服务质量、公关活动、良好的社会形象。

（三）指标的测评方法

选择合理的测评方法，有助于提高非市场绩效测量结果的可靠性、有效性和可比性。本书认为，其测量方法大致上可分为两种：定量测量和定性测量。定量测量的数据获取更具有客观性，主要表现为选择可以量化的指标作为数据收集的手段。比如说市场占有率、年销售额等。定性测量的数据获取更多地具有主观性，主要表现为一种态度倾向或行为趋势，例如，“满意”、“不满意”，“高于”、“低于”等。定量测量更多用于经济绩效指标的测量，定性指标的测量更多用于社会绩效指标的测量。两种测量方法无所谓优劣之分，只要能反映出企业实施非市场战略绩效的真实情况即可。

测量方法的选取必须具有时间上的可比性和空间上的可比性。所谓时间上的可比性是指不论是定性测量还是定量测量所获取的数据，必须使企业能够对自身非市场战略实施的效果有一个长期的趋势分析和预测，从而为企业的未来非市场战略制定和实施提供决策依据。测量指标的时间序列有利于企业自身非市场战略知识的累积和深化。对企业在各个经营周期中的非市场战略贡献率的比较，可以对比企业实施不同的非市场战略类型和方式效果的优劣，从而更好地为企业非市场战略服务。所谓空间上的可比性，是指测量结果不但能为企业自身的经营决策提供支持，同时能够和同行业中的竞争性企业相比较，对同行业中竞争性企业非市场战略绩效的掌握可以使企业找到自身在非市场战略和策略、行动等方面存在的问题，从而弥补企业的缺点与不足，做到知己知彼。

四、市场战略与非市场战略的有机融合

对市场战略与非市场战略的整合研究是战略管理研究中的新问题。对市场战略和非市场战略的整合研究源于非市场战略与市场战略对企业竞争优势来源的互补关系。企业实施非市场战略，会使企业的市场战略更为有效和具有竞争性。目前，学术界对整合问题的研究成果还比较少。Baron（1995）主张将非市场战略与市场战略在企业战略的层次进行整合。至此，有关非市场战略和市场战略的整合研究作为一种新的研究方向被提出来。Baron（1997）认为企业不论采取缓冲战略还是搭桥战略，都会形成有利于企业总体绩效提高的环境。Baron（1997）提出了在企业层次上进行战略整合的层级模型。对市场环境和非市场环境的整合主要体现在三个层次：第一个是制度层次的保障，它包括企业的内部组织流程、治理机制、激励机制、行为规范等；第二个层次是战略整合，它是指市场战略与非市场战略的整合运用；第三个层次是策略整合，这是整合战略的执行阶段。

Yuanqiong He（2006）通过438份调查问卷和对10位高管的深度访谈，实证了中国转轨经济背景下，企业所有权性质对企业非市场战略与市场战略整合方式的影响。研究发现，外资企业在中国市场环境下，对非市场战略包括缓冲战略

和搭桥战略的使用程度要大于私营企业。外资企业通过其本国母公司成熟地处理股东和社会事项的方式直接引入子公司中。与外资企业相比，私营企业没有足够的关于股东和社会事项的知识。国有企业更倾向于采取缓冲战略，私营企业更倾向于采取搭桥战略和缓冲战略。对于私营企业来说，实施缓冲战略和搭桥战略对企业从利益相关者处获得合法性是同样重要的。

邓新明（2008）以资源基础理论和制度理论作为理论分析工具，提出了一个企业市场战略与非市场战略整合行为模式选择的概念模型，并对这一概念模型进行了实践检验。其研究结果是企业战略整合的两种行为模式：内部行为模式（战略协同）、外部行为模式（战略互动与事项整合）。该战略整合的核心是，战略协同、事项整合和战略互动，这些都会对其产生显著的正向影响。战略整合的绩效维度不仅包括市场绩效，还包括非市场绩效。

樊帅（2009）从事项管理的视角将非市场事项按内容标准进行了进一步的分类，即政治、环境、社会公益及社会舆论四种内容的非市场事项。同时，以中国房地产行业为样本，通过深度访谈，实证了不同的企业战略管理层次的影响事项不同。具体地，影响企业目标设定层的非市场事项构成主体是政治事项和环境事项；影响企业战略制定层的非市场事项主体是政治事项、环境事项和社会公益事项；而影响企业战略实施层的非市场事项主体则是政治事项、环境事项、社会公益事项及社会舆论事项。

从国内学者对非市场战略整合研究的贡献来看，其研究的主要视角是对非市场环境中的非市场事项进行管理，在战略宏观层次、战略中观层次和战略微观层次三个方面将企业的非市场战略整合到企业的市场战略中。从本质上讲，是对影响企业经营环境的非市场事项进行扫描，根据事项对企业经营环境的影响权重，决定在哪个层次将非市场事项整合到企业的市场战略中。从某种意义上说，非市场战略是作为市场战略的补充战略而存在的，也就是说，非市场战略存在的目的是为了市场战略而服务的。非市场战略在企业整合战略研究中，是从属于企业市场战略的。

在未来的战略管理研究中，非市场战略在企业战略决策中的地位与市场战略是处于同一层次的。企业在进行战略决策时，两种战略的权重是相同的，在进行战略制定时，高管不再有意识地做非市场战略和市场战略区分，而是将两种战略融合为一体。我们将之称为生态战略。生态战略所使用的理论分析工具是企业网络理论与社会资本理论。企业网络理论的研究出发点是企业利用网络化改变与其他企业的关系，实现资源的最优配置，网络对企业组织具有重要意义。企业网络理论认为，企业嵌入在一定的社会结构中，因此应该从企业嵌入性的角度分析企业的行为。社会资本理论认为企业的社会资本是一套完整的关系，这些关系包括买方与供应商、战略联盟、行业协会成员之间的关系。这些关系可以使企业之间能够进行各种信息交换、知识交换和其他形式的资本交换。

企业的社会资本并不仅仅局限于企业与其他企业之间的信息和资源的交换和共享。随着大数据时代的到来，必将开启一个新的商业模式时代。新的商业模式的产生，使得企业社会资本的范畴从企业与其他企业之间的关系发展成为企业与更广泛的外部利益相关者之间的关系。因此可以将社会资本的维度划分为：微观层次的社会资本、中观层次的社会资本和宏观层次的社会资本。微观层次的社会资本主要指企业与其员工、顾客、股东、供应商等具有直接利益关系的个人或群体的关系网络。中观层次的社会资本指企业与其行业内其他企业之间的关系，以及同行业协会的关系。其他企业既包括战略联盟企业、同行业企业，也包括竞争企业。宏观层次的社会资本指企业与更广范围内的社会公众、政府、新闻媒体、第三方机构、非政府组织等个人或群体的关系网络。

生态战略是一种嵌入在社会有机体中的一种新的战略模式。生态战略下的企业早已经无意识地将非市场事项嵌入在企业的市场战略中，因此生态战略不再区分市场战略或是非市场战略。

第九章 典型案例分析

一、华为——成就中国梦

（一）企业概况与国际化阻力

华为1987年创立于深圳，是一家生产用户交换机（PBX）的香港公司的销售代理。[①] 1990年开始自主研发面向酒店与小企业的PBX技术并进行商用。1999年在印度班加罗尔设立研发中心。该研发中心分别于2001年和2003年获得CMM4级认证、CMM5级认证。至此，从本土企业成长为跨国企业的典范。过去20多年，华为抓住中国改革开放和ICT行业高速发展带来的历史契机，坚持以客户为中心，以奋斗者为本，基于客户需求持续创新，赢得了客户的尊重和信赖，从一家立足于中国深圳特区，初始资本只有21000元人民币的民营企业，稳健成长为年销售规模近2400亿元人民币的世界500强公司。如今，其产品包括

① 资料来源：http：//www.huawei.com/。

电信网络设备、IT 设备和解决方案以及智能终端，已应用于全球 170 多个国家和地区。

作为全球领先的信息与通信解决方案供应商，其产品为电信运营商、企业和消费者等提供有竞争力的端到端 ICT 解决方案和服务，帮助客户在数字社会获得成功。在战略上坚持聚焦战略，对电信基础网络、云数据中心和智能终端等领域持续进行研发投入，以客户需求和前沿技术驱动为创新，使公司始终处于行业前沿，引领行业的发展。华为每年将销售收入的 10%以上投入研发，在近 15 万个华为人中，超过 45%的员工从事创新、研究与开发。华为在 170 多个标准组织和开源组织中担任核心职位，已累计获得专利授权 36511 件。

华为将其使命描述为：积极致力于社会经济的可持续发展，运用信息与通信领域专业经验，弥合数字鸿沟，让人人享有高品质的宽带连接；努力保障网络的安全稳定运作，助力客户和各行各业提升效率、降低能耗，推动低碳经济增长；开展本地化运作，构建全球价值链，帮助本地发挥出全球价值，实现整个产业链的共赢。华为深信：未来将是一个全连接的世界。华为与合作伙伴一起，开放合作，努力构建一个更加高效整合的数字物流系统，促进人与人、人与物、物与物的全面互联和交融，激发每个人在任何时间、任何地点的无限机遇与潜能，推动世界进步。

（二）华为实施的国际化政治战略和具体策略行为

1. 起因——联合国千年发展目标

2000 年 9 月，在联合国千年首脑会议上，世界各国领导人就消除贫穷、饥饿、疾病、文盲、环境恶化和对妇女的歧视，商定了一套有时限的目标和指标：[①] 即消灭极端贫穷和饥饿；普及小学教育；促进男女平等并赋予妇女权利；降低儿童死亡率；改善产妇保健；与艾滋病毒/艾滋病、疟疾和其他疾病做斗争；确保环境的可持续能力；全球合作促进发展。这些目标和指标被置于全球议程的核

① 资料来源：联合国官方网站。

心，统称为千年发展目标（MDGs）。该千年发展目标是联合国全体 191 个成员国一致通过的一项旨在将全球贫困水平在 2015 年之前降低一半（以 1990 年的水平为标准）的行动计划，2000 年 9 月联合国首脑会议上由 189 个国家签署《联合国千年宣言》，正式做出此项承诺。八项千年发展目标——从极端贫穷人口比例减半，遏止艾滋病毒/艾滋病的蔓延到普及小学教育，所有目标完成时间是 2015 年——是一幅由全世界所有国家和主要发展机构共同展现的蓝图。这些国家和机构以全力以赴来满足全世界最贫困人口的需求。

2. 事件进展

2010 年 9 月 19 日，宽带数字发展委员会向联合国总部出席 2010 年千年发展目标峰会提交了一份研究报告。[①] 其主要内容是“包容全人类的宽带”，是面对 21 世纪全球在贫困、卫生、教育、性别平等、气候变化以及青年和老龄化人口结构的惊人变化等方面所面临的巨大挑战带来有效的和可续的解决方案。他们认为：“移动和互联网的自下而上和以市场为导向的变革模式是各国政府一种前所未有的机遇。信息通信技术和宽带可以带来就业增长、生产力，最终可以提高长期的经济竞争力。”

3. 事件导火索

美国众议院情报委员会（US House of Representatives Intelligence Committee）从 2011 年 11 月开始着手对华为和中兴进行调查，该项调查持续了近一年的时间。[②] 美国众议院情报委员会发布了具有争议性的报告——《美国众议院报告》。其调查结果是所谓“担心中国政府可能会将这两家公司售出的电信系统和设备变为在美国本土进行间谍活动的工具”，指责华为和中兴协助并支持中国的国家情报活动。该项调查持续了近一年时间。这一报告具有鲜明的贸易保护主义，其目的是阻碍中国企业进军美国市场。

虽然这一报告被广泛认为具有贸易保护主义的动机，但这仍然让华为顿时处

① http：//pr.huawei.com/ilink/paccn/download/HW_417699，宽带数字发展委员研究报告《2010 年领导人的当务之急：用宽带打造的未来》。

② 资料来源：http：//news.ifeng.com/mainland/detail_2012_10/09/18097109_0.shtml。

于全球网络安全争议的风口浪尖。

4. 战略性转机

2013 年，爱德华·斯诺登（Edward Snowden）揭露美国国家安全局（National Security Agency，NSA）以及“五只眼”情报联盟（Five Eyes），将美国国家安全局关于 PRISM（棱镜）监听项目的秘密文档披露给了《卫报》和《华盛顿邮报》，指出其与私有部门公司共同勾结并截取外国情报。这一事件让全球的势态发生了急剧的扭转，使得全球和媒体将关注焦点从中国的华为转向了美国国家安全局。

5. 华为的战略制高点

2013 年初，The Economist Intelligence Unit（EIU）受华为之托，为华为撰写了一篇题为《勇敢新世界：对华为有何意义》的报告。[①] 该报告研究了在政治、贸易、网络安全方面全球的几大重要趋势，并分析了这些因素对华为作为领先的科技公司以及中国公司全球化战略开拓先锋的影响。

在过去几年，网络安全已经迅速上升至全球重要的政治议题。除了以经济为目的的网络攻击，网络犯罪也已成为主要问题。由地缘政治问题而发起的攻击一方面可以伴随着以经济为目的的攻击同时发生，例如政府窃取知识产权，另一方面也可以以网络间谍和网络战争的形式出现。

如果华为将与中国关系良好的新兴市场作为自己的目标市场，将会从中大为受益。然而，华为需要继续改善其在海外的整体形象，不断增加透明度，支持各项国际网络安全措施。目前的一个特别关注点就是新兴市场缺乏对软件知识产权的保护，而华为可以通过建立国际合作成为这一领域的领军企业。

该报告指出华为将需要密切关注主要国家、国际团体甚至个别公司目前对于网络安全和数据隐私问题的应对措施，并制定出其自身用于应对未来规则和法律的相关对策。同时，华为也需要确定，作为中国公司履行国内法律义务是否会与未来遵守更加严格的法规相冲突。无论采取单边政策，还是通过全新的网络安全论坛，华为必须牢记，特别是在敏感领域，信任是贸易成功的关键。鉴于东亚地

① 资料来源：http：//pr.huawei.com/cn/media-kit/external-perspectives/index.htm。

缘政治的阻力、美国反华游说势力以及欧盟对于中国隐私和安全方面根深蒂固的担忧，华为的前景绝不会一帆风顺。目前，华为采取的策略非常正确，不仅致力于成为可信的合作伙伴，也积极成为网络安全领域的行业领袖。但如果华为能够在国际合作论坛框架内实施这些计划，这些努力将会变得更加有效。

6. 非市场战略助力战略制高点

2015 年 1 月 22 日，华为董事长孙亚芳与比利时国王菲利普在达沃斯举行会晤。[①] 双方就通信技术的发展给世界带来的好处和挑战，以及华为对比利时 ICT 产业的贡献等进行了交流。比利时作为欧洲中心国家，在华为全球战略中享有重要地位。达沃斯期间，比利时电信和华为于 2015 年 1 月 20 日签署了创新合作伙伴协议，双方将通过联合创新，共同应对用户日益增长的数据流量和语音流量需求，并肩致力于提升比利时用户的移动通信体验，丰富当地居民的沟通与生活；为持续消除数字鸿沟做出贡献。华为董事长孙亚芳强调："比利时 ICT 产业潜力巨大，有利于双方实现合作共赢。我们与比利时各界伙伴通力合作，共同构建可持续发展的商业环境，为比利时创造更多的社会、经济和技术价值。"

（三）华为的企业社会责任战略具体事例

随着 ICT 技术的快速发展和演进，数字化已成为带动各行业发展的重要引擎——例如医疗产业可通过数字化运营提高医护效率并降低医疗成本；电子教育让时间和空间不再是学习的障碍；而 ICT 技术和数字化发展亦将带来更多创业机遇以及就业机会。而华为一直致力于帮助所在国发展 ICT 产业，从而带动整个国家经济、社会、环境的长期可持续发展。华为在 2014 年启动比利时"未来种子"项目，积极地为当地培养 ICT 专业人才以应对数字技能人才短缺的挑战。截至目前，华为已经在全球 20 多个国家推行了此项目。

2015 年 3 月 3 日，一辆大挂车满载着任正非捐赠的 100 架钢琴进入都匀一

① 资料来源：http：//www.huawei.com/。

中。[①] 当天，黔南州教育局在这里举行受赠分发仪式，将这些钢琴分发到黔南州的82所中小学。据悉，任正非1944年10月25日出生于贵州安顺镇宁，父母是乡村中学教师。他是都匀一中1965届高中毕业生，是华为公司创始人。

1997年，我国改革高等教育制度，开始向学生收费，而配套的助学贷款又没跟上，华为集团向教育部捐献了2500万元寒门学子基金。对知识的尊重，是中国知识阶层的教育传统，也是经历过“文化大革命”的一代知识分子，对被扭曲了的文化观念的修正，对于身受贫穷压榨的发展中国家和人民，更能感受到尊重知识的重要性。从这个角度说，华为的寒门学子基金，意义等同于“希望工程”。当时，有人提出来，基金的名字是否叫“优秀××基金”，任正非不以为然：贫穷和出身并不可耻，高贵而没有知识也不光荣。[②]

为了帮助培养本地ICT人才，并帮助人才填补理论和实践之间的鸿沟、掌握行业发展所需技能、推动知识转移，华为于2008年启动了“通信未来种子”项目。该项目已在全球26个国家和地区实施，包括英国、法国、西班牙、意大利、泰国、孟加拉、菲律宾、巴西、智利、阿曼、阿联酋、印度尼西亚、越南、马来西亚、澳大利亚、摩洛哥、肯尼亚、乌干达、坦桑尼亚等。项目已使超过10000名学生受益。

华为2013年7月获得美国AMCP协会颁发的“最佳社区服务奖”，肯定了华为为履行企业社会责任承诺所做的工作以及在推动社区发展方面做出的贡献。在澳大利亚与“Tour de Cure”基金会合作开展活动，支持社区抗击癌症项目；在尼日利亚支持Nungtso慈善基金会，帮助欠发达社区改善条件；在波兰支持教育部在789所学校推行“School with Class 2.0”项目，鼓励创新；在匈牙利设立华为“未来创新领袖奖学金”，资助高校优秀学生；在肯尼亚开展“播种通信未来种子”项目，为ICT学生提供培训及实习机会，推动ICT人才培养。[③]

华为积极推进技术的推广和知识的普及，建立了华为网络与信息技术学院，

---

① 资料来源：http：//news.gog.cn/system/2015/03/04/014148554.shtml。

② 资料来源：http：//baike.haosou.com/doc/2126293.html。

③ 资料来源：http：//pr.huawei.com/cn/social-contribution/index.htm。

丰富了学校的教学体系，为社会培养了具有竞争力的人才。[①] 华为信息与网络技术学院项目是华为公司为打造 ICT 人才产业链，推动 ICT 领域技术的发展和传播，为社会培养 ICT 领域的人才，满足产业链对人才的长期需求而设立的校企合作教育项目。华为信息与网络技术学院依托厂商成熟和先进的技术研发实力，引入 ICT 实用、热门领域技术，对接认证课程和人才培养课程，通过交流、培训、实践、研讨等多种方式方法，增加学生的实践能力，增强就业竞争力，使学校成为卓越工程师的摇篮。

（四）案例分析

本案例通过华为对美国发起的一项政治事项的战略实施过程来理解：企业是如何应对非市场环境中的政治事项的。从战略层到战术层到具体的政治行动能够使我们更好地理解其实施的整个过程。而对华为实施的企业社会责任战略的描述，本书采取的是例证的方法，试图使读者从更广阔的视角来理解事项的发起者和事项的利益相关者的多样性和复杂性。具体来说：

1. 华为的政治战略

（1）战略目的。

通过对华为以上的政治战略的描述可以看出，华为在政治战略制定与实施时，具有全球战略眼光，其战略意图是华为全球化战略，华为能够充分意识到自身的优势与劣势，在国际政治局势发生变化时，能够对其进行预测，并试图进行战略控制，主导和推进国际网络安全协议，这就是我们所论述的非市场战略中的缓冲战略。

（2）战略实施的政治行为。

华为通过与国王菲利普在达沃斯成功举行举行会谈，从而开启了华为在比利时 ICT 的新时代，同时也是华为全球战略的重要一步。通过与菲利普的成功会谈，其必将巩固与比利时电信于 2015 年 1 月 20 日签署的创新合作伙伴协议。从

① 资料来源：http：//support.huawei.com/learning/NavigationAction！createNavi？navId=_54&lang=zh。

而使华为与电信的合作深度加强，增强了华为在国际市场上的竞争力。同时华为与菲利普国王的会谈对美国所谓的“间谍活动的工具”给予了有利的回击。

（3）战略实施效用。

华为此次会谈的重要意义不仅仅是给华为经济上带来了巨大的利润。华为与菲利普国王的会谈必然受到媒体的争相报道，特别是对于处在美国所谓的“国家间谍”谣言的风口浪尖上。同时也证明了华为能够充分利用复杂的国际政治局势，即使在外部政治环境不利于企业发展的情况下，能够抓住每一次机会，从而使得政治环境和市场环境向有利于自己的方向发展。

2. 华为的社会责任战略

从以上对华为的社会责任战略的列举中，我们可以看出，华为具有长远的战略眼光和勇于担当的英雄主义。华为尤其重视学校教育和人才的培养。其所实施的社会责任战略更多的是一种长远的关系式投入，为了一个国家的未来而进行的人才培养，这种贡献性不仅仅体现在国内，而是放在了国际的视角下所实施的担当，也不仅仅是为了获得企业存在的合法性或者是满足其竞争的最低需求。

具体来说，其社会责任战略主要体现在以下几个方面：全球范围内的专业人才培养与知识转移；社区公益事业的捐赠，如改善基础设施条件、抗击癌症等；对基础教育事业的投入，如资金和设备。

从以上关于华为的企业社会责任战略来看，具体来说可以概括为：

第一，利益相关者的多样性。华为采取企业社会责任战略所涉及的利益相关者和事项包括：专业 IT 人才的培养，也包括对弱势群体的资金捐赠这类相关的公益性行为，具有公共物品属性的基础设施的改善。同时，还包括对基础教育事业和高等教育事业的热切关注。从利益相关者的多样性可以看出，华为的企业社会责任战略，一方面能够满足利益相关者的利益诉求，在实践上践行了企业公民行为；另一方面能够为企业赢得更多的无形资源和有形资源，例如社会公众的良好印象、新闻媒体的报道、对民生事业的关注必然能够使政府对企业的行为认可，从而和政府建立良好的关系，进而实现其经济效益和社会效益的最大化。

第二，实施行为的多样性和范围的广泛性。形式的多样性主要体现在从有形的基础设施条件的改善，到无形的知识转移，从物资捐赠到资金注入。范围的广泛性，指企业的社会责任战略不仅着眼于本国的相关利益群体，而且将其拓展到国外与企业具有业务的相关国家和地区。这从一个侧面验证了华为的全球战略眼光，为华为的全球化进程做好准备，树立良好的海外形象，为企业赢得国外政府、新闻媒体和社会公众的广泛关注和好感，为华为的全球化树立负责任的和安全的信息。

二、星巴克——社会责任咖啡

（一）企业概况

星巴克咖啡公司成立于1971年，成立之初的主要业务是经营咖啡豆。[①] 1982年，霍华德·舒尔兹先生加入星巴克，是星巴克成长历史中的一项重要事件。霍华德·舒尔兹先生的杰出管理才能是星巴克未来走向成功的基础。最开始，霍华德·舒尔兹先生担任市场和零售营运总监，这使得他掌握了有关星巴克市场从原材料到产成品的相关信息的第一手资料，为星巴克由经销咖啡豆到制作咖啡饮料的原材料供应商再到面向最终消费者的咖啡饮品的转变创造了条件。1987年，霍华德·舒尔兹先生收购星巴克，至此第一家销售滴滤咖啡和浓缩咖啡饮料的门店正式营业。这是星巴克迈向终端消费者市场的第一步。1992年，星巴克在纽约纳斯达克成功上市，为星巴克积累了大量的原始资本，从而为星巴克走向国际化战略做好了资本准备。星巴克的经营理念是始终致力于商业道德采购，并烘焙世界上最优质的阿拉比卡咖啡。目前，星巴克在全世界62个国家拥有超过18000家门店，200000多名伙伴（员工）。今天，门店遍布全球的星巴克已经成

① 资料来源：http：//www.starbucks.com.cn/about/history.html。

为世界上首屈一指的专业咖啡烘焙商和零售商。其一直坚持对卓越品质的追求和对完美服务的承诺，通过每一杯优质的咖啡为其顾客营造独特的第三空间体验。

1999 年 1 月，星巴克在北京中国国际贸易中心开设了第一家门店，进入中国大陆市场。2009 年 1 月，星巴克为了庆祝进入中国大陆市场十周年，推出第一款含有中国咖啡豆的综合咖啡——星巴克凤舞祥云综合咖啡。在 2010 年 11 月，星巴克与云南省农业科学院和云南省普洱市人民政府签署合作谅解备忘录，将在云南投资并运营咖啡种植者支持中心和咖啡初加工工厂，旨在推动云南咖啡产业发展。2011 年 4 月，星巴克启动了一项名为"全球服务月"的社区服务活动。2011 年 10 月，星巴克在北京庆祝在中国大陆的第 500 家门店开业。2012 年 2 月，作为进一步助力提升云南咖啡产业的重要举措，星巴克宣布与云南最具实力的农业及咖啡经营企业之一 ——爱伲集团正式签约，在云南成立合资公司，将从云南购买并出口优质的阿拉比卡咖啡豆，同时还将在当地运营咖啡初加工厂。2012 年 4 月，星巴克公布了一系列凸显最佳雇主优势的全新计划：在北京和上海首次举办星巴克伙伴及家属论坛，进一步强调公司对员工（伙伴）及其家庭和运营所在社区的承诺；星巴克中国大学成立，旨在帮助提升伙伴现有的学习与发展需求；公司还将额外拨款 100 万元人民币投入星巴克中国的星基金（The CUP Fund）。在 2012 年，星巴克正式入驻 6 个新市场，分别是保定、南昌、南宁、泉州、淮安以及三亚，门店总数超过 700 家。

星巴克在中国获得的主要荣誉包括：中国食品健康七星奖；中国食品行业最受消费者信赖品牌;《商业价值》全媒体营销十佳案例；怡安翰威特"2013 中国最佳雇主奖"；前程无忧最佳人力资源典范企业；连锁经营协会员工最喜爱公司；《广州日报》中国最佳雇主;《广州日报》关注员工培训发展——标杆企业；中国企业社会责任创新百强企业；中国最具公众影响力企业社会责任事件；中国杰出公益团队；上海美国商会/Make a Difference Alliance 企业志愿奖项。

（二）企业社会责任战略

1. 践行环保，共爱地球

2010年11月15日，星巴克与中国宋庆龄基金会签署合作协议，正式发起“星巴克大学生环保践行者项目”。此项目由星巴克设立的“星巴克中国教育基金”出资600万元人民币用于资助和鼓励中国大学生积极开展环保创新，并通过行动积极回馈所在的社区。星巴克此举的目的是：“创造独特的星巴克体验，除了那份对于制作最高质量和最美味咖啡的热情之外，还包括我们对融入和回馈社区所做的努力”。这项活动体现了星巴克以负责任的方式经营业务，并为社区和环境创造美好未来的持续承诺。“星巴克大学生环保践行者项目”历时三年，每年在全国20所高校中资助300个在环境保护领域具有新颖的创意或预期效果显著的大学生项目。该项目将在大学生群体中宣扬环保意识，激励社会创新，并鼓励大学生与星巴克员工共同开展社区服务活动，激励年轻人共同关爱所在的社区。

更为具体地，参与“星巴克大学生环保践行者项目”的每所高校每年将获得15个资助金额为5000元人民币的资助名额。其评审的机构是中国宋庆龄基金会，评审的原则是参选项目的原创性、科学性、可实施性等标准。资助款将完全用于执行所申报并获选的环保项目。受助项目也将获得“年度大学生环保践行者项目”称号。此外，项目开展期间还将定期组织进行各优秀环保项目展示、组织参与活动学生与其他公益组织或相关政府机构的交流、开展学生环保项目座谈交流等内容。

2. 星巴克全球服务月——绿色社区行动

2011年4月，星巴克举办了全球服务月活动，作为通过服务提升当地社区40周年庆的内容之一，实践着其对于社区服务的不变承诺。在整个4月，世界各地的星巴克伙伴和顾客一起，以实际行动对他们生活和工作的社区带来了持久而积极的影响。星巴克与上海益优青年服务中心合作，在上海、广州、成都、深圳和北京开展了一系列的社区服务活动。活动内容形式多样化，以创建绿色社区为模板，共分为五个主要项目：绿化与园艺、节电节水、低碳教室、垃圾分类以及清洁整理。2011 年 4 月 25 日在上海古美社区，伙伴们和志愿者通过包括园艺、粉刷墙面以及建立垃圾管理系统等一系列工作来参与建设洁净绿色的社区。并通过趣味互动游戏推广环保的生活方式，同时还来到居民家中，帮助安装简易的节能节水设备。

值得一提的是霍华德·舒尔兹带领星巴克咖啡公司的高层领导团队和中国区的伙伴们一同参与了此次活动。此次活动得到了政府的关注与支持。上海市精神文明办和上海市闵行区古美路街道党工委、办事处对活动给予了大力支持。本次活动是由上海益优青年服务中心协同组织，这是一家设在上海的非政府组织，致力于在环保方面发展创新志愿者项目。可以说，这次活动是由企业发起，社会组织携手，政府支持，公众参与，不仅成功为社区带来了改变，同时推广了志愿者精神和环境保护理念。绿色社区行动是星巴克全球服务月活动的一个重要里程碑。在整个 4 月，星巴克中国集结全国 2341 名伙伴和志愿者，奉献了 6317 个服务小时。

3. 星巴克伙伴携手深圳义工服务社区——共同打造碧海净沙

2011 年 7 月 30 日，近 100 名来自星巴克深圳、广州的伙伴和深圳义工联的志愿者在南澳西涌海滩组织了一场以海洋保护为主题的星巴克绿色社区服务。志愿者们通过清洁海滩垃圾、在海坝上绘制环保宣传画和普及垃圾管理知识等绿色行动，与游客们就海洋保护工作进行了一系列互动，共同努力将南澳西涌海滩打造为一片碧海净沙。

此次活动是公司继 2011 年 4 月举办“全球服务月”绿色社区行动后，再次携手上海益优青年服务中心围绕绿化与园艺、垃圾管理、环保课堂、低碳节能和社区关怀五大主题开展的社区服务，旨在鼓励伙伴和青年志愿者通过自身的热情和积极的行动为星巴克工作和生活的社区带来改善，践行其对社区服务的不变承诺。

星巴克伙伴和深圳义工联的志愿者在清理海滩垃圾后将其做了集中处理，在向游客们宣传海洋保护知识的同时，邀请部分游客加入绿色行动。为了更好地推广城市生活垃圾分类管理内容，志愿者们还设计了垃圾分类游戏，在娱乐互动中分享知识经验，加强对垃圾管理的意识。

此外，为了时刻提醒游客在休闲娱乐之余保护海洋环境，志愿者们还在30多米的西涌海滩大坝上，创作了一幅巨型画作，引入保护海洋环境的概念，以形象生动的图画来宣传环保主题。星巴克希望通过此次对西涌海滩的清洁和美化，将这一著名度假景点打造得更加环保，为当地居民营造了良好的环境。

星巴克志愿者们此次在深圳南澳西涌海滩的服务小时数将计入星巴克“共爱地球”的2015年之前每年100万社区服务小时目标内。

相关链接：深圳南澳西涌海滩位于大鹏半岛南澳镇最南端，是深圳最大的沙滩，有着全国最美八大海滩之一的美誉，是人们夏日休闲游玩的一大胜地。近年来，随着游客数量的不断上升和人们对海洋保护的忽视，使得海滩上的垃圾残留给当地海洋环境带来了很大压力，尤其是一些被涌入浅滩中不能被生物降解的塑料袋、塑料瓶等包装物品，导致“白色污染”的触角已经从陆地伸向海洋，对海洋生态环境造成了较严重的污染和破坏。

4. 携手“星巴克园丁奖”获奖教师　参与关爱老人社区活动

2011年8月30日，星巴克携手成都市教育局和成都市教育基金会在成都大邑县王泗镇敬老院共同举办了一场以“社区关怀”为主题的社区服务活动。成都市教育局和成都市教育基金会领导及大邑县政府相关领导、星巴克伙伴、“成都市地震灾区优秀教师‘星巴克园丁奖’”50名获奖教师等通过多种形式的义工服务关爱老人，弘扬和传承了中华民族尊老敬老的传统美德。继2011年4月举办“全球服务月”绿色社区服务活动以来，这是星巴克近期在深圳和北京之后连续举办的又一次社区服务活动，进一步实践了公司为创建繁荣社区做出贡献的承诺。

本着“感恩社会，弘扬中华民族尊老爱老的传统美德，丰富敬老院生活”的宗旨，此次敬老院义工活动持续近两个小时。在社区服务中，包括星巴克咖啡国际公司总裁John Culver、成都市教育局副巡视员施兴国先生在内的160多名义工分别参与了农业劳动、清洁打扫敬老院、帮厨、为老人祝寿和文艺节目表演等多项服务，帮助创造一个和谐、洁净、温馨、充满欢乐的社区敬老院。临近中秋，星巴克伙伴们还为老人们送上了星巴克中秋月饼礼盒，感受到“心意比月圆”的美好祝福。成立两年来，“星巴克园丁奖”始终支持重灾区的教育工作，支持当地教育的可持续发展。这次携手获奖优秀教师参与回馈社区活动，在关爱老人的同时，也身体力行地为重灾区的学生树立了德育健全的榜样，弘扬了中华民族的敬老传统美德。

5.“绿色社区服务”进青岛　百名志愿者共创洁净海滩

2011 年 8 月 31 日，星巴克携手青岛市志愿者协会在青岛第一海水浴场共同举办了一场以保护海洋环境为主题的星巴克“绿色社区服务”活动。近 80 名星巴克伙伴（员工）和约 100 名志愿者通过清除海滩垃圾、在海滩上绘制环保宣传拼图以及向游客普及海洋环保知识等绿色行动，为青岛市民打造一个绿色、清洁、美丽、舒适的海滩社区环境。

相关链接：青岛第一海水浴场位于青岛汇泉湾畔，是亚洲最大的海水浴场之一。这里三面环山，绿树葱茏，景色秀丽，是青岛市民和海内外宾客夏日休闲游玩的一大胜地。然而，近年来激增的游客数量以及游客对环境保护的漠视，使得第一海水浴场的海滩上饮料、食品等包装废弃物随处可见，破坏了海水浴场的秀美景色。更令人担忧的是，一些不可降解的塑料袋、塑料瓶等废弃包装物随着海浪被卷入海中，严重污染和破坏了当地的海洋环境，使得海水浴场的生态环境面临严峻考验。

正是为了保护当地严重污染和破坏了的海洋环境，呼吁社会关注，星巴克携手青岛市志愿者协会、上海益优青年服务中心，发起了这次以保护海洋环境为主题的清洁青岛第一海水浴场“绿色社区服务”活动。星巴克伙伴和青岛志愿者们通过垃圾分类、海滩清理等一系列工作来打造洁净绿色的海滩，为游客创建更舒适宜人的休闲游览环境。星巴克伙伴和志愿者们在向游客们宣传海洋保护知识的同时，还邀请部分游客加入绿色行动，以亲身体验的方式向游客普及海洋环保的重要性，使得海洋环保理念深入人心。

此外，为了提醒更多游客在休闲娱乐之余保护海洋环境，星巴克伙伴和志愿者们还用现场收集的废弃饮料瓶在海滩上创作出了一幅环保拼图，以形象生动的图案来宣传海洋环保主题，以呼吁广大游客提高环保意识，在享受海滨怡人景色的同时，不忘为营造更清洁美丽的海滩环境做一份贡献。

6. 携手安徽省青少年发展基金会　捐赠门店营业收入回馈社区

2011 年 10 月 21 日，星巴克公司在合肥市市政府办公楼举行合肥新市场营业收入捐赠仪式，以践行星巴克致力于为自身经营业务的社区带来积极影响的长期承诺。来自安徽省青少年发展基金会、合肥市政府、合肥市共青团市委和星巴克的有关领导和志愿者出席捐赠仪式，并在仪式结束后前往瑶海区长淮社区开展绿色社区服务。

星巴克自 2011 年 8 月 25 日正式进入合肥市场以来，就积极致力于回馈当地社区。此次，星巴克将合肥门店营业收入 10 万元人民币捐赠给安徽省青少年发展基金会，用于帮助合肥市瑶海区螺岗小学购置教学计算机，以提高该学校的现代化教学基础建设。星巴克为改善基础教育现代化教学做出努力，对儿童教育的关注，促进了贫困地区教育基础事业的发展。

在捐赠仪式后，由星巴克伙伴（员工）、市政府公务员、市共青团和社区工作人员组成的志愿者团队一同前往瑶海区长淮社区，围绕节约能源、社区美化和垃圾桶清洁三大任务展开绿色社区服务。长淮社区目前覆盖 11 个生活小区，现有 6054 户家庭，居民人数超过 15000 人，该社区具有悠久的尊老爱幼、扶贫助困的优良传统。除本次活动外，星巴克希望长期在该社区设立星巴克社区服务点，使星巴克回馈社区的企业文化在合肥进一步得到弘扬和发展。

7. 心系社区　星巴克捐赠门店首日营业收入　改善地方希望小学教学设施

2011 年 12 月 6 日，星巴克公司宣布将其在石家庄市万达广场门店首日营业收入进行捐赠，以践行星巴克为自身经营业务的社区带来积极影响的长期承诺。本次活动是由星巴克携手河北省青少年发展基金会和石家庄市投资促进局共同举办，石家庄市政府和星巴克的有关领导出席了捐赠仪式。

星巴克自 2011 年 9 月进入石家庄市场以来，不仅为石家庄市民带来风靡全球的高品质手工调制咖啡和独特的星巴克体验，也把融入和回馈本地社区这一企业传统带到了这里。此次，星巴克将石家庄门店首日营业收入捐赠给河北省青少年发展基金会，用于帮助石家庄市平山县的岗南镇中石殿小学和明德希望小学建设体育乐园及图书室，以丰富孩子们的校园文化生活。

正如星巴克中国北方区政府事务总监董家泰表示："星巴克之所以能在消费者心目中保持无与伦比的形象，除了因为我们对优质咖啡的热情和始终如一的执着追求，还因为我们和顾客所建立起来的深层次情感联系，以及我们为所在社区创造美好未来所做的努力。将公司首日营业收入捐赠给当地社区是星巴克一贯坚持的传统，这源于我们履行对中国市场的长期发展承诺。此外，星巴克即将在石家庄陆续开设两家门店，加快在本地市场的发展步伐，并通过多种形式的活动回馈本地社区，使星巴克真正融入石家庄。"

相关链接：星巴克本次捐助的平山县岗南镇中石殿小学位于岗南镇东北部丘陵地带，属于今年山区教育扶贫工程新建学校，辐射 15 个行政村，共有学生 408 名。该校是刚刚新建落成，因资金短缺无力配套体育设施，同学们只能在空地上玩耍、上体育课。而另外一所受赠的平山县明德希望小学位于平山镇南贾壁村，是一所村办六年制完全小学，在校学生 1500 名。由于该校无操场，学生们只能把校园当操场，平日只有两个破旧的乒乓球台和一部分旧沙包和拔河绳，陈旧的体育设施远远跟不上学生素质教育的要求。

8. 星巴克开启又一轮创建绿色社区服务热潮

2012 年 4 月 17 日，400 多名星巴克伙伴（员工）及其家人、顾客和大学生志愿者齐聚北京朝阳区呼家楼北社区，开展了共建绿色社区的服务活动。这一独特的星巴克中国绿色社区服务模式，包括了园艺美化、垃圾分类、环保课堂、低碳节能和社区关怀。本次活动是由星巴克和非政府机构合作伙伴上海益优青年服务中心一同组织开展，活动也得到了北京朝阳区呼家楼街道办事处的大力支持。呼家楼北社区是朝阳区历史最悠久的社区之一，共有 3000 多户家庭，其中也包括需要社会关怀的人士。此次活动体现了星巴克为共同创建和谐繁荣社区而努力。

星巴克的伙伴们与他们的家人、顾客和大学生志愿者，共同参与社区环境美化工作，还和社区居民一起分享践行环保生活方式的体验。除了园艺、粉刷围墙和清洁社区以外，还有一项创新内容，就是帮助居民利用家中阳台进行有机蔬果种植，并在社区小学内打造迷你农场，这一有机种植实践受到了当地居民的广泛欢迎。此次，星巴克在全国首次推出了《星巴克中国社区服务手册》，指导和帮助伙伴更好地开展满足当地需求的社区服务，让工作和生活的社区更加美好。

9. 齐“星”合力，“绿”动一夏

2012 年 7 月 30 日，近 70 名星巴克伙伴和当地志愿者在重庆临江门社区组织了一场星巴克绿色社区服务活动。伙伴和志愿者们通过帮助清洁社区、上门探望慰问孤寡老人、为留守儿童举办环保课堂、创意绘画等环保教育诸多形式服务社区，围绕“低碳节能”的主题在炎炎盛夏为当地社区居民送上了一份星巴克式的绿色“星”意。这是 2012 年继 4 月的“星巴克全球服务月”之后的又一轮社区服务热潮，也是以“绿色”模式对星巴克社区服务的再一次践行，进一步履行了公司为创建繁荣社区做出贡献的长期承诺。

长期以来，平衡盈利和社会道德之间的关系是星巴克企业文化和经营的基石。自从 1999 年进入中国以来，星巴克投身于中国社会经济的发展，同时积极回馈社区。2009 年初，星巴克联合成都教育基金会，通过星巴克中国教育基金捐款 500 万元帮助四川地震重灾区的教师。2010 年末，星巴克与中国宋庆龄基金会签署合作协议，发起“星巴克大学生环保践行者项目”，鼓励大学生通过环保创新回馈社区。2011 年，全球近 60000 名志愿者参与全球服务月活动，累计贡献社区服务时间长达 156000 个小时，受益人数达到 252000 人。2012 年 4 月中国的全球服务月活动，来自 34 个城市的 3226 名志愿者参与了 74 个服务项目，累计贡献社区服务时间达 11408 小时，受益人数达到 51087 人。星巴克在中国成长的同时，始终致力于实践回馈社会的承诺，帮助社区共同发展。

10. 交流环保创新　践行绿色责任

2012 年 8 月 23 日，由中国宋庆龄基金会和星巴克咖啡公司共同举办的 2012 年“星巴克大学生环保践行者”夏令营在中国海洋大学成功举行。中国宋庆龄基金会秘书长李宁、星巴克中国公共事务副总裁石东伟、中国海洋大学党委副书记张静等有关嘉宾和领导，以及来自全国 20 所高校的师生代表、环保领域的专家评委及星巴克伙伴、志愿者等近 150 人参与了此次活动，就各自在环保领域中的创新与实践进行了深入的探讨与交流。

在为期 3 天的夏令营活动中，来自北京大学、山东大学、同济大学、浙江大学、中山大学、中国海洋大学等 20 所高校的大学生展示了各自的环保创新项目，并与专家、评委进行了交流互动，从而能更好地完善作品，探索环保创新的可实施性、可持续性，以共同建设绿色、和谐、美好的社区。在 2012 年的夏令营活动中，经过两轮的评选，最终有 10 个优秀项目脱颖而出。令人兴奋的是，这 10 个项目团队代表将有机会赴美作短期的交流学习，分享创新经验，促进环保实践。

另外值得一提的是，参加本次夏令营活动的师生们还与星巴克员工一起，在青岛第一海水浴场开展了社区服务活动。参与者们结合星巴克“绿色社区”的经验，对来自中国海洋大学的创新项目“蓝色海岸线环保之行”进行了推广。志愿者们通过沙滩清洁、互动宣传、设置垃圾分类桶等服务，践行环保理念，保护海洋环境。

中国宋庆龄基金会秘书长李宁先生在致辞中表示：“长期以来，中国宋庆龄基金会十分重视青年人在环保领域的传承与创新。‘星巴克大学生环保践行者’项目就是我们与星巴克咖啡公司继‘师范生资助’和‘乡村教师培训’之后，在环保领域开展的一项广泛而深入的合作。该项目在带动大学生之间的交流，增强社会的环保意识，倡导全社会践行环保方面产生重要的示范效应。同时，也为大学生践行环保构建了一个良好的平台，不仅注重挖掘大学生在环保领域的奇思妙想，更鼓励大学生在环保方面的新颖创意、发散性思维转化成新的发明创造，应用于环保实践工作。”

相关链接：“星巴克大学生环保践行者”项目是由中国宋庆龄基金会和星巴克咖啡公司于 2010 年底共同发起，项目历时三年，由星巴克捐资 600 万元人民币，每年在全国 20 所高校中资助 300 个在环境保护领域具有新颖创意或预期效果显著的项目。该项目旨在鼓励中国大学生开展环保创新，并用实际行动积极回馈社区。截至目前，该项目已与 20 所高校建立了良好的合作关系，资助了 600 个大学生环保项目，内容涉及生态农业、节能减排、旧物循环利用、食品安全、生态社区建设、工矿企业环保治理、环境卫生等多个领域与社会热点。部分学生的环保创意项目已用于生产生活中，不仅产生了社会效益，也产生了一定的经济效益。

11.“开拓环保交流　持续绿色践行”——星巴克大学生环保践行者赴美交流学习

2013 年 3 月 26 日，近日，星巴克咖啡公司在美国西雅图举办了年度股东大会。董事长、总裁兼首席执行官霍华德·舒尔茨肯定了公司伙伴（员工）的贡献，强调了公司稳定的运营情况。除此以外，霍华德·舒尔茨和其他公司高管还全面概述了星巴克如何利用其全球架构为伙伴及顾客生活和工作的地方创造积极的社区影响，这也反映了星巴克对于坚持回馈社区、实践企业社会责任的承诺。霍华德·舒尔茨在大会中说道：“只有通过我们独特的能力为我们所服务的社区做出有意义的贡献，才能为股东创造更多价值。星巴克一直满怀热情、持续发展，力求成为世界上最受推崇和信赖的品牌之一。”

星巴克在世界各地 62 个国家拥有 18000 多家门店，以及超过 20 万名的伙伴，公司的发展也使其能够利用全球运营规模以与众不同的方式进行公益活动，充分体现企业社会责任。星巴克首席社区执行官布莱尔·泰勒在大会上宣布了多项新的公益计划，其中包括：充分利用星巴克的全球供应链，为青年人提供岗位技能和领导力的培训，帮助他们更好地发展，并更好地推动社区建设。在中国，星巴克也已经朝着帮助中国青少年发展领导力这个方向做出了努力，并有所成果。

由中国宋庆龄基金会和星巴克咖啡公司共同组织的“星巴克大学生环保践行者”日前在星巴克西雅图总部进行了为期五天的交流和访问，期间也受邀参加了星巴克年度股东大会。10 位中国大学生环保践行者们围绕“交流环保创新、践行绿色责任”为主题，不仅参观了星巴克总部，与星巴克高层对话互动；也与美国华盛顿大学的学生、当地的非政府组织以及环保社团分享创新经验，促进环保实践。此次西雅图之行正是对过去三年来“星巴克大学生环保践行者”项目的一个总结。项目开展以来，来自北京大学、同济大学、浙江大学、中山大学等 20 所高校的中国大学生为共同建设绿色、和谐、美好的社区，展示了各自的环保创新项目，探索环保创新的可实施性、可持续性。最终脱颖而出的 10 位学生代表凭借独特的环保创意赢得了此次赴美交流的机会。

星巴克总裁霍华德·舒尔茨先生在欢迎中国大学生参观星巴克总部时谈道：

"自星巴克在西雅图诞生时起，就始终奉行融入和回馈我们经营业务所在的社区，并为其带来积极的影响这一信条。我们来到中国十几年来，在和中国一起发展的同时也同样重视践行这一信念。我们很高兴地看到越来越多朝气蓬勃的大学生加入到环保的行列，学生们的原创项目也着实让人惊喜。衷心希望这次赴美交流能为这些有志于环保事业的青年人搭建一个良好的平台，更加鼓励他们在未来的学习和生活中拓宽眼界、广泛交流、实践先行。"

12. 星巴克与中国宋庆龄基金会在青年领导力方面的合作历史

星巴克于2006~2010年出资500万美元在亚洲基金会于美国建立的非营利组织"赠予亚洲"（Give2Asia）下设立"星巴克中国教育项目"，致力于支持中国教育事业。其中首笔捐赠了1200万元人民币与中国宋庆龄基金会合作开展"西部园丁培训计划"，资助这项旨在帮助中国偏远地区教师和学生的项目。

星巴克公司还和中国宋庆龄基金会合作设立"星巴克——乡村教师培训班"，致力于促进西部乡村学校变革、发展，培养出一支引领西部农村基础教育发展的高素质教育团队，提高西部地区乡村教学、教务管理水平，更新教育理念，适应国家教改方针，并最终促进西部基础教育的整体健康发展。该项目总投资约150万美元，自2006年开始执行，为期五年。

13. 第三届全球服务月中国地区活动于广州正式拉开帷幕

2013年4月10日下午，350多名星巴克伙伴（员工）携家属、顾客和大学生志愿者，身穿印有美人鱼标志的绿色T恤衫，来到广州荔湾区的社区，开展美化书屋、主题壁画、阳台蔬果种植、探访老人和赠送创意盆栽等绿色社区行动，正式启动了第三届星巴克全球服务月中国地区活动。

广州活动现场，热情的星巴克伙伴们，与家属、顾客和大学生志愿者一起捋起袖管，投身到热火朝天的社区环境美化工作中。此外，该活动还吸引了本地公益组织和志愿者团体加入其中，并和居民一起分享环保生活体验。值得一提的是，除了2012年受到欢迎的"阳台蔬果种植"项目，2013年星巴克还创新性地在沙面小学屋顶打造了"迷你蔬果农场"，受到了学校和居民的一致好评。

星巴克进入华南市场以来，10年来一直与社区保持着良好的互动。2013年起，星巴克还将在岭南街和沙面街设立长期的“星巴克社区服务点”，将其作为社区共建的成功典范，在更多社区中推广。对此，当地社区方面表示星巴克在共建社区繁荣上做出了示范，希望更多企业也能效仿，加入创建繁荣社区的活动中来。

2011 年起，星巴克已连续三年在世界各地开展全球服务月活动，中国也不例外。在过去几年中，星巴克在中国 58 个城市开展了一系列绿色社区行动，累计服务时间超过 71000 小时，共计 47000 多人次参与其中。

2013 年，星巴克中国以“绿色星意，杯杯相传”为主题，将在广州活动之后，陆续在北京、上海、天津、重庆、沈阳、厦门、武汉、西安等 58 个城市，围绕“园艺美化、垃圾管理、低碳节能、环保课堂、社区关怀”这五大星巴克中国绿色社区服务模式，4 月开展了 90 多个绿色社区服务项目，超过 4300 人参与其中，并为各地社区贡献服务 14000 多个小时。2013 年全年，星巴克将在中国地区实现超过 71000 个社区服务小时的目标。此目标超过前三年累计服务小时的总数，充分体现了星巴克在中国积极融入本地社区的承诺。

14. 星巴克携手中国友协启动农村青年社区发展领导力培训项目

2013 年 5 月 7 日，为帮助偏远地区的社区年轻骨干和青年领导者，回馈和服务当地社区发展，星巴克中国宣布与中国人民对外友好协会下属的中国友好和平发展基金会合作，正式启动一项全新的公益项目——农村青年社区发展领导力培训。首届培训班开学典礼在湖北红安举行。

2013 年 5 月 7 日到 9 日，来自红安县下辖各村镇的 50 名青年领导者将接受为期三天的培训。中国农业大学教授刘永功、清华大学副教授王晓莉、星巴克大中华区公共事务副总裁石东伟、星巴克中国人力资源副总裁余华等，将分别就乡镇社区发展的思路、如何将村镇发展规划与个人人生发展目标相结合，以及星巴克创立及发展史的启示等不同角度，为学员们带来丰富多彩的课程。

“这一项目将起到良好的示范和带动作用，为农村青年人搭建一个良好的平台，以帮助他们留在或回到家乡，发挥领导力，建设和发展本土社区。”星巴克大中华区公共事务副总裁石东伟表示，“融入和回馈我们所在的社区，并为其带来积极的影响，是星巴克自 1999 年进入中国市场以来始终秉承的企业社会责任。”

这是星巴克首次在中国启动针对农村社区青年培训的公益项目，本项目也是中国友好和平发展基金会“彩虹桥工程”的一部分。为此，2013 年星巴克将向该基金会捐赠 50 万元人民币。从 2013 年 5 月到 12 月，来自 45 个贫困村镇的共 90 位年轻领导或具有社区发展领导潜力的年轻人将接受相关培训。在红安培训班学员中，还出现了“90 后”的身影，最年轻的两名学员仅 22 岁。

每期培训结束后，学员每人将提交一份基于本地实际需求的村镇发展规划，由授课讲师团组成的委员会评选出三位优秀的领导者，提供每人 10000 元人民币的社区创业项目基金，用于开展社区创业项目。培训结束后三个月，还将分别对基金的使用以及对社区发展的影响进行评估。2013 年，这样的培训计划将在湖北红安、陕西延安共举办三场，共有 9 名领导者获得基金奖励，他们的创业项目将带动近万人受益。

15. 星巴克捐款支援云南鲁甸地震灾区[①]

2014 年 8 月 6 日，星巴克中国宣布，将通过星巴克基金会，向云南省昭通鲁甸地震灾区捐赠 154 万人民币（25 万美元）。其中，约 60 万人民币捐赠款将用于资助灾区紧急救援所需物资，其余 90 余万人民币将用于灾后的恢复重建工作。该笔捐款将委托中国宋庆龄基金会管理使用。

在得知云南省昭通鲁甸县发生强烈地震的消息后，星巴克全球和星巴克中国立即给予了极大的关注。

（三）案例分析

1. 企业社会责任战略

对星巴克的企业社会责任战略以时间序列作为案例资料的组成来源，并对星巴克官方网站的相关信息进行了系统的检索，其目的是向广大读者传递一个信息，即企业的社会责任战略具有时间上的延续性和相关事项的连续性。星巴克在

---

① 资料来源：http：//www.starbucks.com.cn/about/xieshoubingjianweiludianjiayou2.html。

企业社会责任方面最为值得一提的是，星巴克对一项事项的持续性和延续性。始终如一地对某项事项的投入和关注，能够用实际行动向政府、媒体、公众表明，其所从事的企业社会责任战略和行为是企业的一种积极的主动的行为，而不仅仅是“做做样子”。具体来说，通过对2010~2014年星巴克所实施的15项企业社会责任战略和行为来看，可以归纳为：

（1）实施企业社会责任战略的频率大。

从2010年到2014年跨越时间长度为5年，累积实施的企业社会责任战略项目为15项，平价每年3项。这对于一个外商独资企业来说是难能可贵的。所以，在本案例的开头部分，我们不难看出，星巴克得到的荣誉大多与其积极的负责任的企业社会责任相关。这也从一个侧面说明了为什么从1999年星巴克进入中国以来，星巴克专营店数量持续稳步增加的原因，中国消费者对其的认可与忠诚，甚至是愿意支付过多的费用，可见其具有社会责任感所形成的良好企业形象，与某些消费者的理念或价值观相吻合，使得中国某一消费群体愿意支付额外的费用。可见，星巴克的企业社会责任战略为其带来了可观的利润回报，使得一个具有悠久茶文化的东方古国能够接受更具有西方特色的咖啡文化。

星巴克实施企业社会责任战略的背后动机无疑是为了获得持久的竞争优势，以便在中国市场上获取更多的利润，这是任何一个外资企业来华的最终目的。那么在中国转轨经济背景下的中国，其市场环境和非市场环境的复杂性对于一个外资企业而言无疑是更为复杂多变的，相比较于中国的国有企业和民营企业，其所谓外来者的身份给其增加了在中国市场上经营的风险和难度。但是其却不原放弃中国这个巨大的市场，因此，与中国国有企业和民营企业相比，具有更强的动机去实施非市场战略。而对于非市场战略中的三种主要战略类型，企业社会责任战略的社会效益更为明显，更容易受到中国政府和公众的支持，从而为其赢得更多的竞争优势。显然，星巴克在中国市场上获得了巨大的成功。

（2）企业社会责任战略涉及的地区广泛。

企业社会责任战略既涉及经济发达地区也涉及贫困的山区，跨越中国多个城市，从而在最大范围内实施了非市场战略，社会效果也达到了最大化。在多个城市和地区的社会责任战略实施，能够使其在最广泛的地域范围、最大范围的受众、最频繁的媒体报道中达到最好的效益、效果和效率，进而使其实施的企业社会责任战略获取社会效益和经济效益。

（3）企业社会责任战略涉及的利益相关者范围广泛。

星巴克在其实施的企业社会责任战略中，在最广的范围内包括了对其有重要影响的利益相关者和受其影响的主要利益相关者。主要有星巴克所在的当地社区、商业伙伴、伙伴（员工）、股东、社会公众、大学生、老人、家庭以及星巴克高管、当地的教育部门、社会公益部门如基金组织、地方政府、高校等。从上述企业社会责任所涉及的人员构成中我们可以看出，其涵盖了从政府权力机关到非政府组织，从企业内部利益相关者到企业外部利益相关者，从青少年到老年人，从多个层面、多个维度对企业实施社会责任战略的影响力进行扩散。

（4）企业社会责任形式多样内容广泛。

星巴克的企业社会责任战略的内容包括教育、青年领导力发展、社区服务、绿化与园艺、节电节水、低碳教室、环保节能、垃圾分类以及清洁整理和抗震救灾等在内的各种企业社会责任项目。秉承企业“融入并回馈当地社区”的核心价值观，星巴克承诺在中国成为卓越的企业公民。在中国发展的十几年间，星巴克始终致力于以实际行动践行星巴克使命，积极投身包括教育、青年领导力发展、社区服务和抗震救灾等在内的各种企业社会责任项目，为中国社会的发展做出贡献。

（5）企业社会责任战略事项上的可持续性。

星巴克所采取的非市场战略属于一种缓冲战略和关系式非市场战略。从星巴克入驻中国市场的那一刻起，星巴克高层就有很强的意识来实施非市场战略，因此，其实施非市场战略的时间已经持续了十几年，从中我们可以看出，其并不是以短期的交易式的市场战略为战略出发点的，相反，其所从事的非市场战略所受益的对象更多的是社区居民和弱势群体。从其实施的非市场战略的内容中，我们可以看出星巴克确实是实实在在地做了一些事情。正如星巴克中国公共事务副总裁石东伟所说：“自 1999 年进入中国市场以来，星巴克就一直奉行将我们经营业务的地方创建成为一个繁荣的社区。将公司营业收入捐赠给当地社区是星巴克多年来坚持的传统，这源于我们履行对中国的长期发展承诺。同时，我们也希望更加贴近钟爱星巴克品牌的广大消费者，深层次地融入当地社区，以负责任的、积极的态度在中国市场经营业务和回馈社会。”

（6）企业社会责任注重与当地政府的良性互动。

星巴克在从事企业社会责任战略时，能够成功地得到当地相关政府部门的支持。正如本书前面所述，在中国转轨经济背景下，中国政府的手中仍然掌握着对某种资源的控制权。相关部门的参与无疑会助理企业的社会责任战略效果，也增加了星巴克与政府部门之间的交流和合作，从而积累了更多的与政府部门打交道的经验和能力，这种资源和能力本身就具有路径依赖性和排他性，不但为企业赢得了更多的支持，扩大了企业的社会影响力和关注度，同时为企业实施非市场战略中的政治战略积累了有价值的、稀缺的、难以模仿的和难以替代的资源和能力，增加了企业所拥有的非市场资源和能力。

2. 社会公众与媒体战略

星巴克的社会公众与媒体战略更多地体现为星巴克在处理对企业具有不良影响的相关事件的报道上。星巴克更多地体现为对社会公众和新闻媒体的积极响应，以及在行动上能够给予积极的配合。下面两则声明是从星巴克中国官网上检索到的，通过这两份声明，我们能够看到星巴克的一种积极响应应急事件的能力。

2013 年 10 月 20 日，央视报道了一杯 20 多元的星巴克拿铁的物料成本不足 5 元。[①] 央视报道称，央视记者采访并对比了北京、伦敦、纽约、孟买的星巴克同款拿铁咖啡的价格，北京最贵 27 元人民币，孟买最便宜，只有 14 元人民币。虽然在纽约和伦敦，这样一杯咖啡也卖到了 20 元人民币以上，但星巴克在中国的高价格，同样带来高利润。上海咖啡专业委员会会长王振东表示，一杯中杯拿铁咖啡的物料成本不足 5 元。

① 资料来源：http：//sztqb.sznews.com/html/2013-10/21/content_2656082.htm。

星巴克中国声明①

亲爱的中国顾客们，

近期我们注意到了媒体对于星巴克定价的相关报道，星巴克公司对此非常重视，并希望在此和大家沟通。

秉承星巴克一贯的价值理念，自1999年进入中国市场以来，我们始终致力于在盈利和社会良知之间取得平衡。

星巴克专注于向顾客提供全方位的体验，并带来卓越的价值。在中国，星巴克不断投入产品研发创新；同时提升门店的设计，使每一家星巴克门店都成为独一无二的“第三空间”；并投入大量资源，如成立“星巴克中国大学”来培训和提升我们的星级咖啡师，保持我们与顾客之间的情感连接，并满足顾客和当地社区不断变化的需求。这些都是星巴克提供给顾客的价值所在。

与其他国家和地区相比，星巴克在中国市场的运营成本和市场动因是完全不同的。因此，对比星巴克在中、美市场的价格差异并不是一个基于同一维度的比较。星巴克在全球各个国家的定价策略都是长期的，并且是根据不同产品及不同市场的具体情况，以及各种运营成本的动态变化而综合考虑、评估和制定的。

在此，我们衷心感谢中国消费者对星巴克的长期支持与认可。未来我们将继续努力，关注消费者的需求，以此为基础不断提升，向大家提供全方位的星巴克体验。在倾心提升顾客的体验和价值的同时，我们也将持续致力于星巴克伙伴（员工）的职业发展与成长，并积极回馈当地社会，努力成为社区的好公民。

2013年10月21日

从星巴克的声明和相关链接中我们可以看到，星巴克对于突发性事件的响应速度之快。从中我们可以看出，星巴克首先明确了自己对这件事件的重视程度。并显示出其诚意与大家沟通。其次，星巴克重申了企业的价值理念：“始终致力

① 资料来源：http：//www.starbucks.com.cn/responsibility/news.html。

于在盈利和社会良知之间取得平衡。”任何一个企业都以盈利为目的，显然从经营者的角度来看，这是无可厚非的。再次，提到了为中国顾客创造的卓越价值和与伙伴的深厚感情。最后，解释了其在中国的定价与美国市场不同的原因是：“在中国市场的运营成本和市场动因是完全不同的”，从而为其在中国市场的高售价进行了解释，同时表明这种高价策略是企业“长期的”“综合考虑的”“评估”并且是“动态变化的”。我们暂且不论其定价的是非层面。但就星巴克的快速响应与其声明的句句力度和以守为攻的战略来看，其在处理突发事件所表现出来的沉着与冷静。

三、高德公司——决胜大数据

（一）企业概况

高德公司是中国领先的数字地图内容、导航和位置服务解决方案提供商，公司于 2002 年成立。2010 年登陆美国纳斯达克全球精选市场（NASDAQ：AMAP）。继 2010 年获得商标认证后，“AutoNavi”凭借在移动互联网领域的高速发展，不断进取，在行业中影响力不断扩大，在用户中也积累了良好的口碑，品牌知名度大幅提升。因此，在 2013 年度获北京市著名商标。此次获得北京市著名商标，也是政府、市场和用户对 AutoNavi 及其高德公司卓越服务的又一次高度认可。高德公司及其子公司拥有导航电子地图甲级测绘资质、测绘航空摄影甲级资质和互联网地图服务甲级测绘资质“三甲”资质，其优质的电子地图数据库成为公司的核心竞争力。高德公司的业务覆盖三大领域：互联网和移动互联网、车载导航、政府和企业应用。在移动互联网领域，“高德公司地图”和“高德公司导航”两款移动客户端应用全面覆盖 iOS、Android、Windows Phone 三大主流操作系统。用户过亿人的“高德公司地图”App 占中国手机地图市场份额第一，并且从 2012

年 9 月起为苹果 iOS 系统提供在华地图服务。2013 年 5 月，高德公司与阿里巴巴宣布战略合作，共同致力于海量基础地图和生活服务数据库的建设，更好地提升高德公司地图作为移动生活服务入口及应用的用户体验。此前，高德公司地图与新浪微博合作，共同打造“地图社交平台”。“高德公司导航”则是苹果应用商店第一款中、英文导航软件，连续三年荣登苹果应用商店“付费应用排行榜”导航类榜首。Android 版“高德公司导航”应用在三星、摩托罗拉、联想、华为、中兴等国内外知名手机品牌内预装。Windows Phone 8 版高德公司导航则作为微软官方首推的“Top10 重点应用”登陆微软应用商店。此外，高德公司还为大众点评、奇虎 360、即刻搜索等众多互联网公司提供地图 API。① 2014 年 4 月，高德公司正式与阿里巴巴集团达成并购协议，加速高德公司位置服务在中国移动互联网生态体系中的渗透。② 高德公司秉承“开放、包容、合作、创新”的企业文化，以“知你所在，寻你所需，让移动生活尽在掌握”为企业使命，努力为广大用户打造一个完美体验的移动生活位置服务门户。③

1. 主要业务

高德公司基于覆盖全国的、优质的导航电子地图数据库，通过十多年的发展，形成了以下三大核心业务：①汽车导航：高德公司为包括奥迪、宝马、奔驰、上海大众、上海通用、广汽本田、丰田等国内外十多个汽车品牌的 100 多个车型提供导航数据产品和服务。其基于地图数据库自主研发的导航应用软件供应给捷豹、路虎、沃尔沃、上汽、广汽、长安、北汽、吉利、比亚迪等多家国内外主流汽车厂商。为满足用户对车联网服务的需求，高德公司结合自身的资源与技术优势，为奥迪、上海通用、上海大众、上汽等汽车厂商提供切实、可靠的车联网服务解决方案。②政府和企业应用：在政府和企业应用领域，高德公司面向客户提供终端和网络服务一体化的企业地图服务二次开发平台，以及车队监控管理、资产管理、物流配送和位置智能等行业解决方案和增值服务。高德公司同时

---

① 资料来源：http：//about.autonavi.com/lmnr-39.html。

② 资料来源：http：//about.autonavi.com/nr-963.html。

③ 资料来源：http：//about.autonavi.com/lmnr-39.html。

还为谷歌、腾讯、新浪、阿里巴巴、微软必应、京东商城等著名互联网企业提供基础地图服务支撑。基于高德公司的行业解决方案，结合高德公司自主研发的二三维一体化软件 AnGeo，高德公司航空摄影数据和三维数字城市模型，可以为政府和行业提供虚拟现实的地理信息应用。基于长期积累的行业数据和应用技术，高德公司还推出了地图商业分析，为商业企业提供门店选址、经营分析、竞争分析等地理增值服务。③互联网及移动互联网位置服务：高德公司为互联网/移动互联网用户和网站提供网站地图（www.amap.com）服务和地图 API 服务。高德公司网站地图（www.amap.com）作为中国知名的地图网站及地图 API 的窗口，已有包括新浪、赶集网、搜房网、爱帮网等三万多家知名网站通过调用高德公司地图 API 来支持其互联网地图位置业务。此外，高德公司还致力于为广大移动互联网用户提供丰富的无线增值服务。2009 年，高德公司推出中国首款基于苹果应用的手机导航软件——高德公司导航。此外，高德公司还与三星、摩托罗拉、联想、HTC、飞利浦、OPPO、华为、中兴、戴尔、步步高等众多手机终端厂商合作，为其提供手机预装导航软件。2011 年 5 月 17 日，高德公司自主开发的手机地图软件——迷你地图（MiniMap）正式更名为高德公司地图（Amap），并由此打造移动生活位置服务门户。2013 年 1 月，高德公司地图成为第一个用户量过亿的手机地图应用。①

2. 决胜大数据资源

2014 年 5 月，高德公司交通首次面向社会发布了《2014 年第一季度全国（不含港、澳、台地区）交通分析报告》，该报告是首份由互联网企业发布的城市出行建议。报告中指出全国十大最拥堵城市分别为杭州、上海、沈阳、北京、深圳、南京、福州、武汉、东莞、长沙，从而引起政府、媒体、大众的广泛关注和讨论。

这份交通分析报告的数据来源于高德公司交通后台的云系统。每天采集的用户里程已经超过 1 亿公里，并且这 1 亿公里数据中来自于出租车的数据占 50%，

① 资料来源：http：//about.autonavi.com/lmnr-40.html。

其余每天将近 5000 万公里的数据都是来自于日常公众所反馈的数据。正是基于海量的数据和丰富的经验，高德公司交通得以实时精准地计算出城市路网的拥堵状态，并将数据汇总统计分析出全国交通分析报告。高德公司充分利用自身海量第一手数据优势，利用大数据挖掘方法，针对海量出行轨迹样本，通过量化分析拥堵延时指数，得到国内交通状况城市排名以及城市内道路延时情况，对公众出行以及政府提升交通运行效率都有很好的参考价值。①

第一季度高德公司交通报告一经发布，就受到了拥堵城市媒体的强烈关注。杭州、沈阳、南京等地媒体纷纷引述报告内容，就城市拥堵对市民出行的影响进行讨论，引发了更广阔的范围内的社会关注。一季度"堵王"杭州被曝光后，相关部门积极采取了应对拥堵的措施，例如推出"错峰限行"等新政，并收到良好的效果，本季度拥堵缓解程度居全国之首。

紧接着，2014 年 8 月，高德公司又发布了《2014 年第二季度中国主要城市交通分析报告——市民躲避拥堵出行建议》。报告显示：第二季度全国重点城市拥堵排名上海居首，登顶"堵王"，杭州、北京、重庆、深圳、广州、福州、沈阳、成都、济南紧随其后。高德公司以互联网众包的思路采集数据，将 3 亿个高德公司地图导航用户作为数据蓝本，以浮动车数据为佐证，计算出样本城市的拥堵延时指数② 和出行平均拥堵指数。利用大数据③ 资源来整治和缓解城市拥堵的话题再次成为社会热议话题。

报告显示：第二季度，部分特大型、大型城市拥堵延时指数均在 2 以上，即因为交通拥堵，公众出行需花费非拥堵状态下 2 倍以上的时间到达目的地。上海拥堵程度排名居首，拥堵延时指数 2.16，出行平均拥堵时长 15.73 分钟；杭州赶超北京成第二拥堵城市，季度平均拥堵延时指数 2.10。二季度高德公司交通报告除"公布"堵城花落谁家之外，还统计出各城市"十大最堵路段"、"通勤拥堵模

---

① 资料来源：http：//about.autonavi.com/nr-964.html。

② 拥堵延时指数 = 交通拥堵通过的旅行时间/自由流通过的旅行时间，指标数值越大，说明交通拥堵越严重。

③ 美国国家科学基金会（NSF）将大数据定义为：由科学仪器、传感设备、互联网交易、电子邮件、音视频软件、网络点击流等多种数据源生成的大规模、多元化、复杂、长期的分布式数据集。

式”、“限号对交通影响”等实用信息：北京和上海最堵的路段均出现在大型居住社区与大型办公区连接的道路，“城郊通勤”已经对特大城市交通造成巨大压力。而二线城市因为热点商圈集中，公共交通设施不完善，拥堵情况反而较一线城市严重。为市民避堵出行提供了一手的建议，也通过大数据的方式客观反映了中国城市交通系统建设中产生的问题。

其报告的形成源于高德公司拥有的海量大数据资源和创新的思维以及计算机处理技术的提高。该份报告以浮动车和众包为主要数据来源，采用国际公认的“拥堵延时指数”的统计方式，直观、客观地显示城市交通状况。高德公司通过近 10 年的研究建立了独有的用户众包采集体系，通过对 3 亿个高德公司地图导航产品用户的出行数据分析，得出第一手交通数据。这种收集信息的大数据模式让用户在享受高德公司地图服务的同时，也成为交通信息数据的贡献者。基于高德公司 10 余年 LBS 领域的积累，打通数据采集、生产、发布再到用户反馈的闭环，使得高德公司相较于同类产品能够通过众包采集这一模式实现海量数据的采集，进而统计出这一报告。目前高德公司地图的实时交通信息服务已覆盖全国 80 个城市，高德公司地图用户日均覆盖里程约 4000 万公里，用户打开高德公司地图，即可实时查看路况信息，并可通过选择“躲避拥堵”功能实现智能避堵的路线规划，提高出行效率。①

高德公司之所以能够成为首个发布城市交通拥堵延时指数的企业，成为数字服务运营商中的领导者，与高德公司高层的创新性思维和国际化运作是分不开的。大数据资源的创造性使用为高德公司创新商业模式提供了可持续的竞争优势。可以肯定地说，高德公司拥有的主要来自于覆盖全国 80 个城市的实时交通信息数据是其可持续竞争优势和排他性优势的最终来源。但是通过对高德公司的非市场战略的考察，可以为我们从另一个层面探究其何以成为具有排他性优势的行业领导者，甚至是行业规范制定的参与者。

① 资料来源：http：//about.autonavi.com/nr-965.html。

（二）企业政治战略大事记

2014 年 3 月 26 日，国务院法制办副主任夏勇、副司长左力，国家测绘地理信息局副局长宋超智以及行管司、地图司领导莅临高德公司昌平数据生产基地调研指导，详细了解高德公司互联网地图数据的生产过程，参观高德公司的街景采集车，了解室外采集情况、室内地图数据处理过程、互联网地图审校过程及高德公司服务器管理和保密管理的相关情况。夏勇副主任表示，高德公司在互联网地图方面的经验对他们启发很大，接下来在互联网地图管理条例出台面临的最大难点就是互联网发展日新月异，未来五年、十年以后会有 5 亿人同时在线，用户的主动标注和互动分享的意愿强烈，如何在监管和鼓励地图市场繁荣方面做出平衡，另外如何创新管理手段和方法，是主管部门需要不断探索的。座谈会后，国务院法制办、国家测绘地理信息局领导为进一步做好《地图管理条例》的立法审查工作，在高德公司召开互联网地图服务的法律制度研讨会，就互联网地图服务的管理、用户上传信息及其他立法建议征求专家及企业代表的意见。①

2011 年 8 月 24 日，中央政策研究室经济局副局长白津夫针对国家测绘地理信息局上报的《测绘科技发展十二五规划（征求意见稿）》，为了解地理信息行业内企业发展情况，对高德公司参观调研。强调高德公司作为行业的领军企业，要积极参与国家标准建设，努力推动地理信息新型服务业态大发展、为经济社会发展和人民生活做出新贡献。②

2010 年 4 月 9 日，国家测绘局副局长李维森、国土测绘司司长张燕平等莅临高德公司软件昌平基地调研指导。李维森副局长代表国家测绘局向高德公司表示祝贺：地理信息产业具有广阔的发展前景，希望高德公司在导航业务领域不断探索，创新出更多的数据更新方式。努力发挥公司航摄数据获取及加工实力强的优势，多参与国家测绘局的航摄任务，多出优秀成果、做强品牌，为企业树立良好形象，为推动地理信息产业发展做出应有的贡献。同时，他还鼓励高德公司软

① 资料来源：http：//about.autonavi.com/nr-950.html。

② 资料来源：http：//about.autonavi.com/nr-415.html。

件积极探索信息共享模式，为我国数字城市地理空间框架建设与应用贡献力量。[①]

2010年4月14日，北京市规划委员会测绘管理办公室副主任李节严一行30余人莅临高德公司软件昌平基地参观调研。李节严副主任首先介绍了此次调研的目的：高德公司软件是行业领先的高新技术企业，希望通过调研了解测绘行业最新的发展状况和趋势；了解企业经营及技术发展情况；并借此机会与高德公司软件就高新技术企业认定及管理等问题进行交流，为北京地区"高新技术企业认定"课题做积累，以推进测绘科技行业的发展与进步。侯军董事长向调研组一行介绍了高德公司软件发展历程、规模、产品服务及创新自主知识产权等情况。双方并就行业发展现状及高新技术企业认定等内容进行了探讨和交流。座谈会后，李节严副主任调研组一行参观了高德公司软件生产基地。[②]

2010年9月3日，北京市政协副主席熊大新、王永庆等一行30余人莅临高德公司软件昌平基地参观调研。市政协领导首先介绍了此次调研的目的：为促进本市中小企业的发展，通过调研，定点解决中小企业发展中存在的政府部门管理服务职能分散、相关政策措施落实难等深层问题，打造我市不同所有制企业公平竞争、大中小企业协调发展的良好外部环境，进一步提升首都经济发展的活力，促进首都社会和谐与稳定。高德公司是行业领先的高新技术企业，希望通过此次调研了解企业发展现状及存在的主要问题并提出对策建议。[③]

2010年3月9日下午，国家测绘局副局长宋超智，国家测绘局法规与行业管理司司长李烨，副司长叶银虎、吴卫东等一行10人到高德公司软件昌平基地进行调研指导。宋超智副局长表示，高德公司不仅为汽车导航、互联网等领域提供产品与服务，为2008年的北京奥运会、2010年上海世博会提供优质的服务，而且在2008年汶川地震发生后，及时向国家测绘局提供灾区影像资料，有力地支持了国家测绘局开展的抗震救灾工作。这是地理信息产品向社会各个方面延伸的最好范例，充分体现了高德公司的社会责任感，同时也为高德公司取得如此大

---

① 资料来源：http：//about.autonavi.com/nr-511.html。
② 资料来源：http：//about.autonavi.com/nr-514.html。
③ 资料来源：http：//about.autonavi.com/nr-508.html。

的成绩表示祝贺。李烨司长也表示非常高兴到高德公司参观调研，特别是在参观过后，看到高德公司经过 10 余年执着的打拼，取得今天这样的好成绩，感到振奋和感动。国家测绘局已明确提出了举旗亮剑的口号，一定会促进地理信息产业快速发展，推动测绘事业再上新台阶。最后，宋超智副局长鼓励高德公司全体员工，夯实基础、努力创新，为把我国地理信息产业做大做强继续努力。[①]

2009 年 12 月 16 日上午，巴基斯坦测绘代表团一行两人在国家测绘局科技与国际合作司处长范京生的陪同下来到高德公司参观访问。总裁成从武代表公司欢迎巴基斯坦测绘局局长穆纳瓦尔·艾哈迈德·索里哈利亚少将（Munawar Ahmad Solehria）和巴基斯坦测绘局司长古拉姆·萨瓦（Ghulam Sarwar）一行来访。代表团成员还亲自操作体验了便携导航产品，对高德公司在各领域提供的应用服务表现出浓厚的兴趣。最后，代表团一行参观了高德公司位于北京苏州街大恒科技大厦 16 至 18 层的商务、技术研发办公区。通过此次参观，巴基斯坦代表团感受到我国测绘事业的良好发展以及中巴两国测绘工作者的深厚友谊。巴基斯坦测绘局局长穆纳瓦尔·艾哈迈德·索里哈利亚少将表示非常高兴能到中国的测绘企业进行参观和面对面的交流，对高德公司成为行业内领先企业的成绩表示赞赏。他说："高德公司在从对 GIS 技术进行探索到现在的 17 年间，所取得的成绩更应用'飞跃'一词来形容。感谢高德公司的热情接待并希望在未来能有更多的机会进行合作和交流。"范京生处长也对高德公司接待巴基斯坦代表团参观访问的工作表示肯定和感谢。[②]

2009 年 7 月 15 日，时任中共中央政治局常委、国务院副总理李克强在全国地理信息应用成果及地图展览会上观看了高德公司用完全自主研发的三维演示和管理平台所展示的北川新县址的三维真实场景。在听取了公司总裁成从武对公司基本情况的介绍之后，李克强副总理指出，测绘行业应加强自主创新，着力构建数字中国，加强信息化测绘体系建设，为保持经济平稳较快发展做出新的贡献。

---

① 资料来源：http：//about.autonavi.com/nr-516.html。
② 资料来源：http：//about.autonavi.com/nr-519.html。

他亲切勉励高德公司坚持自主创新，利用先进的技术手段和工具，为数字中国的建设做出更大的贡献。①

从高德公司以上的企业政治战略中，我们可以看出，高德公司已经成为一个行业领导者、行业规范制定主要参与者和咨询者，甚至是能够代表中国最先进的电子导航提供商，协助中国国家测绘局科技，参与国际合作。高德公司成为行业内领先企业，能够给其带来无可比拟的竞争优势，这种竞争优势来源于：一是与政府部门特别是国家政府部门相关领导打交道的经验和积累的人脉。这种经验和人脉具有排他性和路径依赖性、不可模仿性和不可替代性等特点，因而能够成为高德公司可持续竞争优势的来源。二是能够参与到国际合作中，为高德公司的全球化战略奠定了坚实的基础。例如 2009 年 12 月 16 日上午，巴基斯坦测绘代表团对高德公司参观访问，无疑会引起世界范围内的关注，从而为高德公司进军国际化积累无形的企业声誉和知名度。

（三）企业非市场战略

1. 社会公众与新闻媒体战略

（1）五大主流媒体采访高德公司软件。

2009 年 6 月 16 日，由全国地理信息产业峰会暨地图展览会组委会办公室徐永清副主任带队，《人民日报》、《光明日报》、《经济日报》、中央人民广播电台(中国之声)、北京电视台等主流媒体赴高德公司软件昌平生产基地进行了实地参观和采访。记者们参观了高德公司软件导航电子地图数据生产流程、三维可视化与 GIS 分析系统等面向政府、企业和社会公众的产品和服务演示，对高德公司软件的企业历史、发展现状、核心能力、市场成就等相关情况以及高德公司软件对地理信息产业未来发展趋势有了更为深刻的理解。

高德公司董事长侯军指出，“构建虚拟世界、服务真实生活、共创和谐社会”是企业核心愿景，高德公司软件将会充分利用自身优势，坚持自主创新，持续为

---

① 资料来源：http：//about.autonavi.com/nr-531.html。

政府、企业和社会公众提供优质服务，为我国导航电子地图产业乃至地理信息产业的发展做出更大的贡献。

会上，记者就技术自主创新、行业中盗版电子地图现象等问题采访了高德公司软件总裁成从武。成从武表示，高德公司作为导航电子地图和位置服务供应商，始终坚持走自主创新的道路，以应用服务指导数据构建，以数据构建促进应用服务，形成了紧密结合的、完整的一体化服务应用解决方案，已经拥有了一系列完全的自主知识产权的技术和专利成果。高德公司还将持续改进加密措施，提高地图数据更新频率，并不断增加诸如动态交通信息、深度 POI 信息等实时更新的内容和服务，持续提高正版导航电子地图为用户带来的价值，从根本上遏制盗版地图的市场。

参观采访持续了三个多小时，各方记者对高德公司的发展和成绩给予了高度评价，并纷纷表示将从各方面如实报道高德公司，让社会大众能够全面了解高德公司软件和中国地理信息产业的发展现状。①

（2）北京交通广播电台领导参观高德公司昌平生产基地。

随着移动互联网的高速发展，以及 O2O 领域的热度不减，在地图导航领域深耕多年的高德公司正日益走到广大消费者面前，也成为移动互联网领域的新锐力量。在获得阿里投资、宣布导航免费、签约林志玲代言等一系列大动作之后，高德公司已受到越来越多的关注，也有更多人愿意深入了解高德公司。2014 年 1 月 15 日，北京交通广播电台领导一行，在台长唐琼女士的带领下，来到高德公司昌平生产基地参观，与高德公司领导就行业和技术进行交流与探讨。高德公司董事长兼 CEO 成从武、资深副总裁姜德荣、副总裁兼 CMO 金俊，以及数据生产中心总经理李艳霞、交通信息事业部总经理董振宁参加了座谈。

在座谈中，成从武介绍了高德公司的发展情况，尤其是近两年转型移动互联网中所做的努力以及所取得的成绩。北京交通广播电台台长唐琼女士表示，高德公司在近一两年中企业发展迅速，产品的可靠性有目共睹，而易用性也不断提

---

① 资料来源：http：//about.autonavi.com/nr-532.html。

升，给人们出行躲避拥堵带来了更多方便。

数据生产中心总经理李艳霞和交通信息事业部总经理董振宁也分别介绍了高德公司数据采集和实时交通的业务和技术。北京交通广播电台的领导们对实时交通的技术十分感兴趣，通过交流了解了高德公司避免城市拥堵所开发的多种高新技术。

此外，北京交通广播领导一行还参观了高德公司生产基地技术人员的工作内容和最新的地理信息技术，现场体验了三维地图、室内地图等最新技术，并实地体验了高德公司街景车的工作场景。北京交通广播电台领导表示，对高德公司开发的各种新技术和新功能感到十分鼓舞，对于通过互联网和移动互联网提升大众出行体验、缓解城市拥堵有了新的理解和期待。①

（3）全国手机媒体委员会主席何东君和天音通信董事长黄绍文一行考察高德公司。

贯彻国家扶持移动互联网产业促进信息消费的政策，作为我国第一家也是移动互联网时代唯一一家专业研究手机媒体并负责移动互联网产业发展的行业团体，全国手机媒体委员会今年联合知名移动互联网企业、移动运营商、经销商渠道商、终端厂商、应用平台、应用开发商、投融资机构以及行业媒体、院校院所等代表机构和人士，成立了致力于手机和移动互联网产业发展的国家级产业联盟——中国手机移动互联产业联盟。为更好地调动联盟行业资源为企业发展服务，2013 年 12 月 29 日，全国手机媒体委员会联席主席新华社原副社长何东君、委员会副主席新华社监察局局长魏作清、秘书长吴红晓，以及委员会核心成员单位天音通信董事长黄绍文一行考察高德公司，与高德公司领导交流并探讨行业合作。公司董事长兼（EO）成从武、副总裁郄建军、运营商事业部总经理朱斌、移动应用业务群渠道商务总监宋捷参加会谈。

在座谈会上，副总裁郄建军为委员会领导介绍了高德公司的业务发展情况，董事长兼（EO）成从武就高德公司向移动互联网转型向领导进行了汇报。本次

---

① 资料来源：http：//about.autonavi.com/nr-941.html。

到访之际，作为委员会和产业联盟的核心成员单位的天音通信，正好刚刚拿到国家颁发的首批虚拟运营商牌照。天音通信董事长黄绍文表示，天音和高德公司同为委员会核心成员单位，双方一直以来就有手机预装高德公司导航等业务上的合作，这次将以取得虚拟运营商牌照为契机，在委员会的指导下，与高德公司展开移动互联运营上的全面战略合作。

交流过程中，何主席代表委员会表示：[①] 看到高德公司这几年在向移动互联网转型发生的巨大变化和成绩，感到很震撼，高德公司为中国移动互联产业的发展做出了突出贡献。现在高德公司提出打造移动生活位置服务门户，建设大数据服务体系，这和委员会牵头为产业服务建立的中国移动互联发展指数等业务布局方向高度一致；委员会将一如既往地为高德公司的发展搞好行业服务，也希望公司更多地深入支持委员会的产业联盟活动和行业引导事业，共同推动手机和移动互联行业的创新发展。

（4）高德公司软件参加中华人民共和国 60 周年成就展。

"辉煌 60 年——中华人民共和国成立 60 周年成就展（以下简称"成就展"）于 2009 年 10 月 20 日胜利闭幕。此次成就展为期一个月，系统展示了新中国成立 60 年来特别是改革开放以来中国共产党领导全国各族人民不懈探索中国特色社会主义道路的伟大历程；系统展示了新中国成立 60 年来特别是改革开放以来经济建设、政治建设、文化建设、社会建设和党的建设取得的巨大成就；展望 2020 年全面建成小康社会和到 21 世纪中叶基本实现现代化的美好前景。

在成就展资源环境展区，高德公司软件作为唯一一家参与此次成就展的导航电子地图企业，向广大公众展示了国际领先水平的三维数字地球基础平台、专为奥迪轿车定做的三维导航和多媒体交互界面系统、装载高德公司地图的便携式终端等测绘成果应用产品。

这些展品所采用的先进技术在测绘成果应用领域具有极强的代表性和良好的互动和易操作性，引起了与会参观者的兴趣。大量参观群众或驻足参观或亲手操

---

① 资料来源：http：//about.autonavi.com/nr-931.html。

作，并询问了所关心的地图数据源、数据更新、产品价位、附加服务等产品相关信息，对高德公司产品给予了高度评价。

2009年9月19日，胡锦涛、温家宝、吴邦国、贺国强、李源潮、罗干、王刚等党和国家领导人分别来到展区，与现场解说工作人员亲切握手，参观高德公司软件展示的三维数字地球基础平台演示，并听取了解说人员对展品的介绍。

新华社、《人民日报》等全国各大主流媒体纷纷报道此次成就展的情况，中央电视台新闻频道在“辉煌60年成就展”特别节目中对高德公司软件专为奥迪轿车定做的导航产品进行了介绍，[①] 并给予高德公司软件公司很高的评价，认为高德公司软件肩负起一个企业应当承担的社会责任，为推动地理信息产业的发展做出应有的贡献。[②]

从某种意义上说，企业的政治战略与企业的社会公众与媒体战略是相辅相成的。高德公司在企业政治战略上的杰出表现，主要是同国家有关政府部门的一种良性互动，必然受到媒体的追捧和报道，从而使得其在政治战略中的竞争优势溢出到企业的社会公众与媒体战略，使得高德公司在信息化高速发展的今天，能够以最小的成本来获得社会公众与媒体的关注。

2. 企业社会责任战略——高德公司在行动

（1）雅安地震。

雅安地震后高德公司在第一时间做出反应，并为灾区人民和救援团队提供专业的位置服务，用科技帮助灾区救援和震后重建。公司产品、技术、客服及市场人员随即进入24小时战备状态。2013年4月20日，高德公司通过其官方微博发布向雅安地震灾区捐助的消息，高德公司将向雅安捐助100万元现金，并通过慈善机构“壹基金”向灾区投放。同时，考虑到“高德公司导航”离线的特点，不占用流量和网络资源，非常适合灾区使用，高德公司又宣布将原定价为50元的“高德公司导航”移动应用进行限时免费。高德公司导航应用通过开通免费下

① 资料来源：http：//about.autonavi.com/nr-521.html。
② 资料来源：http：//about.autonavi.com/nr-521.html。

载渠道为灾区群众和救援人员提供支持。同时，高德公司技术团队、客户服务团队连夜开通了短信申请通道，方便广大灾区群众及救灾人员更为快速方便地获取高德公司导航的正版序列号。在得知 NGO 组织“蓝天救援队”需要高清大比例尺地图数据支持来开发救灾地图应用后，高德公司第一时间与他们取得了联系，为其提供高德公司地图 API 服务，并安排技术人员去现场配合、协助其开发救灾地图。同时，高德公司还向蓝天救援队提供了 150 个高德公司导航应用，以其专业的导航应用助力蓝天救援队救援。此外，高德公司技术开发团队还专门为此次地震开发了相关功能。高德公司地图于 2013 年 4 月 21 日推出“雅安救助平台”及救援相关专题频道。高德公司导航同时推出“高德公司导航雅安版”，同时收集包括寻人、塌方、交通情况、求助信息以及临时指挥部、救援站、医疗站等站点的位置信息。高德公司将收集到的数据制作成地图专题 API 发布，提供媒体、政府、救援团体及当地灾民来筛选查看。[①]

（2）四川汶川特大地震。

四川汶川特大地震发生后，高德公司软件立即开展卫星影像资料采集、矢量数据准备、地图设计等工作，紧急行动、全力以赴投入抗震救灾测绘保障服务，无偿向国家相关部门提供了救灾急需的灾区挂图及市街视频图、卫星（航空）遥感数据等技术服务。[②]

四、案例分析

高德公司非市场战略是从非市场事项的视角进行整理的，包括企业政治战略、企业社会责任战略和社会公众与媒体战略三种类型。通过对高德公司非市场

① 资料来源：http：//about.autonavi.com/nr-367.html。
② 资料来源：http：//about.autonavi.com/nr-535.html。

战略的案例分析，力图对本书前面所讲述的理论部分能够有一个更为形象的认知和更好地理解企业实施非市场战略的三种主要类型和具体的测量行为。对于高德公司的迅速成长并发展成为行业的领导者，其在市场战略方面的成功是不容置疑的。同时，企业在非市场战略方面的优秀表现进一步增强了企业在市场战略中的竞争力，为企业赢得了更为广泛的政治资源和社会资源。

第一，高德公司表现为在大数据方面利用的优势或者说先发制人优势。

第二，高德公司战略上的成功。在高德公司的企业政治战略中可以看到，企业已经成为一个行业领导者、行业规范制定的主要参与者和咨询者，甚至是能够代表中国最先进的电子导航提供商，协助中国国家测绘局科技参与国际合作。高德公司成为行业内领先企业，能够给其带来无可比拟的竞争优势，这种竞争优势来源于：一是与政府部门特别是国家政府部门相关领导打交道的经验和积累的人脉。这种经验和人脉具有排他性和路径依赖性、不可模仿性和不可替代性等特点，因而能够成为高德公司可持续竞争优势的来源。二是能够参与国际合作中，为高德公司的全球化战略奠定坚实的基础。例如 2009 年 12 月 16 日上午，巴基斯坦测绘代表团对高德公司参观访问，无疑会引起世界范围内的关注，从而为高德公司进军国际化积累无形的企业声誉和知名度。

高德公司的政治战略类型更倾向于缓冲战略。能够利用与国家、国际间相关部门的合作，增加企业与政府部门打交道的能力，从而为企业赢得更多的政治资源，使得企业能够参与到相关政策的制定，因而，能够在政策制定过程中，利用自身的优势对政策提出有利于企业发展或行业发展的专业性建议，从而为企业赢得竞争优势。

第三，社会公众与新闻媒体战略上的成功。从某种意义上说，企业的政治战略与企业的社会公众与媒体战略是相辅相成的。高德公司在企业政治战略上的杰出表现，主要是同国家有关政府部门的一种良性互动，必然受到媒体的追捧和报道，从而使得其在政治战略中的竞争优势溢出到企业的社会公众与媒体战略。使得高德公司在信息化高速发展的今天，能够以最小的成本来获得社会公众与媒体的关注。

第四，企业社会责任战略上的成功。本书列举了高德公司在两次地震救灾过程中所表现出来的与众不同之处。在雅安地震和汶川地震中，高德公司公司除了捐款和捐物等传统的企业社会责任行为外，还利用自身所提供的产品和服务为救援人员和灾民提供救助平台，利用其自身的专业性知识为救援人员助力，为灾民赢得了更多的生存时间。这从另一个层面反映了高德公司所提供的产品和服务的竞争性优势，即技术的先进性和性能的优越性。在履行企业社会责任战略的同时，为企业所提供的产品和服务在市场竞争领域也赢得了优势。在灾难面前的突出表现，使得其产品更具有竞争性。

高德公司在企业社会责任战略方面的突出贡献在于其将企业承担的社会责任看做是企业应该履行的一项义务，而不仅仅是为了拓展企业在市场战略上的生存空间，从一定意义上讲，高德公司已经将履行社会责任战略看做是企业的一项公民行为，是在道德范围内应尽的义务。这种战略思维反映在其社会责任战略中，最突出的表现就是在抗震救灾测绘保障工作中的优秀表现和在灾后重建测绘保障等工作中争取的成绩。

参考文献

[1] Ansoff I.. Corporate Strategy [M]. New York: McGraw-Hill, 1965.

[2] Bagozzi R. P., Yi Y.. On the Evaluation of Structural Equation Models [J]. Academic of Marketing Science, 1988 (16): 76-94.

[3] Barney J. B.. Firm Resources and Sustained Competitive Advantage [J]. Journal of Management, 1991 (17): 99-120.

[4] Barney J. B.. Gaining and Sustained Competitive Advantage [M]. New York: Pearson Education, Inc., 2002.

[5] Barney J. B.. Strategic Factor Markets: Expections, Luck and Business Strategy [J]. Management Science, 1986, 32 (10): 1231-1241.

[6] Baron D. P.. Integrated Market and Non-market Strategies in Client and Interest Group Politics [J]. Business and Politics, 1999, 1 (1): 7-34.

[7] Baron D. P.. Integrated Strategy, Trade Policy and Global Competition [J]. California Management Review, 1997, 39 (2): 145-169.

[8] Baron D. P.. Integrated Strategy: Market and Non-market Components [J]. California Management Review, 1995, 37 (2): 47-65.

[9] Baron D. P.. The non-market Strategy System [J]. Sloan Management Review, 1995, 37 (1): 73-86.

[10] Baron D. P., Daniel Diermeier. Introduction to the Special Issue on Non-market Strategy and Social Responsibility [J]. Journal of Economics & Management Strategy, 2007, 16 (3): 539-545.

[11] Baron D. P.. Business and Its Environment [M]. Upper Saddle River, NJ: Prentice Hall, 2006.

[12] Baron D. P.. Private Politics, Corporate Social Responsibility, and Integrated Strategy [J]. Journal of Economic & Management Strategy, 2001 (10): 7-45.

[13] Baron D. P.. Private Politics [J]. Journal of Management Strategy and Economics, 2003 (21): 31-66.

[14] Baysinger B.. Domain Maintenance as an Objective of Business Political Activity: An Expanded Typology [J]. Academy of Management Review, 1984 (9): 248-258.

[15] Bhuyan S.. Corporate Political Activities and Oligopoly Welfare Loss [J]. Review of Industrial Organization, 2000 (17): 411-426.

[16] Blumentritt T.. Foreign Subsidiaries' Government Affairs Activities: The Influence of Managers and Resources [J]. Business & Society, 2003 (42): 202-233.

[17] Blumentritt T., Nigh D.. The Integration of Subsidiary Political Activities in Multinational Corporations [J]. Journal of International Business Studies, 2002 (33): 57-77.

[18] Boddewyn J.. Political Aspects of MNE Theory [J]. Journal of International Business Studies, 1988, Fall: 341-363.

[19] Boddewyn J., Brewer T.. International Business Political Behavior: New Theoretical Directions [J]. Academy of Management Review, 1994 (19): 119-143.

[20] Bronn P. and Bronn C.. Issues management as a basis for strategic orientation [J]. Journal of Public Affairs , 2002 , 2 (4): 247-2581.

[21] Burris V.. The Two Faces of Capital: Corporations and Individual Capitalists as Political Actors [J]. American Sociological Review, 2001 (66): 361-381.

[22] Prahalad C. K., Hamel. G.. The Core Competence of the Corporation [J]. Harvard Business Review, 1990 (5).

[23] Caldeira G. A., Jojnacki M., Wright J. R.. The Lobbying Activities of Organized Interests in Federal Judicial Nominations [J]. Journal of Politics, 2000, 62 (1): 51-69.

[24] Camillus J. C., Datta D. K.. Managing Strategic Issues in A Turbulent Environment [J]. Long Range Planning, 1991 (24): 67-74.

[25] Carroll Archie B.. A Three-dimentional Conceptual Model of Corporate Performance [J]. Academy of Management Review, 1979 (4): 43-56.

[26] Cattell R. B.. The Scientific Analysis of Personality [M]. Baltimore, MD: Penguin, 1965.

[27] Chen M.. Competitive Strategic Interaction: A Study of Competitive Actions and Responses [D]. University of Maryland, 1988: 24-37.

[28] Chen M.. Competitor Analysis and Interfirm Rivalry: Toward a Theoretical Integration [J]. Academy of Management Review, 1996, 21 (1): 100-134.

[29] Chen M., MacMillan I.. Nonresponse and Delayed Response to Competitive Moves: The Roles of Competitor Dependence and Action Irreversibility [J]. Academy of Management Journal, 1992 (35): 359-370.

[30] Chen M., Smith K., Grimm C.. Action Characteristics As Predictors of Competitive Responses [J]. Management Science, 1992, 38 (4): 439-455.

[31] Child J., Tse D. K.. China's Transition and Its Implications for International Business [J]. Journal of International Business Studies, 2001, 32 (1): 5-22.

[32] Coen D.. The Evolution of the Large Firm as A Political Actor in the European Union [J]. Journal of European Public Policy, 1997, 4 (1): 91-108.

[33] Collies, David, Montgomery, Cyynthia. Competing on Resource: Strategy in the 1990s [J]. Harvard Business Review, 1995, 73 (Jul/Aug): 118-128.

[34] Cook R., Barry D.. Shaping the External Environment: A Study of Small

Firms' Attempts to Influence Public Policy [J]. Business & Society, 1995 (34): 317-344.

[35] Cook R., Fox D.. Resources, Frequency and Methods: An Analysis of Small and Medium-sized Firms Public Policy Activities [J]. Business and Society, 2000 (39): 94-113.

[36] Deephouse D. L.. Does Isomorphism Legitimate? [J]. Academy of Management Journal, 1996 (39): 1024-1039.

[37] DeFigueiredo J., Tiller E.. The Structure and Conduct of Corporate Lobbying: How Firms Lobby the Federal Communications Commission [J]. Journal of Economies and Management Strategy, 2000, 10 (1): 91-122.

[38] Delmar F., Shane S.. Legitimating First: Organization Activities and the Survival of New Ventures [J]. Journal of Business Venturing, 2004 (19): 385-410.

[39] Deng X. M., Chen C. Z.. Corporate Governance and Contract Arrangement [R]. Proceedings of International Conference on Management Science & Engineering, Lyons, France, 2006.

[40] Dess G. G., Beard D. W.. Dimensions of Organizational Task Environment [J]. Administrative Science Quarterly, 1984, 29: 52-73.

[41] Dill W. R.. Environment as an influence on Managerial Autonomy [J]. Administrative Science Quarterly, 1958 (2): 409-443.

[42] DiMaggio. Paul J., Powell Walter W.. The Iron Cage Revisited: Institutional Isomorphism and Collective Rationality in Organization Field [J]. American Sociological Review, 1983 (48): 147-160.

[43] Donaldson T., Dunfee T. W.. Integrative Social Contracts Theory: A Communitarian Conception of Economic Ethics [J]. Economics andPhilosophy, 1995 (1): 110-121.

[44] Epstein E.. The Corporation in American Politics [M]. NJ: Prentice-Hall, 1969.

[45] Esty D. C., Caves R. E.. Market Structure and Political Influence: New Data on Political Expenditures, Activity and Success [J]. Economic Inquiry, 1983 (21): 24-37.

[46] Evans Fred J.. Managing in the Media [M]. New York: Quorn Books, 1987.

[47] Faby John. A Resource-Based Analysis of Sustainable Competitive Advantage in a Global Environment [J]. International Business Review, 2002 (11): 57-78.

[48] Ferrier W., Smith K., Grimm C.. The Role of Competitive Action in Market Share Erosion and Industry Dethronement: A Study of Industry Leaders and Challengers [J]. Academy of Management Journal, 1999 (42): 372-388.

[49] Fishman R.. Estimating the Value of Political Connection [J]. American Economic Review, 2002 (91): 1095-1102.

[50] Foss N. J.. Knowledge-Based Approach to the Theory of the Firm: Some Critical Comments [J]. Organization Science, 1996 (7): 470-476.

[51] Franca P.. The Effects of the North American Free Trade Agreement on Corporate and Labor PAC Contributions [J]. American Politics Research, 2001, 29 (1): 98-109.

[52] Freeman R. E.. Strategic Management: A Stakeholder Approach [M]. Boston: Pitman Publishing, 1984.

[53] Frooman J.. Stakeholder Influence Stakeholders [D]. Pittsburg: University of Pittsburg, 2002.

[54] Furubotn E. G., Richter R.. Institutions and Economic Theory: The Contribution of the New Institutional Economics [M]. Ann Arbor: University of Michigan Press, 1997.

[55] Gaddie R., Mott J., Satterthwaite S.. Partisan Dimensions of the Corporate Realignment in Congressional Campaign Finance [J]. Public Integrity, 1999, Fall: 321-342.

[56] Garcia I., Gibaja J., Brown N.. A Study on the Effect of Cause-related Marketing on the Attitude Towards the Brand: the Cause of Pepsi in Spain [J]. Journal of Non-profit & Public Sector Marketing, 2003, 11 (1): 111-135.

[57] Getz K. A.. Politically Active Foreign-owned Firms in the US: Elephants or Chickens? [M] //D.Woodward, D.Nigh. Beyond Us and Them: Foreign Ownership and US Competitiveness.Columbia, SC: University of South CarolinaPress, 1996.

[58] Getz K. A.. Research in Corporate Political Action: Integration and Assessment [J]. Business&Society, 1997 (36): 32-77.

[59] Getz K. A.. Selecting Corporate Political Tactics [M] // Barry M. Mitnick. Corporate Political Agency: The Construction of Competition in Public Affairs. Newbury Park, CA: Sage, 1993: 242-273.

[60] Gomes C. B.. Firm Ownership Preferences and Host Government Restrictions: An Integrated Approach [J]. Journal of International Business Studies, 1990, 21 (1): 1-22.

[61] Granovetter M.. Economic Action and Social Structure: The Problem of Embeddedness [J]. American Journal of Sociology, 1985 (94).

[62] Grant R. M.. The Resource-Based Theory of Competitive Advantage: Implicationsfor Strategy Formulation [J]. California Management Review, 1991, 33 (3): 114-135.

[63] Gray V., Lowery D.. Re-conceptualizing PAC Formation: It's not a Collective Action Problem, and It May Be an Arms Race [J]. American Politics Quarterly, 1997, 25 (3): 319-346.

[64] Guthride. Between Market and Politics: Organizational Responses to Reform in China [J]. American Journal of Sociology, 1997 (102): 1258-1304.

[65] Hair J. F. Jr., Anderson R. E., Tatham R. L., Black W. C.. Multivariate Date Analysis [M]. Upper Saddle River, NJ: Prentice Hall, 1998.

[66] Hansen J. M.. Gaining Access: Congress and the Farm Lobby, 1919–1981 [M]. Chicago: University of Chicago Press, 1991.

[67] Hansen W., Mitchell N.. Disaggregating and Explaining Corporate Political Activity: Domestic and Foreign Corporations in National Politics [J]. American Political Science Review, 2000 (94): 891–903.

[68] Hansen W., Mitchell N.. Globalization or National Capitalism: Large Firms, National Strategies and Political Activities [J]. Business and Politics, 2001 (3): 5–19.

[69] Hansen W., Mitchell N.. Disaggregating and Explaining Corporate Political Activity: Domestic and Foreign Corporations in National Politics [J]. American Political Science Review, 2000 (94): 891–903.

[70] Hart D.. Why Do Some Firms Give? Why Do Some Firms Give a Lot?: High–Tech PACs, 1977–1996 [J]. Journal of Politics, 2001 (63): 1230–1249.

[71] Hersch P., McDougall G.. Determinants of PAC Contributions to House Incumbents: Own versus Rival Effects [J]. Public Choice, 2000 (104): 329–343.

[72] Hillman A.. Determinants of political strategies in US multinationals [J]. Business & Society, 2003 (42): 455–484.

[73] Hillman A.. The Choice of Corporate Political Tactics: The Role of Institutional Variables [R] // Denis Collins, Douglas Nigh. Proceedings of the 6th Annual Meeting of the International Association for Business and Society, Madison, WI, 1995.

[74] Hillman A., Hitt M.. Corporate Political Strategy Formulation: A Model of Approach, Participation and Strategy Decisions [J]. Academy of Management Review, 1999 (24): 825–842.

[75] Hillman A., Keim G.. International Variation in the Business–government Interface: Institutional and Organizational Considerations [J]. Academy of Management Review, 1995 (20): 193–214.

[76] Hillman A., Wan W.. The Determinants of MNE Subsidiaries' Political Strategies: Evidence of Institutional Duality [J]. Journal of International Business Studies, 2005 (36): 322-340.

[77] Hillman A., Zardkoohi A., Bierman L.. Corporate Political Strategies and Firmper Formance: Indications of Firm-specific Benefits from Personal Service in the US Government [J]. Strategic Management Journal, 1999 (20): 67-81.

[78] Jackson D., Engel S.. Don't Bite the PAC that Feeds You: Business PAC Punishment over the China Vote [J]. American Politics Research, 2003, 31 (2): 138-154.

[79] Jacobson R.. The "Austrian" School of Strategy [J]. Academy of Management Review, 1992, 17 (4): 782-807.

[80] Jean-Philippe Bonardi, Guy L. F.. Holburn, Richard G. Vanden Bergh, Nonmarket Strategy Performance: Evidence From U.S. Electric Utilities [J]. Academy of Management Journal 2006, 49 (6): 1209-1228.

[81] Keim G.. Managing Business Political Activities in the USA: Bridging Theory and Practice [J]. Journal of Public Affairs, 2001 (1): 362-375.

[82] Keim G., Baysinger B.. The Efficacy of Business-political Behavior: Competitive Considerations in a Principal-agent Context [J]. Journal of Management, 1988 (14): 163-180.

[83] Keim G., Hillman A.. Political Environments and Business Strategy: Implications for Managers [J]. Business Horizons, 2008, 51 (1): 47-53.

[84] Keim G., Zardkoohi A.. Looking for Leverage in PAC Markets: Corporate and Labor Contributions Considered [J]. Public Choice, 1988 (58): 21-34.

[85] Keim G., Zeithaml C., Baysinger B.. SMR forum: New Direction for Corporate Political Strategy [J]. Sloan Management Review, 1984: 53-62.

[86] Lenway S, Rehbein K.. Leaders, Followers and Free Riders: An Empirical Test of Variation in Corporate Political Involvement [J]. Academy of Management

Journal, 1991 (34): 893-905.

[87] Levy A., Long C., Carroll T.. The Co-evolution of New Organization Forms [J]. Organization Science, 1999, 10 (5): 535-550.

[88] Levy D. L., Egan D.. A Neo-gramscian Approach to Business-society Relations: Conflict and Accommodation in the Climate Change Negotiations [R]. Academy of Management Annual Meeting: Toronto, 2000, August.

[89] Lounsbury M., Glynn M. A.. Cultural Entrepreneurship: Stories, Legitimacy and the Acquistition of Resources [J]. Strategic Management Journal, 2001 (22): 545-564.

[90] Luo Xueming, Bhattacharya C. B.. Corporate Social Responsibility, Customer Satisfaction, and Market Value [J]. Journal of Marketing, 2006 (70): 31-45.

[91] Luo Y.. Toward a Cooperative View of MNC-host Government Relations: Building Blocks and Performance Implications [J]. Journal of International Business Studies, 2001 (32): 401-419.

[92] MacMillan I.. Seizing Competitive Initiative [J]. Journal of Business Strategy, 1982, 2 (4): 43-57.

[93] MacMillan I.. Preemptive strategies[J]. Journal of Business Strategy, 1983 (4): 16-26.

[94] MacMillan I.. Strategy Formulation: Political Concepts [M]. St. Paul: West Publishing, 1978.

[95] MacMillan I., McCaffrey M., Van Wijk G.. Competitor's Responses to Easily Imitated New Products: Exploring Commercial Banking Product Introductions [J]. Strategic Management Journal, 1985 (6): 75-86.

[96] Magee C.. Do Political Action Committees Give Money to Candidates for Electoral or Influence Motives? [J]. Public Choice, 2002 (112): 373-399.

[97] Mahon J., McGowan R.. Modeling Industry Political Dynamics [J]. Business and Society, 1998 (37): 390-413.

[98] Mahon J., Waddock S.. Strategic Issues Management: An Integration of Issue Life Cycle Perspectives [J]. Business and Society, Spring, 1992, 31 (1): 19-32.

[99] Mahon J. F., McGowan R. A.. Industry as a Player in the Political and Social Arena [M]. Quorum Books: Westport, CN, 1996.

[100] Martin C.. Nature or Nurture? Sources of Firm Preference for National Health Reform [J]. American Political Science Review, 1995 (89): 898-913.

[101] Martin R., Scott W. R.. A Multidimensional Model of Organizaitional Legitimacy: Hostipital Survival in Changing Institutional Environment [J]. Administrative Science Quarterly, 1998, 43 (4).

[102] Meznar M. B., Nigh D.. Buffer or Bridge? Environmental and Organizational Determinants of Public Affairs Activities in American Firms [J]. Academy of Management Journal, 1995, 38 (4): 975-996.

[103] Mike W. Peng. Institutions Transitions and Strategic Choices [J]. Academy of Management Review, 2003 (28): 803-829.

[104] North D.. Institutions Change and Economic Performance [M]. Cambridge, England: Cambridge University Press, 1990.

[105] Oliver C.. Strategic Responses to Institutional Processes [J]. Academy of Management Review, 1991, 16 (1): 145-179.

[106] Oliver C.. Sustainable Competitive Advantage: Combining Institutional and Resource-based Views [J]. Strategic Management Journal, 1997, 18 (9): 697-713.

[107] Oliver C.. The Antecedents of Deinstitutionalization [J]. Organization Studies, 1992, 13 (4): 563-588.

[108] Palese M., Crane T. Y.. Building an Integrated Issue Management Process as Source of Sustainable Competitive Advantage [J]. Journal of Public Affairs, 2002, 2 (4): 284-292.

[109] Peng M.. Institutional Transitions and Strategic Choices [J]. Academy of Management Review, 2003, 28 (2): 275–296.

[110] Peng M., Heath P.. The Growth of the Firm in Planned Economies in Transition: Institutions, Organizations and Strategies Choices [J]. The Academy of Management Review, 1996 (21): 492–528.

[111] Perreault W., Leigh L.. Reliability of Nominal Data Based on Qualitative Judgments [J]. Journal of Marketing Research, 1989, 26 (5): 135–148.

[112] Peteraf. The Cornerstones of Competitive Aadvantage: A Resource–based View [J]. Strategic Management Journal, 1993 (14): 179–191.

[113] Pfeffer J., Salancik G.. The External Control of Organizations: A Resource Dependence Perspective. Stanford: Stanford University Press, 2003.

[114] Porter M.. Competitive Advantage: Creating and Sustaining Superior Performance [M]. New York: Free Press, 1985.

[115] Porter M. E.. Towards a Dynamic Theory of Strategy [J]. Strategic Management Journal, 1991 (12): 95–117.

[116] Porter M.. From Competitive Advantage to Corporate Strategy [J]. Harvard Business Review, 1987 (5): 43–59.

[117] Porter M., Kramer M.. Strategy and Society: The Link Between Competitive Advantage and Corporate Social Responsibility [J]. Harvard Business Review, 2006 (12): 1–15.

[118] Porter M., Kramer M.. The Competitive Advantage of Corporate Philanthropy [J]. Harvard Business Review, 2002 (12): 57–68.

[119] Powell T. C.. Organizational Alignment as Competitive Advantage [J]. Strategic Management Journal, 1992 (13): 119–134.

[120] Powell W. W., Dimaggio P. J.. The New Institutionalism in Organizational Analysis [M]. Chicago: University of Chicago Press, 1991.

[121] Quasney T.. Competitive Interaction: A Study of Market, Non–market

and Integrated Competitive Behavior [M]. NY: Sage, 2003.

[122] Quazi H. A.. Sustainable Development: Integrating Environmental Issues into Strategic Planning [J]. Industrial Management Data Systems, 2001, 101 (2): 64–74.

[123] Rehbein K., Lenway S.. Determining an Industry's Political Effectiveness with the US International Trade Commission [J]. Business & Society, 1994 (33): 270–292.

[124] Rehbein K., Schuler D. A.. The Firm as a Filter: A Conceptual Framework for Corporate Political Strategies [J]. Academy of Management Best Paper Proceedings, 1995: 406–410.

[125] Rudolph T.. Corporate and Labor PAC Contributions in House Elections: Measuring the Effects of Majority Party Status [J]. Journal of Politics, 1999 (61): 195–206.

[126] Rumelt R. P.. Strategic Management and Economic[J]. Strategic Management Journal, 1991 (12): 5–29.

[127] Rumelt R. P.. Towards a Strategic Theory of the Firm [M] //Lamber. Competitive Strategic Management. Engleword Cliffs, NJ: Prentice Hall, 1984.

[128] Rumelt R. P.. Diversification Strategy and Profitability[J]. Strategic Management Journal, 1982, 3 (4): 359–369.

[129] Salorio E., Boddewyn J., Dahan N.. Integrating Business Political Behavior with Economic and Organizational Strategies [J]. Studies of Management and Organization, 2005, 35 (2): 28–565.

[130] Schuler D. A., Rehbein K.. The Filtering Role of the Firm in Corporate Political Involvement [J]. Business & Society, 1997 (36): 116–139.

[131] Schuler D.. Corporate Political Action: Rethinking the Economic and Organizational Influences [J]. Business and Politics, 1999, 1 (1): 83–79.

[132] Schuler D.. Corporate Political Strategy and Foreign Competition: The

Case of the Steel Industry [J]. Academy of Management Journal, 1996 (39): 720-737.

[133] Schuler D., Rehbein K.. The Filtering Role of the Firm in Corporate Political Involvement [J]. Business and Society, 1997 (36): 116-39.

[134] Schuler D., Rehbein K., Cramer R.. Pursuing Strategic Advantage Through Political Means: A Multivariate Approach [J]. Academy of Management Journal, 2002 (45): 659-672.

[135] Scott W. Richard. Institutions and Organizations [M]. Thousand Oaks, CA: Sage, 1995.

[136] Scott W. Richard. The Adolescence of Institutional Theory [J]. Administrative Science Quarterly, 1987, 32 (4): 493-511.

[137] Shaffer B.. Firm-level Responses to Government Regulation: Theoretical and Research Approaches [J]. Journal of Management, 1995 (21): 495-514.

[138] Shaffer B., Hillman A.. The Development of Business-government Strategies by Diversified Firms [J]. Strategic Management Journal, 2000 (21): 175-190.

[139] Shaffer B., Quasney Thomas J., Grimm Curtis M.. Firm Level Performance Implications of Non-market Actions [J]. Business and Society, 2000, 39 (2): 126-143.

[140] Shaffer Brian. Regulation, Competition and Strategy: the Case of Automobile Fuel Economy Standards, 1974-1991[J] // James Post. Research in Corporate Social Performance and Policy, 1992 (13): 191-218.

[141] Smith K., Grimm C., Gannon M., Chen M.. Organizational Information Processing, Competitive Responses and Performance in the U.S. Domestic Airline Industry [J]. Academy of Management Journal, 1991 (34): 60-85.

[142] Suchman Mark. Managing Legitimacy: Strategic and Institutional Approaches [J]. Academy of Management Rewview, 1995 (20): 571-610.

[143] Tan J., Litschert R.. Environment-Strategy Relationship and its Perfor-

mance Implication: An Empirical Study of the Chinese Electronic Industry [J]. Strategic Management Journal, 1994, 15 (1): 1–20.

[144] Tan J., Tan D.. Environment–Strategy Co–evolution and Co–alignment: A Staged Model of Chinese SOEs under Transition[J]. Strategic Management Journal, 2005 (26): 141–157.

[145] Tan J. J., Litschert R. J.. Environment–Strategy Relationship and Its Performance Implications: An Empirical Study of Chinese Electronics Industry [J]. Strategic Management Journal, 1994.15 (1): 1–20.

[146] Teece D. J., Pisano G., Shuen A.. Dynamic Capabilities and Strategic Management [J]. Strategic Management Journal, 1997, 18 (7): 509–533.

[147] Teece D. J., Pisano G., Shuen A.. Dynamic Capabilities and Strategic Management [J]. Strategic Management Journal, 1997, 18 (7): 509–533.

[148] Tian Z. L., Deng X. M.. Exploring the Determinants of Corporate Political Strategy: the Evidence from Chinese Transition [R]. 2007 Annual Meeting of Academy of Management, Philadelphia, PA, 2007.

[149] Tian Z. L., Deng X. M.. The Determinants of Corporate Political Strategy in Chinese Transition [J]. Journal of Public Affairs, 2007, 7 (4): 341–356.

[150] Tian Z. L., Hafsi T., Wei W.. Institutional Determinism and Political Strategies: An Empirical Investigation[J]. Business and Society, 2007 (18): 54–81.

[151] Ullman A. H.. Data in Search of a Theory: A Critical Examination of the Relationships Among Social Performance, Social Disclosure, and Economic Performance of US firms [J]. Academy of Management Review, 1985, 10 (3): 540–557.

[152] Ullmann A.. The Impact of the Regulatory Life Cycle on Corporate Political Strategy [J]. California Management Review, 1985, 28: 140–154.

[153] Vernon R.. Sovereignty at Bay [M]. New York: Basic Books, 1971.

[154] Vogel D. J.. The Study of Business and Politics [J]. California Management Review, 1996, 38 (3): 146–165.

[155] Webb D., Mohr L.. A Typology of Consumer Responses to Cause-related Marketing: from Skeptics to Socially Concerned [J]. Journal of Public Policy and Marketing, 1998, 17 (2): 226-238.

[156] Weber P. W.. Basic Content Analysis [M]. Beverly Hill: Sage, 1985.

[157] Wei W.. The Relationship among Corporate Political Resources, Political Strategies, and Political Benefits of Firms in China: Based on Resource Dependency Theory [J]. Singapore Management Review, 2006, 28 (2): 85-98.

[158] Wernerfelt B.. A Resource-based View of the Firm [J]. Strategic Management Journal, 1984 (5): 171-180.

[159] Wilson I.. What One Company is Doing about Today's Demands on Business [R] // G. Steiner UCLA Conference On Changing Business-Society Relationships. LosAngeles: Graduate School of Management, UCLA.1975.

[160] Wilson J. Q.. The Politics of Regulation [M]. New York: Basic Books, 1980.

[161] Yin R.. Case Study Research: Design and Methods [M]. Thousand Oaks, CA: Sage, 1994.

[162] Yoffie Q.. Corporate Strategy for Political Action: A Rational Model [M] // A.Marcus, A. Kaufman, D. Beam. Business Strategy and Public Policy. New York: Quorum Books, 1987.

[163] Yuanqiong He, Zhilong Tian, Yun Chen. Performance Implications of Nonmarket Strategy in China [J]. Asia Pacific J Manage, 2007 (24): 151-169.

[164] Yuanqiong He. How Firms Integrate Nonmarket Strategy with Market-Strategy: Evidence from Mainland of China [J]. The Journal of American Academy of Business, Cambridge, 2006, 10 (1): 357-361.

[165] Yukl G.. An Evaluation of Conceptual Weaknesses in Transformational and Charismatic Leadership Theories [J]. Leadership Quarterly, 1999, 10 (2): 285-305.

[166] 陈晓萍，徐淑英，樊景立. 组织与管理研究的实证方法 [M]. 北京：北京大学出版社，2008.

[167] 邓新明，刘国华. 企业非市场战略与市场战略的整合及其资源关联性研究 [J]. 商业经济与管理，2010，228（10）：26-36.

[168] 邓新明，田志龙，陈煜. 事项整合、经营合法性与组织绩效 [J]. 管理科学，2008，21（1）：22-31

[169] 邓新明，田志龙. 西方企业非市场策略与行为过程研究述评 [J]. 外国经济与管理，2007，29（1）：48-53.

[170] 邓新明，田志龙. 组织环境与战略关系研究：市场导向与制度导向 [J]. 管理学报，2010，7（12）：1760-1766.

[171] 邓新明. 企业市场战略与非市场战略的整合模式研究 [D]. 武汉：华中科技大学，2008.

[172] 董保宝，李金喜. 竞争优势研究脉络梳理与整合研究框架构建——基于资源与能力视角 [J]. 外国经济与管理，2013，35（3）：2-11.

[173] 杜慕群. 资源、能力、外部环境、战略与竞争优势的整合研究 [J]. 管理世界，2003（10）：151-152，154.

[174] 樊帅，田志龙. 基于事项管理的企业市场与非市场行为研究 [J]. 经济与管理，2007，21（9）：69-73.

[175] 樊帅. 非市场战略与市场战略的整合互动研究 [D]. 武汉：华中科技大学，2009.

[176] 冯雷鸣，黄岩，邸杨. 跨国经营中的市场与非市场战略 [J]. 中国软科学，1999（4）：44-45，50.

[177] 冯雷鸣. 论跨国企业的市场与非市场战略整合 [J]. 中国软科学，2007（13）：23-24.

[178] 李怀祖. 管理研究方法论 [M]. 西安：西安交通大学出版社，2003.

[179] 高海涛，田志龙. 我国企业非市场行为影响因素的实证研究 [J]. 中国工业经济，2007（5）：104-112.

[180] 高海涛. 企业非市场行为的规范及其治理研究 [D]. 武汉：华中科技大学，2006.

[181] 高海涛. 我国企业非市场行为的规范和治理研究 [D]. 武汉：华中科技大学，2009.

[182] 高勇强，田志龙. 西方公司政治战略与战术述评 [J]. 外国经济与管理，2003 (9)：34-38.

[183] 高勇强，田志龙. 政治环境、战略利益与公司政治行为 [J]. 管理科学，2004，17 (1)：2-6.

[184] 高勇强. 企业非市场行为与规范化研究 [J]. 中大管理研究，2007，2 (2)：135-146.

[185] 贺远琼，田志龙，高勇强. 西方企业政治行为研究述评 [J]. 外国经济与管理，2002 (8)：13-20.

[186] 贺远琼. 企业整合市场环境与非市场环境的行为模式研究 [D]. 武汉：华中科技大学，2006

[187] 亨利·明茨伯格，布鲁斯·阿尔斯特兰德，约瑟夫·兰佩尔. 战略历程 [M]. 魏江译. 北京：机械工业出版社，2006.

[188] 胡旭阳. 民营企业家的政治身份与民营企业的融资便利——以浙江省民营百强企业为例 [J]. 管理世界，2006 (5)：107-141.

[189] 江诗松，龚丽敏，魏江. 转型经济中后发企业的创新能力追赶路径：国有企业和民营企业的双城故事 [J].管理世界，2011 (12)：104-123，196.

[190] 剧锦文. 世界经济大转轨中的转轨经济学 [N]. 经济学消息报，1997-01-31.

[191] 雷海民，梁巧转，李家军. 组织特征影响政治资源企业的财务能力吗？——基于中国上市公司的非参数检验 [J]. 中国软科学，2013 (2)：144-153.

[192] 林淑，顾标. 企业非市场战略研究前沿探析 [J]. 外国经济与管理，2007，29 (11)：25-31.

[193] 刘力钢，邵剑兵. 从混沌世界走向另一个混沌世界——战略管理理论

述评［M］. 北京：经济管理出版社，2014.

［194］吕炜. 中国经济转轨实践的理论命题［J］. 中国社会科学，2003（4）：4-17.

［195］吕源，徐二明. 制度理论与企业战略研究［J］. 战略管理，2009，1（1）：14-22.

［196］马庆国. 管理统计［M］. 北京：科学出版社，2002.

［197］马歇尔. 经济学原理［M］. 陈良壁译. 北京：商务印书馆，2005.

［198］牧野成史. 国家制度属性：理论与方法［J］. 战略管理，2009，1（1）：49-54.

［199］潘迪，彭纪生，吴汉. 企业非市场行为成因探析［J］. 现代管理科学，2011（1）：48-53.

［200］彭罗斯. 企业成长理论［M］. 赵晓译. 上海，上海三联书店，2007.

［201］荣泰生. AMOS与方法研究［M］. 重庆：重庆大学出版社，2009.

［202］邵剑兵，刘力钢，王英霞等. 转轨经济条件下战略行为选择及转换研究［J］. 管理案例研究与评论，2010，3（1）：48-58.

［203］唐震，张阳，李明芳. 西方战略管理理论［M］. 北京：科学出版社，2008.

［204］田志龙，邓新明. 企业政治策略形成影响因素：中国经验［J］. 南开管理评论，2007（1）：21-38.

［205］田志龙，樊帅. 企业市场与非市场行为的竞争互动研究——基于中国房地产行业的案例［J］. 管理评论，2010，22（2）：86-96.

［206］田志龙，高海涛. 中国企业的非市场战略：追求合法性［J］. 软科学，2005，19（6）：56-59，70.

［207］田志龙，高勇强，贺远琼. 拓展企业生存空间［M］. 北京：清华大学出版社，2007.

［208］田志龙，高勇强，卫武. 中国企业政治策略与行为研究［J］. 管理世界，2003（12）：98-106.

［209］田志龙，贺远琼，高海涛. 中国企业非市场策略与行为研究［J］. 中国工业经济，2005（9）：31–46.

［210］田志龙，贺远琼，高海涛. 中国企业非市场策略与行为研究——对海尔、中国宝洁、新希望的案例研究［J］. 中国工业经济，2005（9）：82–90.

［211］田志龙，王浩. 中国管理实践研究的路径［J］. 管理学报. 2011，8（2）：159–163，178.

［212］万建华. 利益相关者管理［M］. 深圳：海天出版社，1998.

［213］卫武，胡铭. 中国环境下的跨国企业市场战略与非市场战略、策略以及战术间的关系［J］. 财贸经济，2009（7）：100–106.

［214］卫武，田志龙，刘晶. 我国企业经营活动中的政治关联性研究［J］. 中国工业经济，2004（4）：24–35.

［215］卫武. 企业非市场策略体系模型——基于诺基亚公司的案例研究［J］. 武汉大学学报（哲学社会科学版），2008，61（1）：36–42.

［216］卫武. 企业政治策略与企业绩效的关联性研究［D］. 武汉：华中科技大学，2004.

［217］卫武. 中国环境下企业政治资源、政治策略和政治绩效及其关系研究［J］. 管理世界，2006（2）：95–110.

［218］夏兴园，田东山. 论计划经济体制的兴起与衰落［J］. 经济学情报，2000（5）：4–10.

［219］谢佩洪，何晓光，阎海燕. 企业非市场战略理论体系及其内在主导机制研究［J］. 管理学报，2010，7（2）：182–186.

［220］谢佩洪，金爱民，金明星. 企业非市场战略研究新进展及其启示［J］. 科研管理 2009，30（3）：139–145+165.

［221］熊志军. 经济转轨时期政府职能转变的难题与对策［J］. 中国党政干部论坛，2014（10）：43–47.

［222］薛红霞. 我国企业非市场行为特征研究——非市场战略视角［D］. 南京：河海大学，2007.

［223］叶广宇，黄怡芳. 中国跨国企业的非市场战略与东道国环境的关联度［J］. 改革，2010（2）：88-97.

［224］叶广宇，姚化伟，乔金晶. 资源、成长性与中国跨国公司海外非市场战略［J］. 管理学报，2011，8（3）：380-387.

［225］尹长辉. 增强企业公民意识［J］. 企业活力，2004（7）：14-15.

［226］张建军，张志学. 中国民营企业家的政治战略［J］. 管理世界，2005（7）：94-105.

［227］张维迎. 企业寻求政府支持的收益、成本分析［J］. 新西部，2001（8）：55-56.

［228］张燕，王辉，樊景立. 组织支持对人力资源措施和员工绩效的影响［J］. 管理科学学报，2008（2）.

［229］张铁，王希泉. 基于非市场战略的企业公民行为实证研究［J］. 软科学，2009，23（10）：138-144.

［230］赵锡斌. 企业环境研究的几个基本理论问题［J］. 武汉大学学报（哲学社会科学版），2004（1）：12-17.

［231］中国企业家调查系统. 中国企业经营者队伍制度建设的现状与发展［J］. 管理世界，2004.

［232］祝爱民，姚凯. 企业资源控制和依赖程度对非市场战略的分类与实际应用探讨［J］. 企业导报，2010（6）：33-35.